# 股权进阶

## 让股权助创业成功的核心3问

卢庆华 / 著

电子工业出版社
Publishing House of Electronics Industry
北京·BEIJING

未经许可，不得以任何方式复制或抄袭本书之部分或全部内容。
版权所有，侵权必究。

图书在版编目（CIP）数据

股权进阶：让股权助创业成功的核心3问 / 卢庆华著. —北京：电子工业出版社，2024.3
ISBN 978-7-121-46845-2

Ⅰ.①股… Ⅱ.①卢… Ⅲ.①股权激励 – 研究 Ⅳ.①F272.923

中国国家版本馆CIP数据核字（2023）第239515号

责任编辑：董　英
印　　刷：中国电影出版社印刷厂
装　　订：三河市良远印务有限公司
出版发行：电子工业出版社
　　　　　北京市海淀区万寿路173信箱　邮编 100036
开　　本：880×1230　1/32　印张：12　字数：460.8千字
版　　次：2024年3月第1版
印　　次：2024年3月第1次印刷
定　　价：108.00元

凡所购买电子工业出版社图书有缺损问题，请向购买书店调换。若书店售缺，请与本社发行部联系，联系及邮购电话：(010) 88254888，88258888。
　　质量投诉请发邮件至 zlts@phei.com.cn，盗版侵权举报请发邮件至 dbqq@phei.com.cn。
　　本书咨询联系方式：faq@phei.com.cn。

# 前　言

有句话说：如何分饼，决定饼能做多大。

**怎么分股权，影响公司能否做大**，比如华为把股权分光，把公司做大。任正非的持股到 2023 年只剩下 0.73%，他把 99.27% 股权分给 14 多万名员工。华为已经成为全球 5G 技术领先的企业，2022 年营业收入 6423 亿元。

**而股权怎么分，又决定公司做大后属于谁**，比如马化腾、钟睒睒等先后成为首富，其财富主要都来自股权价值。

上一代企业大多靠老板自己的资金和贷款发展起来，比如农夫山泉既没有融资，也没有外部股东，但这样发展速度较慢。而新一代的企业早早引入外部合伙人和投资人，可以加快企业发展速度，但股东构成复杂，创业者又缺少经验，处理不好容易发生问题，比如雷士照明、俏江南、ofo、西少爷等，有的公司花 2000 多万元打官司还没解决问题，而踩坑的并不只有小公司，还有多家上市公司，以及几十亿、上百亿元的大项目等。

本书有 100 多个案例，按照图书定价分摊下来，平均一个案例也就一元，希望总有一个能给你带来启发。书中有千亿、万亿元级成功企业的经验，跟着巨人的脚步可以走得更快；也有几十家公司付出超过 50 亿元学费换来的教训，你可以用他人交的学费提升自己的智慧，少踩他人踩过的坑。

**股权问题伴随企业终身**。比如申请上市时财务资料只需要核查 3 年，但股权需要从公司成立第一天起开始核查。本书介绍了多个上市成功或上市失败的案例，有千亿、万亿元级大公司，也有因为股权架构过于复杂而导致 IPO 失败的案例。有的公司在 20 年后还要为 20 年前的股权问题打官司争股权，20 年前的股权设计在 20 年后还会影响公司上市。有的公司办了工商变更登记手续 15 年后还反转。

**股权设计如地基，做错了很难纠正**。如果地基出问题，则楼建得越高损失就越大。但大学没有股权专业，也很少有股权课程，大家在企业日常经营过程中也并不经常接触股权，没学过，接触少，不了解，就容易发生问题。很多人在创业之初并没有这方面的意识，先干再说，最终后患无穷。

比如有的公司赚钱后大家都来争股权,有的公司亏钱后大家都不想承认自己是股东,只想要还本付息。有人盲目地照搬知名企业的做法,就如2岁小朋友穿姚明的衣服,不仅不好看,还容易被绊倒。传说7∶3是最优股权结构,但书中介绍了法院判决的案例,有的公司为了拼成7∶3股权结构而闹翻,也有的公司采用7∶3股权结构后大股东却被出局了。

有创始人与合伙人闹翻后说,创业要先上股权课。但江湖传说众说纷纭,到底什么才是对的?

**先找对问题才能解决问题,股权设计的3个核心问题:**

(1)把股权分给谁?选择股东有两个重要原则。

(2)股权分多少?采用什么样的股权结构?需要先理解股权的底层逻辑,弄清楚为什么而分股权。这些问就迎刃而解了。

(3)股权分配怎么操作?股权的进入、调整、退出机制都是什么?

先弄清楚股权从哪里来,股权的3种来源是什么,理解问题的本质,才能把事情做对。

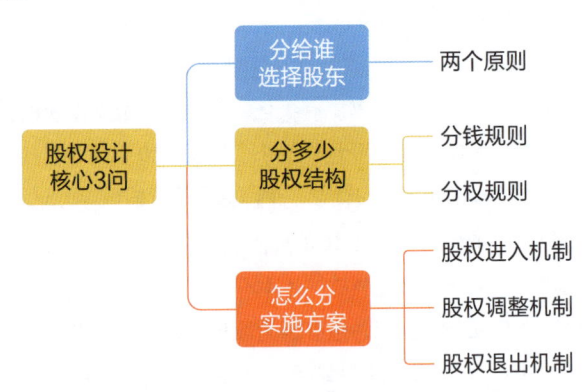

```
                          ┌─ 分给谁      ─── 两个原则
                          │  选择股东
                          │
            股权设计 ─────┤  分多少      ─── 分钱规则
            核心3问       │  股权结构    ─── 分权规则
                          │
                          │                ─── 股权进入机制
                          └─ 怎么分      ─── 股权调整机制
                             实施方案    ─── 股权退出机制
```

单维股权设计思维,分股权会失去公司控制权,不分股权公司又难做大。

**提升认知维度,站高一层看问题,可以豁然开朗。跳出股权结构看股权,用活股权结构,可以发现无限可能,可以分股权而不失控制权,有限股权可以无限分配,股权可以越分越多,公司可以越做越大。**

曾有咨询公司的朋友和我说，市场上流传一些错误的说法，很多中小企业老板都被坑了，好的顾问服务收费贵，而创业公司早期资金有限难以承受，便宜的又可能付了钱还被带进沟里，希望我帮帮他们。

可是我一年能服务的企业非常少，我也并不打算把规模扩大。股权设计方案需要结合企业情况量身定做，而不是套用所谓的最优股权结构阻碍企业发展。从本书中的案例可以看到千变万化的情况，并不是用标准化的万能公式就能解决的。创始人可以自己学习，理解股权的底层逻辑，知道哪些事情可以自己做，哪些事情需要找专业人士做，以及如何判断专业人士的水平。

**没有万能的股权结构，但有万能的底层逻辑。掌握了股权的底层逻辑，可以以不变应万变，用股权设计为企业发展助力，而不是股权结构阻碍企业发展。**

但底层逻辑晦涩难懂，所以本书用 100 多个案例说明其中的道理。案例主要来自上市或申请上市的公司、法院判决书等，研究申请上市的公司从成立到上市过程的股权变化，上市遇到的障碍，以便从一开始就走在正确的路上。研究法院判决的案例，可以了解别人是怎么掉进沟里的，提前避开；如果等掉进沟里再打官司已是为时晚矣。

**本书有 3 个特点：**

（1）有理论体系架构，内容成体系。比如把股权分给谁、分多少、怎么分的底层逻辑，股权的三种来源，股权的进入、调整、退出机制，四种股权架构的特点与选择等。

（2）案例丰富。全书有 100 多个案例，把专业融入案例中，既有深度又易读易懂。

（3）刷新认知。比如持股 80% 的大股东被踢出局，而有股东出局 15 年后还会反转，有公司搭建防火墙架构不防火、大股东还被踢出局了，有的公司有 25 个股东、创人还要承担连带责任等。

## 股权设计过程

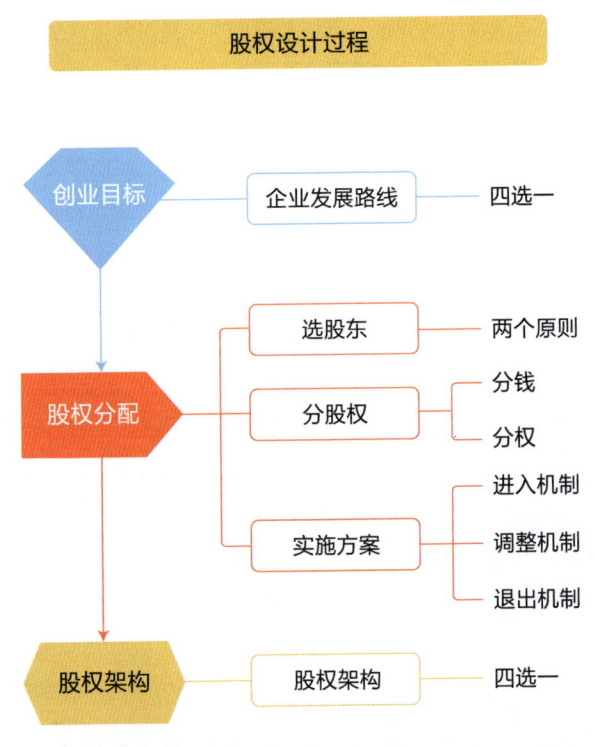

```
创业目标 ── 企业发展路线 ── 四选一
   │
   ▼
股权分配 ── 选股东 ── 两个原则
         ── 分股权 ── 分钱
                   ── 分权
         ── 实施方案 ── 进入机制
                    ── 调整机制
                    ── 退出机制
   │
   ▼
股权架构 ── 股权架构 ── 四选一
```

在看本书的正式内容之前，你可以对照书的目录写下你的答案或者你对股权的理解与困惑，在看书过程中记下你的收获或者思考，看完书再做对比。如果你觉得有收获，欢迎分享给更多的朋友，帮助他们少踩坑，也欢迎你加入本书读者交流群一起交流。

希望本书能对创业者有所帮助，也为同行提供参考，一起推动股权领域的健康发展，帮助更多企业少踩坑。

股权设计涉及管理和法律两方面知识，把股权分给谁、分多少的问题与管理有关，而股权分配的落地操作又与法律有关，任何一方面出现问题都可能会踩坑。

我是管理出身的股权律师，曾在学校做老师，当年没进过企业就给别人讲企业管理相关课程，讲得心里发虚，希望从事更务实落地的工作。2000年考取律师资格，之后20多年在企业和律师事务所工作，参与过初创企业的股权设计，也曾帮年营收过100亿元的企业解决过控制权之争。

我规划一共写 5 本股权的书，第一本书是《公司控制权》，控制权如心脏，出问题可能影响生死存亡。第二本书是《股权进阶：让股权助创业成功的核心 3 问》，主要介绍股权分配和实操方法，是整个股权体系的灵魂，就如人的大脑，大脑水平影响未来发展和成长空间。两本书可以组合使用，就如心与脑的结合。

我从 2019 开始准备此书，到 2023 年前后历时 4 年，按照全职计算的时间超过一整年。为了给书中的每个知识点都找到对应的案例，就如同大海捞针，一根根针去捞，捞到 200 多个案例后挑出 100 多个整理成案例。有的案例涉及几十甚至上百起官司，有的上市公司资料有 10 本书的厚度，我在翻完 10 本书厚的资料后整理出仅几百字的案例写进书里。

花这么高的成本写一本书，希望在对你有帮助的同时，也可以让你了解我对品质的追求。我们做股权设计收费有点儿贵，而且先付费后出工作成果，不做交际应酬，不擅长营销推广，只等有眼光和追求的人自己找过来。与其浪费时间去交际应酬，还不如花时间提升实力和做好服务。有的创始人自己有更高追求，靠交际应酬混关系也入不了他的法眼，毕竟股权设计出问题损失的是自己。

与"付钱之前是大爷、付钱之后是孙子"的做法不同，我们把最多的时间和精力留给已付费的朋友，我会亲自提供服务，尽最大努力帮你把事情做好，而不是把业务接回来交给手下了事。对于没有合作的人，不说服、不打扰，我有书、有文章、有"股权道"公众号，相信有需要的朋友可以做出自己的判断。

顾问服务的质量高度依赖于个人水平，质量与规模并不成正比例关系，我们自己并不追求做大，类似于做私房菜，一年只能服务很少的企业。我们的追求不是把自己做大，而是遇到有眼光、有追求的创始人，配合你把公司做大做强。

注：书中的案例资料主要来自中国裁判文书网、上市公司公告、招股书、巨潮资讯网、证监会网站、上海证券交易所和深圳证券交易所网站、国家企业信用信息公示系统、有关部门的权威信息、相关公司的官网、天眼查等渠道。

本书 100 多个案例，除知名案例外，大部分案例中均用化名，如有名字相同则纯属巧合，请勿用名字对号入座。

《中华人民共和国公司法》的第二次修订已于 2023 年 12 月 29 日获通过，于 2024 年 7 月 1 日起施行，本书已加入修订后的新公司法内容。

# 目 录

## 第1章 成功企业的五种股权结构 ..... 001

## 第2章 股权设计的九种坑 ..... 007
2.1 合伙人闹翻，一个被捕、一个背上7亿元债务 ..... 008
2.2 采用最优股权结构，一个闹翻、一个出局 ..... 012
2.3 股权分配误操作，赚了闹翻、亏了反悔 ..... 017
2.4 花12年时间打官司争股权，办变更手续15年后还反转 ..... 021
2.5 找人做挂名法定代表人，老板进监狱、公司被搞破产 ..... 030
2.6 股权代持，损失价值过亿元的股权 ..... 039
2.7 逃避责任不成踩10亿元大坑，把有限公司变无限责任 ..... 047
2.8 防火墙公司不防火，还背上16000万元债务 ..... 055
2.9 股权架构太复杂，导致公司上市失败 ..... 065

## 第3章 股权规划与股权设计的核心3问 ..... 068
3.1 股权设计的核心3问，既要有高度也要有宽度 ..... 069
3.2 为何蚂蚁金服不用阿里合伙人制度？股权设计的底层逻辑 ..... 075
3.3 选择股东两个原则，选错股东闹到分崩离析 ..... 082
3.4 股权分配两个原则，违反原则股东闹翻两败俱伤 ..... 091

## 第4章 股权进入机制四种类型 ..... 096
4.1 股权进入机制分析，200亿元的上市公司也踩坑 ..... 097
4.2 资金股3种机制，用错机制给了股权却拿不到钱 ..... 104
4.3 人力股3种模式，一个拿到10亿元、一个创始人出局 ..... 108
4.4 技术股3种模式，大公司也踩坑，给技术却拿不到股权 ..... 117
4.5 资源股3种模式，又一个200亿元的上市公司踩坑了 ..... 125
4.6 四种股权进入机制小结 ..... 142

## 第 5 章 股权调整机制三种模式 ................................................. 145

### 5.1 股权调整机制之一，回转模式 ................................................. 146
### 5.2 股权调整机制之二，波浪模式 ................................................. 152
### 5.3 股权调整机制之三，渐进模式 ................................................. 161
### 5.4 三种股权调整机制小结 ............................................................. 166

## 第 6 章 股权退出机制三种方法 ................................................. 169

### 6.1 股权退出机制之一，持股 80% 的大股东被踢出局 ................. 170
### 6.2 股权退出机制之二，把投 20 亿元的投资人踢了 ..................... 182
### 6.3 股权退出机制之三，斗智斗勇踢掉拖后腿的合伙人 ................. 195
### 6.4 三种股权退出机制小结 ............................................................. 205

## 第 7 章 股权设计的三种工具 ..................................................... 209

### 7.1 用好股权分配抓手，牢牢锁住股权抢不走 ............................... 210
### 7.2 股权设计工具之一，小股东也能控制公司 ............................... 219
### 7.3 用好股权分配标尺，有限股权可以无限分配 ........................... 224
### 7.4 有股权工具不会用，拿到股权却落得一场空 ........................... 235
### 7.5 股权设计工具之二，股东分责任之底线 ................................... 241
### 7.6 股权设计用错工具，签了股东协议却要不到股权 ................... 251
### 7.7 股权设计工具之三，看似不起眼却价值 1500 万元 ................. 257
### 7.8 股权设计三种工具的对比与运用 ............................................. 261

## 第 8 章 四种企业的对比与运用 ................................................. 270

### 8.1 四种企业各有优劣，选择合适的一种 ....................................... 271
### 8.2 有限公司变无限责任 3 种坑，有 25 个股东也没能幸免 ......... 276
### 8.3 两种公司规定不同，操作不当导致 IPO 失败 ......................... 281

## 第 9 章 四种企业发展路线的选择 ............................................. 286

### 9.1 四种企业发展路线，你追求哪一种 ........................................... 287

9.2 上市路上遇绊脚石，20年后冒出威胁公司上市......................290

9.3 卖身上市公司也踩坑，不仅没拿到一分钱，还惹一堆麻烦....297

## 第10章 股权架构设计与运用 .................................................306

10.1 设立防火墙股权架构，面临多交4亿元税款......................307

10.2 搭建层层架构避税不成，一个进监狱、一个被踢出局........312

10.3 四种股东架构，总有一种适合你.........................................323

10.4 设立多层股东架构，大股东一个失控、一个出局............333

10.5 业务架构设计不当，一个被掏空、一个多交1500万元税....341

## 第11章 股权设计总图 .................................................................350

11.1 股权设计路线图，走错路线可能致命.................................351

11.2 三阶股权设计，选择适合自己的.........................................363

## 第12章 创始人与股权规划 .......................................................366

## 后记 ................................................................................................373

# 第1章

# 成功企业的五种股权结构

股权分配应该采用什么样的股权结构?
先看看多家成功企业是怎么做的。

### 第一种，一股独大模式

农夫山泉于 1996 年成立，2020 年 9 月在香港上市，用 25 年时间将两三元一瓶的矿泉水做成市值达 5000 亿元的公司，创始人钟睒睒也成为中国首富，上市前钟睒睒持股高达 87%，没有对外融资，除了创始人持股，其他为员工和亲戚持股。

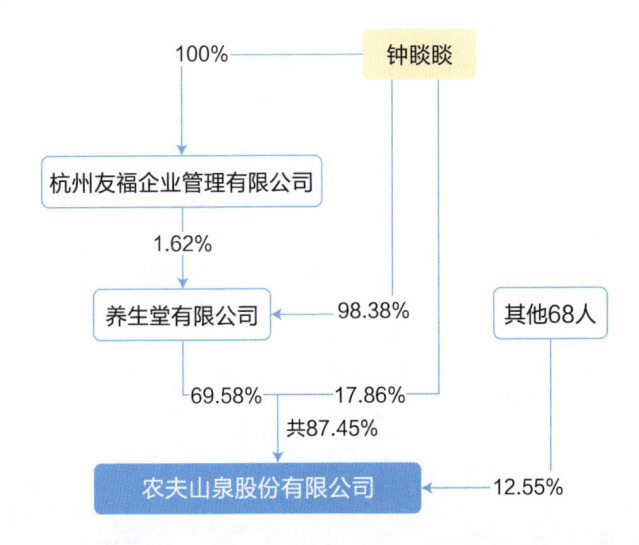

```
                    钟睒睒
         100%   ↙          ↘
   杭州友福企业管理有限公司        
         ↓ 1.62%                   
   养生堂有限公司  ← 98.38%     其他68人
         ↓ 69.58%   ↓ 17.86%       ↓ 12.55%
              共87.45%
         农夫山泉股份有限公司
```

江湖传说：千万不要用身份证注册公司，用身份证注册的公司做不大。但农夫山泉的创始人就是用身份证注册公司，钟睒睒在农夫山泉的持股分为两部分，一部分是个人直接持股 17.86%，另一部分是通过公司间接持股 69.58%。

钟睒睒为何把持股分成两部分？这部分内容将在第 10 章介绍；钟睒睒还注册了一人 100% 持股的杭州友福企业管理有限公司，就不怕承担连带责任吗？这部分内容将在第 8 章介绍。

### 第二种，两个股东的股权结构

江湖传说：7∶3 是最优股权结构，小米上市前雷军持股 31.41%，林斌持股 13.33%，两人的持股比例接近 7∶3。

也有人说 5∶5 是最差股权结构，比如真功夫采用 5∶5 股权结构，合伙人进监狱了；雷士照明的吴长江也涉嫌同样罪名，但雷士照明并不是采用 5∶5 股权结构。

公牛集团于 2020 年 2 月在 A 股上市，公司市值达 1000 亿元，创始人是阮立平和阮学平兄弟两人，从 2008 年公司成立到 2020 年公司上市兄弟两人都刻意保持 5∶5 股权结构。

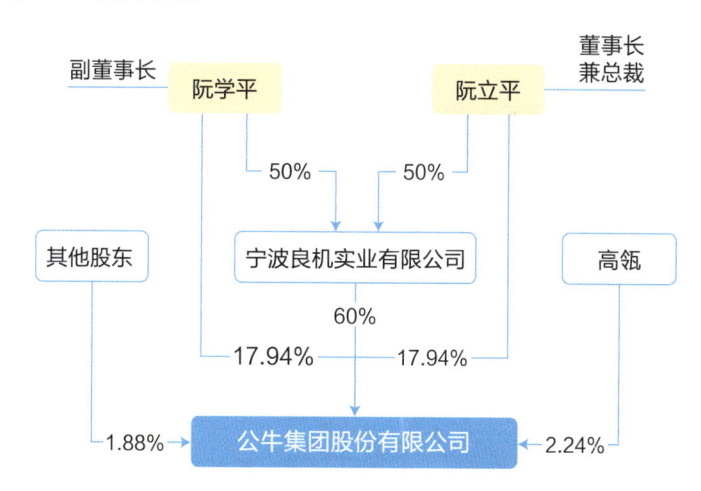

```
          副董事长   阮学平            阮立平    董事长
                                              兼总裁
                        50%    50%
          其他股东    宁波良机实业有限公司    高瓴
                           60%
                  17.94%      17.94%
           1.88%   公牛集团股份有限公司   2.24%
```

江湖传说：采用 5∶5 股权结构投资人是不会投资的。但高瓴在 2017 年花 8 亿元成为公牛集团的股东，还有多家其他机构共投资 4.8 亿元，而且投资人还是购买老股，并不是获得增发的新股。

腾讯在 2001 年获得南非 MIH 的融资后，创始团队和南非 MIH 多年保持 5∶5 股权结构，他们约定由创始团队提名首席执行官（CEO），由南非 MIH 提名首席财务官。腾讯并没有因为 5∶5 股权结构而陷入僵局，创始团队与投资人长期相处融洽。南非 MIH 持股腾讯长达 17 年，在 2018 年才首次减持，到现在已经持股超过 20 年，依然是第一大股东。

丰田与比亚迪的合作、长城汽车与宝马的合作、顺丰与 UPS 的合作等也都采用了 5∶5 股权结构。

**腾讯和公牛集团等公司长期采用所谓的 5∶5 最差股权结构，但都做成了行业龙头企业。**

### 第三种，三个股东的股权结构

对于三个股东的公司，江湖传说3∶3∶4是最差股权结构。

阿里巴巴在2005年获得雅虎10亿美元融资后，阿里巴巴的股东只剩下三方：雅虎持股40%，创始团队持股31%，软银持股29%，成了所谓的3∶3∶4最差股权结构，而且第一大股东是雅虎，并不是创始团队，创始团队只是二股东。

**阿里巴巴曾采用所谓的最差股权结构，也做成了行业龙头企业。**

### 第四种，四个股东的股权结构

王思聪投资的上海嬉牛互动信息科技有限公司，共有四个股东，采用了各持股25%平均分的股权结构。

### 第五种，五个股东的股权结构

五个股东的公司，江湖传说股东各持股20%是最差股权结构。

2017年在A股上市的视源股份，市值曾达1000亿元，其液晶电视主控板卡约占全球市场份额的1/3。

视源股份在2005年成立时吴彩平、周开琪、陈丽微、于伟、任锐5位创始人各持股20%，采用了所谓的最差股权结构，并保持了4年。直到2009年引入新股东才打破平均分的股权结构，后来居上的黄正聪成为第一大股东并任董事长，创始人退居幕后。视源股份的领导说，如果一个公司做不大，就算创始人100%持股又能怎么样呢？天下总有能力比自己强的人，让能力和贡献超越自己的人在股份比例上也超越自己，为公司创造更大的价值，创始人即使当个"摆设"也能躺着赚钱，何乐而不为呢！

另一家也在A股上市的蓝色光标，5位创始人也采用了各20%的平均股权结构，蓝色光标于2010年在创业板上市，成为中国公关第一股。

蚂蚁金服在2023年调整上层股东的股权架构之后，用来控制蚂蚁金服的两家公司也都采用5人各持股20%的平均分的股权结构。

```
     ┌──────┐                          ┌──────┐
     │ 五人 │                          │ 五人 │
     └──┬───┘                          └──┬───┘
       各20%                              各20%
        ↓                                  ↓
┌──────────────────────┐        ┌──────────────────────────┐
│ 杭州云铂投资咨询有限公司 │        │ 杭州星滔企业管理咨询有限公司 │
└──────────┬───────────┘        └────────────┬─────────────┘
          GP  ┌──────────────┐             GP  ┌──────────────────┐
           ├──│ 君济合伙、高管 │              ├──│ 君洁合伙、两位创始人 │
           │  └──────────────┘              │  └──────────────────┘
          LP                                LP
           ↓                                 ↓
     ┌──────────┐                      ┌──────────┐   ┌──────────┐
     │ 君澳合伙 │                      │ 君瀚合伙 │   │ 其他股东 │
     └────┬─────┘                      └────┬─────┘   └────┬─────┘
        22.42%                            31.04%         46.54%
              ↘                            ↓            ↙
                    ┌──────────────────────────┐
                    │ 蚂蚁集团2023年股权架构    │
                    └──────────────────────────┘
```

股权分配不是小孩子过家家,不是你想要多少就有多少的。比如两个股东都想要持股 51%,谁愿意当那个持股 49% 的"傻子"呢?

**股权设计五大误区:**

1. 盲目照搬知名企业做法,就如 2 岁小朋友穿姚明的衣服,不仅不好看,还可能会被绊倒。

2. 套用理想化公式,比如 7∶3 是最优股权结构,可是持股 30% 的小股东同意吗?后面有案例介绍,最后持股 70% 的大股东反被小股东坑了。

3. 股权设计跟上不企业发展步伐,就如 2 岁时买的衣服穿一辈子,可能撑破衣服或影响身体发育。股权设计除需有预见性外,也应随企业发展而调整,否则将可能妨碍企业的发展。

4. 误解法律误操作,比如有人骂《中华人民共和国公司法》(以下简称《公司法》)不允许人力入股,但书中有案例,有人拿到 10 亿元的人力股,也有人白干 20 年什么也拿不到。不是法律有问题,而是专业水平有差距。

5. 心术不正,为了手段忘记目的,比如通过搭建层层架构逃避出资责任,用 10 万元控制 100 亿元公司只承担 10 万元责任等，只顾逃避责任却忘记经营企业的根本，有的偷鸡不成蚀把米，有的逃避责任不成把自己送进监狱，有的把有限公司做成无限责任等。

股权设计不是简单地套用所谓的最优股权结构就可以的，而且股权结构也不是一成不变的。做股权设计要跳出单维股权结构思维，用活股权结构，让股权结构为企业发展服务，而不是反过来让股权结构限制企业发展。

**股权规划思维架构图**

| 为何做 | 哪有坑 | 做什么 | 怎么做 |
|---|---|---|---|
| 方向不对<br>努力白费 | 不踩大坑是活下去的前提<br>少踩坑可加速发展 | 先理清框架<br>后用对方法 | 方法得当<br>可事半功倍 |
| 股权设计的目标 | 股权设计九种坑 | 股权五大模块 | 三维股权设计 |

"方向不对，努力白费；方法得当，可事半功倍。"做股权设计也是如此。

# 第 2 章

# 股权设计的九种坑

查理·芒格说，如果知道我会死在哪里，我将永远不去那个地方。有些坑是踩进去就没有机会回头的，比如"否决权杀死 ofo"。

不踩他人踩过的坑，用他人交的学费提升自己的智慧。

## 2.1 合伙人闹翻，一个被捕、一个背上 7 亿元债务

创业需要找对合伙人。有人说，找合伙人比找老婆还要难，选对了可能加速发展，选错了则可能加速死亡。当当网夫妻创业都会闹翻，新东方的同学合伙最终走向分手，罗辑思维也曾与前合伙人分手。如何选对合伙人？如何处理好与合伙人的关系？既有运气成分，也考验创始人的眼光、智慧和格局。

### 一、西少爷合伙人闹翻后反思

西少爷肉夹馍刚出道就一炮而红，投资人蜂拥而至并给出 4000 万元的估值。可公司值钱后合伙人却闹翻了，创始人 1 要求 3 倍投票权，创始人 2 强烈反对，事情发到网上后引发轩然大波。

经历此事件后创始人 1 说，身边朋友创业 30% 以上出现过股权纷争，创业应该先学股权课；而创始人 2 则说，以后创业在引进合伙人时会找专业人士设计股权架构，确保自己有绝对控制权。

**多数人都是在自己踩过坑后才反思，只有少数人提前从他人踩坑的经历中吸取教训，用他人交的学费长自己的智慧。**

在公司成立之初还不值钱时谈股权分配是比较容易的，但很多人在早期都不重视，等公司值钱后都想争利益，这时再谈就困难了。

**有句话说："瘦田无人耕，耕开有人争。"最好在公司早期还不值钱时开始设计规则，以免在公司值钱后闹翻天。**

### 二、首家自动驾驶公司在拿到巨额融资后"猝死"

首家自动驾驶公司成立一年就融资近 10 亿元，但合伙人却很快闹翻了。

L、M 和 N 都是知名企业出身的创始人，大股东 L 担任 CEO，M 和 N 两人分别担任 CTO 和首席科学家。CEO 找来同学 X 负责对接融资事宜，并给 X 共 3% 股权，但此举却成为后来引发矛盾的导火索。

该公司在 2017 年刚一成立就获得上亿元融资，2018 年第二轮融资 8 亿多元，创始人的薪酬也涨到 160 多万元 / 年。可是刚拿到巨额融资他们就内讧了，投资人要求开掉 X，而 CEO 力保 X。投资人觉得 CEO 不合格，联合其他人免去

L 的 CEO 职务，换成由 M 担任 CEO。但仅 3 个月又换成由 N 担任 CEO，局面变成 4 位合伙人内斗，L、M 和 X 这 3 人联手罢免 N。

眼看这样闹下去公司将前途尽毁，有的投资人决定止损撤退，于 2018 年 11 月申请仲裁要求回购股权，并要求 L、M、N 和 X 这 4 人承担连带责任，而股权回购款接近 7 亿元，律师费和仲裁费高达 2000 多万元。明星企业就这么短命"猝死"了，该公司已经被吊销营业执照，创始人还要背上巨额债务。

公司成立一年就估值 30 亿元并融资近 10 亿元，在巨大的利益面前每个人都觉得自己贡献大应该拿更多。比如投资人认为 X 没做什么贡献，对接天使投资给点佣金就好了，不应该给 3% 股权。

### 三、从封面人物到被捕

三步公司仅成立两年就成为行业龙头企业，创始人也荣登《福布斯》中文版封面人物。可是在公司值钱后股东却闹翻了，分手后有人被捕。

#### 1. 共同组建新公司

技术团队在读大学期间研发出一个项目，老板有兴趣投资，并引入当地资源股东共同组建新公司，一方出技术，另一方出钱，他们签订的股东协议约定：

（1）三步公司注册资本 500 万元，技术团队用技术入股，持股 36%，认缴出资的 180 万元由老板支付；老板和另两个股东认缴出资 320 万元，持股 64%。

（2）董事会 7 人，技术团队推荐 3 人，老板推荐 3 人，另一股东推荐 1 人。

他们采用变通的方式处理技术入股，股东协议比很多公司都专业，但后来还是闹翻了。

#### 2. 产品火出圈后合伙人闹翻

三步公司在成立两年后新产品上市，产品刚一上市就销售"井喷"并"带火"整个行业，众多投资人找上门，可是技术团队和老板之间却发生了矛盾。

技术团队觉得技术是核心竞争力，但技术团队持股比例不高，还没有控制权。老板则认为是自己敏锐发现市场机会才与技术团队合作，并搭建生产和销售团队，引荐各方人脉等。双方都觉得自己贡献大，应该拿更多，怎么办？

在新投资人的支持下，技术团队打算收购老板的股权，但最终并没能谈拢。技术团队当机立断出走成立新公司，于一年后推出同类产品，取代旧公司成为行业龙头企业，并获得数亿元融资，创始人也成为《福布斯》中文版的封面人物。

新公司快速崛起，旧公司日渐衰落，其间双方发生激烈斗争。旧公司被举报偷税漏税。技术团队则因被举报涉嫌侵犯商业秘密而被逮捕；还被旧公司起诉侵害技术秘密，要求赔偿6000万元。新公司起诉旧公司专利侵权，等等。此事引发多家媒体报道。

几个月后技术团队终于重获自由，但双方斗争7年，两家公司先后从行业龙头跌落，行业内涌出近百家同类公司，并且有公司已经抢先上市。

3. 案例启示

对于科技公司而言，需要慎重处理技术人员与前东家的关系，处理不好轻则影响公司的发展，重则可能涉及刑事犯罪或影响公司上市。

资金投入可以一次性到位，但人力投入通常是长期持续的过程，在固定不变的资金投入与持续增加的人力投入之间，股权应该怎么分？第3章将介绍股权分配的底层逻辑。

创始人后来反思说，以后融资只找正规投资机构，可是 ofo、雷士照明、俏江南等找的都是正规投资机构，还是如此结局，到底应该如何选择？相关内容将在第11章介绍。

## 四、选错合伙人，刚出"虎穴"又入"狼窝"

吴长江与同学一起创立雷士照明，在赚了钱后吴长江想把公司做大，但同学想分红，为了回购同学的股权，吴长江找投资人融资，却因此掉入深渊。

雷士照明在拿了融资后，投资人成为持股31%的大股东，而吴长江变成持股29%的二股东。2005年，阿里巴巴在拿了雅虎10亿美元融资后雅虎成为其大股东，创始团队也成为二股东，但创始团队为了保住公司控制权做了特殊设计，而吴长江并没有。吴长江曾说不担心失去控制权，因为投资人希望通过公司赚钱，很难找到像他这样尽职尽责、不辞辛苦做事的人。

可是吴长江还是太高估自己了，他先是与前一批投资人发生矛盾，找来第二批投资人救场，可是没想到斗争一次比一次凶险。

如果与合伙人无法继续合作，建议从长计议，考虑解决方案。如果只是头痛砍脚，则未来截肢也未必能解决问题。

## 五、新东方合伙人和平退出

俞敏洪在《我曾走在崩溃的边缘》一书中写过新东方的合伙人纷争，俞敏洪在创业赚钱后把在美国和加拿大等地留学的同学找回来一起干，但留洋回来的人觉得俞敏洪太土，合伙人吵架不断。咨询机构建议他们找外部投资人进来调和，但投资人看到他们吵架太热闹都不敢投资。

当时俞敏洪是持股 45% 的大股东，俞敏洪表示愿意退出，但其他人却担心俞敏洪退出后另起炉灶，而且俞敏洪退出后剩下的人也未必能干好，不同意俞敏洪退股，只让俞敏洪辞任董事长和总裁职务，由其他几人轮流担任。可是没有了俞敏洪的他们还是继续吵架，过了两年他们又把俞敏洪找回去了。

新东方上市后其他合伙人套现离开，管理层换了一批人，新东方走向真正由俞敏洪主导的时代。

新东方的合伙人虽然吵架热闹，但只是观点不同，并没引发严重后果。

创业到底应该怎么选择合伙人？下一章介绍相关内容。

## 2.2 采用最优股权结构，一个闹翻、一个出局

江湖传说 7 : 3 是最优股权结构，但我在《公司控制权》一书里介绍过法院判决的案例，有公司采用了 7 : 3 股权结构，最后却闹成僵局了。下面再介绍两个采用 7 : 3 股权结构的案例，一个闹翻、另一个大股东出局了。

### 一、用最优股权结构埋大坑

K、J、I 这 3 人共同成立五楼建材公司，经营几年后因技术落后被强制停产，原股东没钱升级改造，公司面临倒闭。2018 年他们找来 H 注入资金进行升级改造，并对公司进行重组。

五楼建材公司原注册资本 300 万元，新股东 H 要求改为 7 : 3 股权结构，H 持股 70%，K 持股 30%，J 和 I 两人作为隐名股东由 K 代持股，并于 2018 年 7 月的同一天签订了多份协议。

H 和 K 签订股东协议（以下简称协议 1）并约定：

（1）H 提供价值 1500 万元的生产线，其中 600 万元作为投资入股，占股权比例 70%，另外 900 万元作为 H 给公司提供的借款。

（2）K 代表 3 位老股东以公司全部资产入股，占股权比例 30%。

（3）H 为公司提供生产启动资金，并向 K 提供 110 万元资金协助 K 解决历史债务，不足部分从 K 的利润中扣除。

（4）在公司盈利后向 H 归还借款，第一笔归还 900 万元借款，第二笔归还生产启动资金，第三笔归还 H 垫付的 110 万元债务。

你可以思考：

（1）按此协议应该如何办理工商变更登记手续？

（2）目标公司仍然是五楼建材公司没变，但 K 用目标公司资产入股占 30% 股权，应该怎么操作？

（3）H 用生产线入股，应该怎么操作？

（4）H 向老股东提供 110 万元用于解决公司历史债务，不足部分从老股东的利润中扣除，应该怎么操作？

为了办理工商变更登记手续，H 与 J、I 分别签订工商模板的股权转让协议（以下简称协议 2）并约定：

J 和 I 将共 55% 的股权转让给 H，股权转让价格等于注册资本金额，即 165 万元，在签订协议当天付清全款；协议一式四份，双方各持一份，公司存档一份，交有关部门一份。

你可以思考：协议 1 约定公司原资产折价占 30% 股权，但协议 2 却约定 J 和 I 把股权转让给 H 的价格共为 165 万元，H 需要向 J 和 I 支付股权转让款吗？

**在同一天签两份股东决议：**

股东决议 1 为 3 位老股东同意 J 和 I 将全部股权以 165 万元价格转让给 H，在股权转让后 H 持股 55%，K 持股 45%。

股东决议 2 为股权调整后 H 和 K 两位股东同意：公司注册资本从 300 万元增资到 450 万元，由新股东 H 用现金增资 150 万元，在增资完成后 H 持股 70%，K 持股 30%，按照股东决议 2 修改公司章程。

当天办理了工商变更登记手续，但 H 并没有按照协议 2 的约定向卖方支付转让款。

你可以思考：协议 1 说 H 用生产线投资入股，但协议 2 和股东决议 1 说 H 支付 165 万元购买 55% 股权，股东决议 2 说 H 用现金增资 150 万元，H 到底需要投入多少钱？

他们通过先股权转让后增资的方式，终于拼成所谓的 7∶3 最优股权结构，但却因此埋下大大的坑，后来为此打了多起官司。

## 二、新老股东彻底闹翻

与新股东合作才不到半年就发生分歧，在 2018 年底政府出台新规后原生产设备已经无法使用，而公司从村里租的土地也在 2018 年底到期，之前老股东承诺土地可以续签不低于 10 年，但至双方闹翻时仍未能谈妥土地续签事宜。

2019 年下半年，3 位老股东都去法院起诉 H，J 和 I 两人要求 H 按照协议 2 约定支付 165 万元股权转让款和利息，K 要求 H 实缴 150 万元增资款。

H 则起诉要求确认与 J 和 I 签订的协议 2 无效，协议 2 只是为了应付工商局签的；实际履行的是 H 和 K 签订的协议 1，而且一直没能续签土地承包合同，

3位老股东也没有提供环评等手续导致协议1无法实现，请求撤销协议1。

K说H颠倒黑白，当时是H求合作，但签协议3年H仍不履行协议才引发一系列诉讼，还说H曾与K协商怎么才能既不给J和I支付股权转让款，又不用负责任。

你可以思考：

（1）H应该支付165万元股权转让款和实缴150万元增资款吗？

（2）到底谁在说谎？法官知道谁说谎吗？

**法院审理后判决：**

**1. H需要向J和I支付股权转让款吗？**

一审法院认为协议2合法有效，H需要按照协议支付165万元股权转让款和利息。

二审法院认为同一天签署6个文件并办理工商变更登记手续，协议2约定当天支付股权转让款，但J和I没有收到股权转让款就把股权过户给H，与常理不符；而且股权转让协议约定一式四份，但实际上只有一份存于工商局，买卖双方都不持有协议原件，不符合一般股权转让的交易惯例，可以推定协议2、两份股东决议、公司章程都是为了办理工商登记手续而订立的形式合同，协议2并非基于真实意思表示签订的合同，协议1才是真实意思表示。

就是H不需要向J和I支付股权转让款。

**2. H需要支付增资款吗？**

一审法院判决H应按照约定缴付150万元增资款，但二审法院认为应当结合协议1综合考量，在K没有要求H继续履行协议1的情况下，只要求H履行150万元的出资义务理据不足。

二审法院在2020年6月判决驳回K、J、I这3人的起诉，其他纠纷可另诉解决。三人不服申请再审，在2021年4月被驳回。

### 三、拼成最优股权结构闹翻的案例启示

H本来是用资产投资入股，但为了拼成所谓的7∶3最优股权结构，实际操作既有股权转让又有增资，还有债务处理，签多份文件且文件内容不一致导

致发生一系列纠纷。

（1）一二审法院判决结果相反，一审法院按照表面证据机械处理，法院这样处理也没有错，自己签错协议只能自食其果；幸好二审法院通过逻辑推理认定事实，H才赢了官司。但不是每次都能这么幸运，有的法官一年要处理几百个案件，无法要求法官变成自己肚子里的蛔虫，更不可能要求法官有超能力+千里眼，穿越到过去看到事实真相是什么，按照表面证据判断就是最简单方便的处理方式。

打官司时两边都请律师，都挑对自己有利的说，甚至不惜颠倒黑白，法官也不知道谁说真话谁说假话，只能凭双方提供的证据判断，**而白纸黑字的协议就是最有效的证据。**

（2）虽然H赢了官司，但事情并没有结束，比如债权人仍可以追究H承担出资责任等，对内的股东关系和对外的债权债务关系是不一样的。

（3）本案例涉及重组、资产和债务处理、增资和股权转让等，需要考虑新旧衔接、重组方案设计、协议如何约定、手续怎么办理等，较为复杂，前面的方案设计和协议处理不当，等到出了问题再找律师都晚了，律师水平再高也无法改变已经签过的协议。

建议不要为所谓的7∶3最优股权结构而拼凑，有公司采用7∶3股权结构后大股东还被踢出局，比如下面的案例。

## 四、持股70%的大股东出局

两家公司老板决定合作成立直升机公司，这是百亿级项目，而且还有大有来头的股东，采用7∶3的股权结构，但最后大股东却出局了。

直升机公司在2012年成立，公司注册资本2亿元，大股东持股70%，小股东持股30%。首期实缴出资20%全部由小股东提供，大股东因此向小股东出具2800万元的借条。

你可以思考：大股东持股70%，但钱都是小股东出的，大股东需要向小股东归还2800万元吗？

直升机公司成为当地的重点项目，但才成立两年股东就在2014年发生矛盾，小股东要求大股东返还2800万元。在僵持两年未果后，2016年小股东向法院起诉，要求大股东返还 2800 万元并支付利息。

大股东说 2800 万元并不是真正的借款，而是小股东的投资款，只是为了走账需要才做成借款的。

可是小股东给大股东转款 2800 万元是事实，而且大股东也签了借条。

法院判决大股东向小股东归还 2800 万元并支付利息，还要承担几十万元的诉讼费，以及律师费，大股东向最高法院申请再审也被驳回。

双方还发起多起官司，大股东想把小股东彻底踢出局，但操作不当没有得到法院的支持，反而是大股东的 70% 股权被法院拍卖。2022 年 1 月持股 70% 的大股东彻底出局了，直升机公司变更为小股东 100% 持股。

## 五、采用最优股权结构大股东出局案例启示

百亿级直升机项目采用 7∶3 股权结构，但股东合作两年就发生矛盾，之后花 8 年时间扯皮和打官司，在花上百万元打官司后，百亿级项目还是与大股东无缘了，这学费也是真够贵的，不是因为股权结构，而是因为操作不当。

大股东持股 70%，但缴付注册资本的钱却是小股东提供的，他们是不是有什么抽屉协议？比如小股东出钱持小股、大股东出资源持大股等。法律并没有禁止这种特殊合作，但需要专业的处理，而不是简单地用借款替代，**借款是要还的，借款只是暂时解决资金流问题，并没有解决资金归属权问题**。在第 4 章介绍的股权进入机制中将介绍相关内容。

如果打算做百亿级项目，建议从一开始就当成百亿一样重要来处理，否则以后公司真的值百亿元、千亿元时可能就与你没关系了。

直升机公司采用 7∶3 股权结构，但持股 70% 的大股东却出局了。五楼建材公司为了拼成 7∶3 股权结构签多份内容矛盾的协议，在股东闹翻后这些协议成为他人的把柄。在《公司控制权》一书中也介绍过采用 7∶3 股权结构却闹成僵局的案例。

股权设计不能只考虑股权结构一个维度，而且只靠股权结构也未必能控制公司。

**单维股权设计，分股权失去控制权，不分股权公司又难做大；三维股权设计，可以分股权又不失控制权**。下一章将介绍相关内容。

## 2.3 股权分配误操作，赚了闹翻、亏了反悔

股权分配操作不当，有的公司赚钱后闹翻争股权，有的公司亏钱了却被要求还本付息，下面介绍具体案例。

### 一、与 CEO 签入股协议

三兔公司由老板个人 100% 持股，为了提升业绩和融资找来 CEO 加盟，由三兔公司与 CEO 签入股协议，约定：

1. CEO 负责融资 1000 万元～3000 万元（公司出让 15%～30% 股份）。

2. CEO 负责门店运营、移动端业务、融资工作，公司在 60 天内完成股改，让 CEO 持股 18%，融资前 CEO 月薪 2.5 万元，融资后 CEO 月薪 6 万元。

3. CEO 协助公司完成以下目标：

（1）一年内公司实现营业收入 8000 万元，利润 800 万元。

（2）在年底前实现不低于 1000 万元的融资。

（3）在年底前实现移动端拥有不少于 5 万名用户。

在年底至少完成三项中的一项，否则 CEO 把 15% 股份还给三兔公司。

入伙协议的甲方由三兔公司盖公章和法定代表人名章，乙方由 CEO 盖章。

你可以思考：

（1）签这样的协议 CEO 能拿到股权吗？

（2）给 CEO 共 18% 股权是否合适？

### 二、短暂蜜月期后闹掰

在 CEO 入职后，由老板个人每月向 CEO 支付 2.5 万元工资。半年后 CEO 帮助公司完成 800 万元融资，与投资人签的协议写明股权结构为老板持股 82%、CEO 持股 18%，但一直没有办理股权变更登记手续，CEO 也没有成为工商登记的股东。

CEO 入职还不到一年就与老板闹翻了，CEO 去法院起诉要求确认自己持股 18%，提出已帮助公司融资 800 万元，就算没有完成 3 项目标也应持股 3%。

**老板反驳提出：**

（1）入伙协议是公司签的，虽然协议上加盖了法定代表人（老板）名章，但老板经常在境外出差并不知情，名章由公司人员管理和加盖。

（2）老板没与 CEO 签过股权转让协议，没打算把股权卖给 CEO。

（3）协议约定融资金额为 1000 万元～3000 万元并出让 15%～30% 股份，约定不明确。

在打官司时双方都请律师，律师会想方设法地找到对对方不利的漏洞，而以前签合同的瑕疵就成为对方攻击自己的利器。

**法院审理认为：**

对于公司成立后加入的股东，获得股权的来源有增资和股权转让两种方式，CEO 通过哪种方式获得股权？

（1）三兔公司没有做出增资决定，CEO 也没有打算出钱投资，双方也都确认不是增资。

（2）如果是股权转让，卖方是谁？

入伙协议加盖老板作为法定代表人的名章表示老板代表的是公司，而不是老板的私人行为，而且入伙协议抬头处写明甲方三兔公司、乙方 CEO，落款处打印的也是甲方、乙方，表明这是三兔公司与 CEO 之间签订的协议。

三兔公司自己不持有公司股权，无法把股权转让给 CEO。股权在老板手里，但老板没有与 CEO 达成股权转让协议。

所以法院判决驳回了 CEO 的请求。

## 三、CEO 要不到股权的案例启示

输了官司并不一定是打官司的律师水平不行，而是签了给自己挖坑的协议。假如某人与万科签协议约定获得万科 18% 股票，但万科手上并没有自己公司的股票，万科的股票在股东手里，万科同意是没用的。

连与谁签协议都没搞清楚，怎能获得股权呢？第 7 章将介绍股权的 3 种来源，股权的来源不同，操作方法也不同。

公司赚钱后大家都想争股权，但公司亏钱了就不想承认自己是股东，只想要还本付息，比如下面的案例。

## 四、公司亏钱股东要求还本付息

大明公司生意越做越好,大客户高管也想投资做股东,高管让妻子给大明公司转账 105 万元并注明"高管出资入股大明公司"。公司在收款后给大客户高管出具 105 万元收据,但没有办理工商变更登记手续,也没有签协议,高管只做隐名股东。

你可以思考:公司注册资本 500 万元,高管投资 105 万元的股权是多少?这样操作有什么问题?

在高管投资两年后公司发生亏损,高管夫妻先后起诉要求还本付息。

先是高管妻子起诉要求返还 105 万元和 7 万元利息。被创始股东询问后,高管吞吞吐吐地说是老婆干的,自己不清楚。法院认为在转账时已注明是高管出资入股,高管才是投资人,高管妻子无权起诉,所以判决驳回起诉。

在高管妻子输了官司后高管自己起诉,要求返还 105 万元和 16 万元利息、由创始股东承担连带责任。高管说当时创始股东说公司发展好很赚钱、一年内上市,等等,自己被骗才投资的。转账 105 万元只是初步投资意向,但付款后迟迟不给办理工商变更登记手续,股权投资关系没有成立。

创始股东说,股权投资有风险是基本商业常识,亏了就要赖说不过去。

可是股权从哪里来?增资还是股权转让?

创始股东说,高管投资 105 万元是股权转让、不是增资,因为对法律不熟悉才把钱转给公司了。公司注册资本 500 万元,高管投资 105 万元,股权比例为 21%。

你可以思考:到底谁在说谎?高管的股权从哪里来?

法院审理认为,虽然高管转账 105 万元写明"出资入股"的意思,但创始股东说高管的股权来自股权转让,又无法证明谁把股权卖给高管,所以法院判决股权转让关系没有成立,公司应向高管还本付息。

## 五、案例启示

在前面两个案例中,一个公司赚钱了争股权,另一个公司亏钱了、有人想要还本付息,人性很难经得起金钱的考验。

1. 股权投资与借款有本质区别

借款类似于把房子租给别人,租户交钱租房子只是可以暂住,但房子永远是房东的,房租收入不高但稳定。

股权投资的本质是花钱买公司,而公司可能赚钱也可能亏损,亏损了就不可能拿回本息,比如买房投资,有可能赚钱也有可能亏钱。

**股权投资是高风险投资,不愿意承担风险的人不适合做股东。**

2. 增资与股权转让

**股权转让是买卖双方的交易,股权来自老股东,应把钱付给卖方,而不是付给目标公司。**

**增资的股权来自目标公司的增量,应该把钱付给目标公司,而不是付给老股东。**

股权的来源不同,操作方法也不同,先搞清楚股权的底层逻辑才能知道应该怎么操作,相关内容在第7章介绍。

不专业的操作,在合作良好时不一定发生问题,但在股东发生矛盾后就可能成为致命伤,有时不起眼的小差错都可能致命,下一节介绍相关案例。

## 2.4 花12年时间打官司争股权,办变更手续15年后还反转

有人办理工商手续图省事,但当年省1小时,后来却花12年时间打官司争股权;有人办了工商变更手续15年后还反转。下面介绍具体案例。

**一、注册新公司给自己挖坑**

两位老板成立公司1,在合作5年后赚了不少钱,2007年又合作成立四海地产公司,公司注册资本1000万元,大股东持股65%,小股东持股35%。

两位老板都是做大事的,注册公司这种小事都由大股东老婆一手操办,连办理工商登记时小股东的签名也是大股东老婆找人代签的,而这些图省事的操作,却为后面花12年时间打官司争股权埋下祸根。

两位老板先后合作成立两家公司,公司1的股东包括小股东、大股东老婆和另一个股东,而新成立的四海地产公司的股东是大股东和小股东两人。

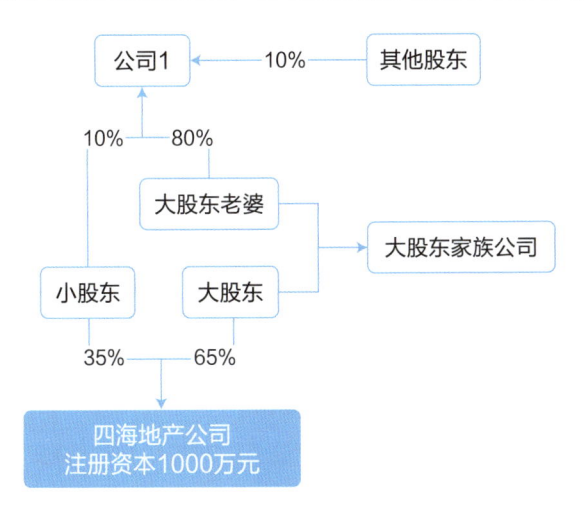

为了完成四海地产公司1000万元注册资本的验资手续,先从公司1向大股东家族公司转账1000万元,大股东家族公司再把1000万元转给大股东和小股东两人,两人再将1000万元转入四海地产公司,在完成验资手续后转出,而这

些自欺欺人的操作又给自己挖坑了。

四海地产公司成立后花 4000 万元买四海公司大楼，但是购楼款 4000 万元却不是从四海地产公司支付的，而是从公司 1 和大股东老婆的账户支出的，这些操作又挖了一个大坑。

你可以思考：

（1）你们公司办理工商注册是谁签字？股东不自己签名有什么后果？

（2）用于验资的 1000 万元这样操作会有什么问题？

（3）四海地产公司购买 4000 万元的大楼，但资金由别人支付，这样会有什么问题？

## 二、同股不同权的约定

两位老板在 15 年前就采用同股不同权的设计，2008 年签订补充协议并约定：

（1）双方合作做生意已有 5 年，大股东应向小股东分配利润 1100 万元，这 1100 万元已由大股东直接划转用于购买四海公司大楼，小股东再追加投资 850 万元，两项相加后小股东对四海公司大楼的投资股本金为 1950 万元。

（2）四海公司大楼总投资 4000 万元，大股东投入 2050 万元占 51% 股份，小股东投入 1950 万元占 49% 股份。虽然小股东在四海地产公司的注册股份只占 35%，但双方同意在不改变原股份比例的情况下，大楼项目按照双方的实际投资比例进行分配，后续再投入资金按双方投资比例追加投入。

在这份补充协议上大股东的签名由老婆代签，这又是一个坑。

你可以思考：协议约定的股份比例与工商登记的股权比例不一样，这样会有问题吗？

## 三、小股东被踢出局后分三路维权

在签订补充协议一年后，四海地产公司在 2009 年发生工商变更，小股东被彻底踢出局了，小股东名下的 35% 股权被转到大股东老婆名下，小股东发现后分三路维权，由此开启了 12 年的股权争夺战，小股东能要回股权吗？

一路，向公安局举报大股东侵吞自己 35% 股权，涉嫌职务侵占罪。

在公安问询中，大股东老婆承认，把小股东 35% 股权转给自己是找人代小股东签名的，自己也没有按照协议约定向小股东支付股权转让款。公安局随后将案件移送检察院，但检察院认为小股东用于验资的350万元由大股东家族公司转入，而且四海地产公司从注册到两次工商变更都是由他人代小股东签名的，所以检察院通知公安局撤案了。

二路，举报四海地产公司向大股东家族公司转款800万元属于股东抽逃出资，但没有成功。

三路，去法院起诉，要求确认把小股东名下35%股权转让给大股东老婆的股权转让协议无效。

1. 小股东提出

（1）小股东在四海公司大楼投入1950万元，后来又追加投资195万元，共投入2145万元，已含应缴付的注册资本350万元。

（2）补充协议约定双方按照51∶49比例分红，虽然约定的分红比例与股权比例不同，但按照《公司法》规定，股东可以约定不按出资比例分红。

虽然补充协议上大股东的签名由老婆代签，但大股东全程参与了补充协议的谈判和签署过程。

2. 大股东方反驳提出

（1）小股东只是帮大股东代持股的名义股东，从四海地产公司成立以来，文件上的小股东签名都是由大股东老婆安排人代签的。

（2）四海地产公司1000万元注册资金全部来源于大股东家族公司，购买大楼的4000万元资金也是由公司1和大股东老婆支付的，小股东没有支付过任何款项，没有实际出资，不是公司的股东。

（3）小股东原月工资只有两三千元，他创办的公司也连年亏损，没有实力拿出350万元进行股权出资。

（4）2008年签的补充协议只是对投资四海公司大楼单一项目的合作，不涉及股权，而且大股东并没有签过补充协议，补充协议上大股东的签名由配偶代签，大股东没有进行过追认，不具有法律效力。

在打官司时双方都请了律师，都会据理力争找出对对方不利的地方，而以前签协议留下的漏洞就成为对方的把柄。

你可以思考：项目合作与股权投资有何不同？

3. 法院审理认为

将小股东名下35%股权转让给大股东老婆的股权转让协议由他人代签名，代签名没有经过小股东同意，股权转让协议无效，应把股权返还小股东。

虽然小股东赢了官司，但并没有拿回股权，战斗还在继续。

### 四、大股东改路线争夺股权

大股东方换律师换理由后再次起诉，要求确认小股东持股35%是帮大股东老婆代持股。

1. 法院审理认为

（1）在公司章程、公司成立的文件等全部材料中小股东的签名都是大股东老婆安排他人代签的，大股东从没打算与小股东一起成立公司；而大股东夫妻之间达成了创办公司的合意，夫妻两人共同制定公司章程并委托他人办理公司注册手续。

（2）虽然补充协议约定小股东给大楼投资1950万元且占公司49%股权，但这只是围绕公司大楼的投资比例及利益分配进行的约定，小股东投资大楼的同一笔钱不可能同时用于对四海地产公司的股权出资，小股东不能证明已经向四海地产公司出资350万元。

法院在2016年7月判决，小股东不享有四海地产公司的股东资格。

你可以思考：法院的判决有道理吗？如果你是小股东应该怎么办？

二审法院判决已经生效，大股东用四海地产公司35%股权作担保借款，并把35%股权变更登记到债权人名下了。

2. 小股东继续维权

小股东不服生效判决，换律师后向最高法院申请再审，法院审理认为：

（1）虽然在公司成立时小股东的签名是由他人代签的，但这是基于小股东自己提供身份证明并默认授权进行的；在公司设立后小股东担任总经理和法定代表人，以股东身份在会议纪要和股东决议上签名，参与公司经营管理，实际履行了股东职责，行使了股东权利。

（2）两位股东的出资都来自大股东家族公司，不能因此认定小股东的股权属于大股东家族公司，否则大股东的出资也同样可以认定是大股东家族公司的出资，这样将导致四海地产公司的股权处于无法认定属于谁的不确定状态。

（3）虽然补充协议上大股东的签名由配偶代签，但大股东知道且不反对，说明配偶代签合同是经过授权的代理行为。补充协议约定双方一直存在合作关系，小股东主张350万元出资包含在1950万元内的解释更为合理。

最高法院在2018年11月撤销一二审判决，驳回大股东方的起诉。

在花了9年时间后小股东终于赢了官司，但此时35%股权早已登记在债权人名下，小股东换律师后再次起诉，要求确认将35%股权转让给债权人的协议无效，债权人返还35%股权。

大股东方说小股东应该找大股东老婆要股权，而不能直接找债权人要股权。

法院在2020年11月判决支持小股东的请求，由债权人直接向小股东返还股权并协助办理股权变更登记手续。终于在2021年办理了股权变更登记手续，小股东拿回35%的股权，并继续起诉要求查账等。

### 五、代签名注册公司案例启示

在花12年时间打官司后，小股东才终于拿回自己的股权，中间曾被误判，而且判决已经生效；幸好再审后被推翻了，但再审并不是正常程序，不是每个官司都能再审的。

四海地产公司的赚钱模式是买楼出租，在前期投入完成后，后期就是长期"躺赚"，相当于种了一棵摇钱树等着摘果子。在巨大的利益面前人性很难经得起考验，如果你觉得你的公司未来很有价值，则建议从一开始就足够重视股权的处理，不要等到掉进坑里再后悔。

1. 小股东被误判的根本原因在于：

（1）公司注册时由他人代签名，被误判两人没有共同成立公司的意愿。

（2）用于实缴出资的资金来源问题，被误判小股东没有实际出资。

（3）补充协议约定同股不同权的规则，因为协议约定不清楚，被误判是项目投资，而不是股权投资。而且补充协议中大股东的签名是老婆代签名的。

法律并不禁止股东约定同股不同权的规则，但采用同股不同权的设计涉及专业的处理，不专业的操作可能会给自己挖坑；如果自己既不足够专业又不打算请专业的人，则建议还是采用法律默认的同股同权规则。

2. 在办理工商手续时，有人图省事糊弄工商局，以为办完工商手续就万事大吉了，可是当年省1小时后来却要花12年时间、过百万元、打多起官司去维权。

**不尊重法律其实就是坑自己，暂时不发生问题并不是没有问题，只是时候未到而已。**

办理公司注册或办变更等手续，建议一定要让股东自己签名，有人用代签名办变更，15年后还被推翻了，下面介绍具体案例。

### 六、15年前埋下的雷

两位工程老板在2002年开始合作成立旧公司，大老板家族公司持股80%，小老板个人持股20%。在赚了钱后想购买大园地产公司的一栋大楼，但购买资产的操作不方便，就改为购买股权，这也是房地产行业的交易模式之一，通过股权转让方式变相实现土地使用权的转让。

2004年，两位老板共同收购大园地产公司100%股权，大园地产公司注册资本1000万元，在收购完成后大老板持股80%，小老板持股20%。

```
                    ┌─────────┐
                    │ 旧公司  │
                    └─────────┘
                    20%      80%
              ┌─────────┐  ┌─────────────┐
              │ 小老板  │  │大老板家族公司│
              └─────────┘  └─────────────┘
                    20%      80%
              ┌──────────────────────────────┐
              │大园地产公司，注册资本1000万元│
              └──────────────────────────────┘
```

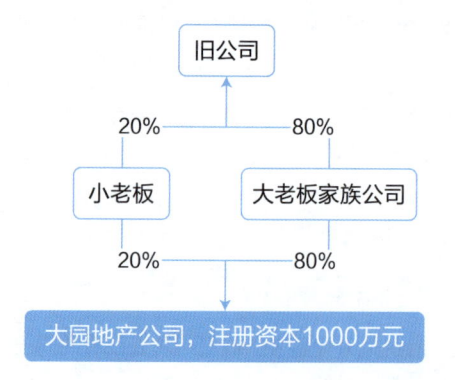

两年后的2006年，大园地产公司发生工商变更，大老板把股权转让给妻子，小老板把股权转让给大老板的亲戚，小老板彻底退出大园地产公司。

```
大老板亲戚 ──20%──┐    大老板妻子 ──80%──┐
                   ↓                         ↓
                      大园地产公司
                         2006年
```

才合作两年小老板就彻底退出大园地产公司,而两位老板共同成立的旧公司也在 2008 年注销了,他们是自愿终止合作的吗?还是有什么隐情?这事在过了 10 多年后被翻出来算旧账。

## 七、10 多年后翻旧账

2014 年,已经退出近 10 年的小老板去工商局举报,说 2006 年将自己名下 20% 股权转让给大老板亲戚的股权转让协议不是自己签名的。

小老板搞了三年无果后,在 2017 年去法院起诉工商局,但在 2018 年被判决驳回了。

你可以思考:2006 年小老板是自愿退出的吗?在退出股权 8 年后才发现自己出局,背后到底有什么隐情?

起诉工商局不成后,小老板继续请知名律师起诉大园地产公司,要求确认自己的股东身份,大老板亲戚名下的股权归小老板所有。

1. 大老板方提出

(1)因为当时《公司法》规定需要有两个股东,小老板只是帮大老板代持股。

而且在 2004 年两人从他人手上购买股权时小老板也没有在股权转让协议上签字,没有支付股权转让款,都是大老板支付的。

(2)小老板未实际参与公司任何经营、管理或投资行为,未履行任何股东义务、享受权利或主张权利。

2. 小老板则提出

(1)不确定 2004 年购买股权时是否自己签名,但认可当年购买股权文件的效力。

（2）虽然小老板没有直接支付股权转让款，但大老板从 1999 年开始欠小老板的 1000 多万元，可用以冲抵从他人手上购买股权的款项。

（3）小老板作为股东一直参与项目协调工作，后因与大老板产生矛盾才被封锁消息。

### 3. 法院审理认为

（1）2004 年小老板从他人手上购买 200 万元出资已经记载于公司章程中，并办理了工商变更登记，足以确认小老板取得了公司的股东资格，原登记在小老板名下的 200 万元出资归小老板所有。

（2）虽然大老板说小老板是帮其代持股，但没有提供股权代持协议，也没作出合理的说明，而小老板的解释更具合理性。未经小老板同意将其名下的股权转让给大老板亲戚，买方没提供证据证明向小老板支付了股权转让款，买方不构成善意取得，200 万元出资仍应归小老板所有。

（3）**股东享有权利和承担义务是取得股东资格的结果，而不是取得股东资格的条件**，就算小老板没参与经营管理，也不能以此否认其股东资格。

二审法院在 2019 年 3 月作出判决。大老板方换律师后申请再审，但被驳回了。

小老板在 2006 年退出公司，13 年后打赢官司拿回股权，但此时公司注册资本已增资为 6000 万元，小老板的股权比例为 200/6000 ≈ 3.3%，小老板还想争回 20% 股权，又继续战斗。

### 4. 继续打官司争 20% 股权

小老板再次起诉要争 20% 股权，并提出公司增资没有通知小老板，应无效，而且小老板对公司增资有优先认缴权。

大园地产公司提出：

（1）在公司大楼施工需要钱时小股东不主张权利，过了 12 年后才起诉，已经过时效。

（2）小老板作为工程公司老板明知公司大楼建设需要大量资金，其没有履行股东义务，在公司需要钱时没有表示参与增资，就算小老板是实际股东也变相放弃了优先认缴权。

因为公司名下有一栋 17 层的办公楼，股权价值已经大幅升值，小老板才违背当初的口头约定，要求确认股东身份及优先认缴权。

法院在 2021 年判决驳回了小老板的起诉。

### 八、代签名办变更 15 年后被推翻案例启示

小老板在 2006 年退出公司股东名单之列，8 年后提出抗议，花 7 年时间打多起官司后终于在 2021 年尘埃落定，前后历时 15 年时间。

2006 年在办理股权变更登记手续时，小老板是自愿退出的吗？还是被踢出局而不知情？公司名下有一栋价值不菲的大楼，股东被踢出局 8 年后才知道吗？

打官司时双方立场对立，各执一词，法官也不知道谁说真话谁说假话，只能通过各方提供的证据去判断。

办工商登记手续图方便让人代签名，以为可以糊弄工商局，办完工商登记手续就万事大吉了。没想到最后坑的却是自己，15 年前办理的工商变更登记手续在 15 年后还是会被推翻。

股权不值钱时没人要，股权价值上涨后就有人跳出来抢了，当年不起眼的签名可能要付出数亿元代价。

**法律规定必要的程序是为了保护大家的利益，建议不要为了图一时方便而弄丢价值不菲的股权。**

江湖上还流传着一些规避法律的操作，到底有没有用呢？下一节介绍相关案例。

## 2.5 找人做挂名法定代表人，老板进监狱、公司被搞破产

江湖传说老板千万不要自己做法人，法人就是被绳之以法的人，聪明的老板都让司机或保姆做法人。他们说的"法人"是指"法定代表人"。

### 一、法人与法定代表人

> 《中华人民共和国民法典》（以下简称《民法典》）第五十七条规定：法人是具有民事权利能力和民事行为能力，依法独立享有民事权利和承担民事义务的组织。

**法律规定的"法人"是组织而不是个人**，即按照法律规定有拟人特征的组织。

1. 企业与法人

**法人最重要的特征是"独立"，并不是所有的企业都是法人，因为有些企业不具备独立的特征。**

> 《民法典》第七十六条第二款规定：营利法人包括有限责任公司、股份有限公司和其他企业法人等。
>
> 《公司法》第三条规定：公司是企业法人，有独立的法人财产，享有法人财产权。公司以其全部财产对公司的债务承担责任。

因为公司是可以自己独立承担民事责任的企业，一般情况下不需要股东为公司承担责任，所以公司是法人。

> 《民法典》第一百零二条第二款规定：非法人组织包括个人独资企业、合伙企业、不具有法人资格的专业服务机构等。
>
> 《中华人民共和国合伙企业法》（以下简称《合伙企业法》）第二条第二款规定：普通合伙企业由普通合伙人组成，合伙人对合伙企业债务承担无限连带责任。

> 第三款规定：有限合伙企业由普通合伙人和有限合伙人组成，普通合伙人对合伙企业债务承担无限连带责任，有限合伙人以其认缴的出资额为限对合伙企业债务承担责任。

因为合伙企业不能独立承担民事责任，需要普通合伙人为合伙企业承担无限连带责任，所以合伙企业不是法人；个人独资企业等与之同理。

### 2. 法人与法定代表人的区别

公司是"法人"，但公司不会说话、不会写字、不会表达意思，需要有一个人代表公司说话、写字、表达意思等，这个人就是**法律规定代表公司的人，即法定代表人**。

> 《民法典》第六十一条第一款规定：依照法律或法人章程的规定，代表法人从事民事活动的负责人，为法人的法定代表人。

所以法定代表人与法人是完全不同的两个主体，**法人是组织，法定代表人是代表组织的自然人，不可以混淆或相互替代**，把法定代表人简称为法人就如把天鹅绒简称为天鹅。

有的老板相信江湖传说找人做挂名法定代表人，但老板还是进监狱了，比如下面的案例。

## 二、找人做挂名法定代表人后老板还是进监狱了

七馨公司老板找人做挂名法定代表人，自己只担任监事。后来公司逃税580多万元，除了补缴税款，还被处罚580多万元，并被检察院指控犯逃税罪。

老板说自己只负责销售业务，不是法定代表人。但相关证据显示老板是公司的实际控制人，公司所有事情都是老板决定的；税务局人员也证实，公司税务事宜平时都是与老板联系；而且公司曾出具授权书写明，受法定代表人委托由老板担任总经理，全权办理公司在日常经营中的一切业务。

法院最后判决公司犯逃税罪，处罚金100万元；认定老板为直接负责的主管人员，犯逃税罪，判处有期徒刑一年十个月，并处罚金40万元。

挂名法定代表人因为没有参与实施犯罪，不需要承担刑事责任。

**刑事责任不是按照职位定罪，而是谁做谁担责**，自以为聪明的老板找替罪羊不成功，还是把自己送进监狱了。而让别人做法定代表人还可能给自己挖大大的坑，比如下面的案例。

### 三、法定代表人签字让上市公司背上 3 亿多元的债务

前上市公司由控股公司持股 60%，控股公司还有一家 100% 持股的关联公司。3 家公司都由 Y 担任法定代表人，可是法定代表人的签字却让前上市公司无端背上 3 亿多元的债务，后来前上市公司退市了。

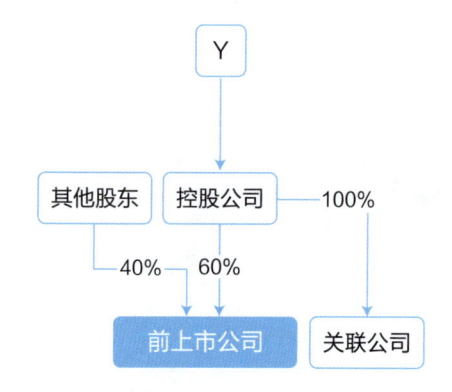

```
          Y
          │
    ┌─────┴─────┐
    │           │
其他股东    控股公司 ──100%── 
    │40%      │60%            │
    └────┬────┘                │
         ▼                     ▼
      前上市公司            关联公司
```

前上市公司和关联公司都有共同的股东就是控股公司，除此之外它们并无关系，比如拼多多和搜狗都有共同的股东腾讯。但因为 3 家公司都由 Y 担任法定代表人，Y 就有机会把 3 家公司串联在一起。

关联公司向债权人借款 3 亿元，由前上市公司、控股公司和 Y 提供担保。由于关联公司没有还款，债权人向法院起诉要求归还 3 亿元，并赔偿 440 多万元律师费，前上市公司、控股公司和 Y 承担连带责任。

前上市公司有众多其他股东，不同意承担连带责任，并提出根据《公司法》和证监会相关规定以及公司章程规定，上市公司提供担保应经董事会和股东会审议通过，而此 3 亿多元的担保合同没经股东会和董事会审议通过，系法定代表人越权签署，属于 Y 的个人行为，对前上市公司没有约束力。

**法院审理认为：**

担保人和债务人同属于"实际控制人的关联方"，无须经过股东决议，Y 作

为法定代表人在担保合同上签字并加盖公章,其法律后果应由公司承担;如果 Y 违反公司内部规定签署担保合同,公司或其他股东可以向法定代表人追责。

法院判决前上市公司要为关联公司承担 3 亿元债务的担保责任,还有 300 万元诉讼费,前上市公司后来退市了。

> 《民法典》第六十一条第二款规定:法定代表人以法人名义从事的民事活动,其法律后果由法人承受。
>
> 《公司法》第十一条第一款规定:法定代表人以公司名义从事的民事活动,其法律后果由公司承受。

法定代表人签个字就让公司背上 3 亿多元的债务,花几百万元甚至上千万元打官司也白搭,找小兵做挂名法定代表人的老板是聪明还是愚蠢?

为此又有人提出,与挂名法定代表人签协议限制他的权力就可以了,可是真的是这样吗?下面介绍另一个案例。

### 四、前法定代表人签字让公司背上 7.5 亿元欠款

两博地产公司在 2012 年引入上市公司的投资,2016 年再引入知名地产公司的投资,公司的股权结构变成知名地产公司持股 51%,上市公司持股 48.51%,创始人 G 变成持股 0.49% 的小微股东。

```
    上市公司      知名地产公司      G
         \           |           /
       48.51%       51%       0.49%
         \          |          /
              两博地产公司
```

虽然创始人 G 已经变成小微股东,但从 2012 年引入上市公司至 2016 年引入知名地产公司期间 G 一直担任法定代表人,而公司章程和股东协议都对法定代表人的权限进行了限制。在此期间两博地产公司向一个债权人借款 4.9 亿元,还向其他人借款数亿元,由法定代表人签署借款合同。

2016 年在知名地产公司投资后,改由知名地产公司派人担任法定代表人。

### 1. 前法定代表人签下巨额借款合同

由于两博地产公司没有按时还款，一个债权人在2017年向法院起诉要求归还借款和利息共7.5亿元。

已经由知名地产公司接管的两博地产公司不承认以前由G签字欠下的旧账，并提出：

（1）在两博地产公司与债权人签借款合同期间，公司的公章在当时的大股东上市公司处保管，用印登记显示上市公司并没有在借款合同上盖过公章，借款合同上加盖的公章与备案公章不一致，借款合同上加盖的公章是伪造的，借款合同无效。

（2）按照公司章程和股东协议约定，如此巨额借款须经董事会同意，但实际上董事会对此借款并不知情。

（3）借款当时的法定代表人G是债权人公司持股18%的股东并担任董事，G与债权人恶意串通捏造借款进行虚假诉讼，损害新股东利益，借款合同应无效。

（4）借款进入两博地产公司账户3日内就转到G个人控制的关联账户，两博地产公司并没有实际使用资金，公司各部门对借款的流入和流出也毫不知情，财务资料也没有记录。

（5）借款合同存在大量反常之处，比如公司名称少了"市"字，合同没有签署日期，债权人提供如此巨额借款却不要求提供担保，等等。

（6）债权人没有出借如此巨额借款的资金实力。

你可以思考：两博地产公司由小微股东G担任法定代表人，但公司章程和股东协议都对法定代表人的权限进行了限制，法定代表人违反规定私自签下如此巨额借款合同，借款合同上盖的公章还是没经备案的，这样的借款合同有效吗？公司需要承担还款责任吗？

### 2. 公司被判为法定代表人的签字背锅

由于涉及金额巨大，二审已经去到最高法院，第一次上诉被裁定发回重审，最高法院要求查明出借资金来源、用途和资金流向，等等；重审一审判决后有人不服上诉，最高法院在2020年9月作出终审判决。

**法院审理认为：**

（1）借款合同上除盖公章以外还有当时的法定代表人 G 签字，就算合同上盖的公章与备案的公章不一致也不影响合同的效力。

（2）虽然公司章程和股东协议等对 G 的权力进行了限制，但这些都是他们的内部文件，没有证据证明债权人对此知晓且与法定代表人 G 串通。

（3）借款已实际转入两博地产公司，而且两博地产公司也出具了收条。

法院判决两博地产公司向债权人归还 4.9 亿元借款，按照年利率 24% 支付利息，并承担 850 万元诉讼费。

两博地产公司 4.9 亿元借款在 2015 年到期，至 2020 年判决时本息已超过 10 亿元；另有一笔 1.2 亿元的借款在 2014 年到期，至 2020 年本息已超过 3 亿元，诉讼费 450 万元。仅这两笔借款本息已超过 13 亿元，诉讼费 1300 万元，其他的还没计算。

> 《民法典》第六十一条第三款规定：法人章程或法人权力机构对法定代表人代表权的限制，不得对抗善意相对人。
>
> 《公司法》第十一条第二款规定：公司章程或者股东会对法定代表人职权的限制，不得对抗善意相对人。

有了法定代表人的签字，就算盖假公章也会有效；就算签协议对法定代表人的权力进行限制，对外也不起作用。随便找人做挂名法定代表人，就要承担被人随便挖坑埋进去的后果。

不仅如此，法定代表人还有其他职位无可替代的特殊作用，比如下面的案例。

## 五、法定代表人职位有无可替代的特殊作用

五海公司的大股东持股 60%，另有前上市公司等其他股东持股 40%。

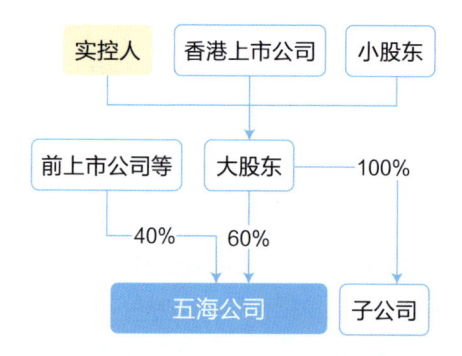

```
    实控人    香港上市公司    小股东
       │         │
       ▼         ▼
  前上市公司等  大股东  ──100%──┐
         40%│   │60%           │
            ▼   ▼              ▼
           五海公司            子公司
```

实控人同时控制五海公司、香港上市公司、大股东公司、大股东旗下多家子公司，以及没有股权关系的其他多家公司，实控人担任五海公司的法定代表人。

实控人控制的多家公司向银行贷款近 20 亿元，实控人利用五海公司法定代表人身份让五海公司为近 20 亿元贷款提供担保，后来借款人没能及时还款被银行起诉，要求五海公司承担担保责任，替其他借款人还款。

五海公司的股东包括前上市公司等不同意替他人还款，于是盖章后用五海公司名义向法院起诉，要求确认法定代表人代表五海公司签署的一系列担保合同无效。

法院判决确认，实控人利用法定代表人身份对外签订的担保合同侵害了公司和其他小股东的利益，五海公司签的担保合同无效。

可是，作为债权人的银行和五海公司法定代表人都不同意，向最高法院申请再审，提出法定代表人不同意起诉，其他人无权起诉。

法院认为，虽然五海公司赢了官司的起诉状加盖了公章，但起诉没有经过法定代表人同意，没有经股东会讨论通过，股东也没有请求监事起诉，不能认定是五海公司的意思表示，所以 10 多起赢了的官司都被法院判决撤销了。

> 《中华人民共和国民事诉讼法》（以下简称《民事诉讼法》）第四十八条第二款规定：法人由其法定代表人进行诉讼。

公司由法定代表人进行诉讼，当法定代表人不同意起诉时，法院也就没有了判决的基础，赢了官司也白搭。五海公司要替别人偿还近 20 亿元债务，后来五海公司破产了。

## 六、关于法定代表人

从前面的案例可以看到,法定代表人签字可以让公司背上巨额债务,签协议对法定代表人的权力进行限制对外也无效,而且在股东发生矛盾时,谁做法定代表人就可以以公司的名义起诉对方。

**盖章不一定能代表公司,但法定代表人签名就能代表公司,担任法定代表人可以换公章,但只有公章却换不了法定代表人。**

因为法定代表人就是法律规定代表公司的人,法定代表人具有其他职位不可替代的特殊作用,法定代表人职位也成为各方争夺控制权的最重要职位。

有人害怕担责而不敢做法定代表人,涉及的责任主要包括民事、刑事、行政3方面。

### 1. 刑事责任

**刑事责任谁做谁担责,不管是不是法定代表人,做了犯罪的事就要承担责任。** 前面案例已介绍过,找人做挂名法定代表人并不能免责,比如有的公司法定代表人、财务、程序员等都进监狱了,不做法定代表人的人也进监狱是因为他们做了犯罪的事,而不是因为担任法定代表人这一职务。

### 2. 民事责任

民事责任主要涉及钱或财产等,一般情况下公司欠钱是不会要求法定代表人偿还的,但如果法定代表人有过错就可能要担责。不只是法定代表人要担责,董事和高管等有过错也要担责,比如康美药业的独立董事被判承担2.5亿元连带责任。不是因为担任法定代表人之位而担责,而是人人都需要为自己的行为承担责任。

### 3. 行政责任

担任法定代表人可能需要承担行政责任,比如:

> 《最高人民法院关于公布失信被执行人名单信息的若干规定》第六条规定,记载和公布的失信被执行人名单信息应当包括:
>
> (一)作为被执行人的法人或者其他组织的名称、统一社会信用代码(或组织机构代码)、法定代表人或者负责人姓名。

当公司成为失信被执行人时，法定代表人或负责人作为公司的信息被公布，但法定代表人并不是责任主体，公司才是责任主体。

> 《最高人民法院关于限制被执行人高消费及有关消费的若干规定》第三条第二款规定：被执行人为单位的，被采取限制消费措施后，被执行人及其法定代表人、主要负责人、影响债务履行的直接责任人员、实际控制人不得实施前款规定的行为。因私消费以个人财产实施前款规定行为的，可以向执行法院提出申请。执行法院审查属实的，应予准许。

从这些规定可以看出，法定代表人并不直接替代公司承担责任，而是因为找不到公司承担责任，对法定代表人或主要负责人、影响债务履行的直接责任人、实际控制人加以限制，以促使其找公司出来承担责任；如果法定代表人不是公司的实际控制人或影响债务履行的责任人，可以向法院申请解除限制。

注：被列入失信名单、限制高消费等是否属于行政处罚范畴在学术界仍存在争议，在此举例只是为方便理解，本书不对此举是否属于行政处罚范畴下结论。

**刑事责任和经济责任是谁做谁担责，不管是否担任法定代表人，做了就要担责，而不是单纯因为担任法定代表人就担责；但做法定代表人有可能需要承担行政责任。**

法定代表人有其他职位无法替代的特殊作用，但有权也有责，承担一定的行政责任也是应该的，只要公司不做违法犯罪和损害他人的事，做法定代表人并无太多风险。

教找人做挂名法定代表人的人，连"法人"和"法定代表人"都分不清楚，只是教找人去背锅、顶罪，并没有教怎么真正解决问题。而且就算找人做挂名法定代表人，老板干了违法犯罪的事还是要进监狱的。

## 2.6 股权代持，损失价值过亿元的股权

江湖传说"法人"是被绳之以法的人，做股东也要背锅，"聪明的"老板让司机做法人，让员工代持股权；还有老板让老婆做大股东和法人，反正都是夫妻共同财产，让老婆背锅。

可有人让别人代持股权后，把价值过亿元的股权弄丢了，下面介绍法院判决的案例。

### 一、兄弟打 10 年官司争股权

小弟在国外赚钱后回国内投资多家公司，可是打 10 年官司却要不回股权，还变成刑事在逃人员了。

#### 1. 把第一家公司的股权转给大哥

小弟在 2002 年收购七弟旅游公司，收购后公司的注册资本 150 万元，小弟持股 33%，大哥持股 67%。母亲说当时大哥没有固定工作，大哥持股的 100 万元出资是小弟提供的，小弟还出资 780 万元购买一栋楼登记在七弟旅游公司名下。

两年后小弟把 32% 股权转给了大哥，又过了 3 年，七弟旅游公司变成大哥 100% 持股，小弟不再持股。幸好当时办理工商变更登记的手续有缺陷，后来成为争夺股权的救命稻草。

#### 2. 小弟创办第二家公司

小弟看中教授的一项技术并达成合作，2005 年以 515 万元价格购买教授的专利，其中 500 万元以现金支付，另有 15 万元作为双方成立七虫药业公司的投资。

小弟与教授签订七虫药业公司的股东协议并约定：教授投资 15 万元持股 15%，如公司成立 3 年内增资扩股应经双方同意；3 年后增资扩股的，如届时教授从公司拿到的分红不足以支付增资扩股所需资金，不足部分由小弟垫付。

这个约定的意图是确保教授不用再投钱而保持 15% 股权不被稀释，作为钻研技术的教授知道这约定已经很好了，但后来还是踩坑了。

随后成立七虫药业公司，注册资本 100 万元，共有 3 个股东，教授持股 15%，小弟持股 40%，大哥持股 45%。

多年后兄弟打官司争股权，小弟说因当时面临离婚财产分割，遂将部分股权登记在大哥名下而且不留痕迹，没想到后来却追悔莫及。

### 3. 兄弟谋划摆脱小股东的枷锁

七虫药业公司成立后运作良好，才成立半年就要扩大生产，公司注册资本从 100 万元增资到 2000 万元，按照协议约定小弟需要帮教授垫资近 300 万元，增资后教授持股 15%，小弟持股 15%，大哥持股 70%。

后来兄弟打官司争股权时小弟说，大哥说公司将来还要扩大规模和上市，可能要白白给教授垫资上千万元，非常不公平，如果将股权都登记在大哥名下就不用再为教授垫资了。小弟听从建议将股权全部转给大哥代持，股权结构变更为教授持股 15%，大哥持股 85%。

虽然教授不同意兄弟两人的股权转让，但也阻止不了，去打官司也输了。

至此，两家公司的股权都已登记在大哥名下，在此期间小弟为了办理移民手续还办理了"单身公证"和"无股权公证"等，证明不持有公司股权，没想到又给自己挖坑了。

### 4. 教授的股权被快速稀释

大哥成为七虫药业公司持股 85% 的大股东后，又过了 3 年公司需要再次扩产，因为大哥是持股 85% 的大股东，在公司章程没有特殊规定的情况下，教授的股权被快速稀释成了 0.1%。教授发起多起官司，要求确认小弟把股权转给大哥的协议无效、撤销稀释教授股权的股东决议，还起诉工商局和药监局，起诉公司要求支付 230 万元分红等，但费时费力打多起官司都输了。

### 5. 小弟打官司要股权

看到教授的股权被快速稀释，小弟会不会很有危机感？

2013 年，小弟去法院起诉要求确认大哥名下的七虫药业公司股权都是替自己代持，要求大哥把股权转回自己名下。但大哥却不承认是帮小弟代持股权。

小弟说自己苦心经营为七虫药业公司投入 12500 万元，当时为了逃避对教授的垫资责任才把股权转给大哥代持，为避免离婚财产分割所以不留痕迹，没有签股权代持协议。父母、姐姐、公司原总经理、教授、大哥妻弟等人都为小弟作证，但花近 100 万元打官司后小弟还是输了。

这起官司因为涉及金额较大，二审去到最高法院，法院审理认为：

（1）虽然小弟在公司成立时持股40%，但经过多次变更后小弟已经不是公司的登记股东，想要取得股东身份需要证明存在股权代持，并且有实际出资；但现在并没有股权代持协议，虽然亲属等作证说由大哥代持股是经过家庭会议商定的，但家庭会议没有书面记录，大哥也不承认是股权代持。

（2）小弟自己也表示选择隐名是为避免离婚财产分割，规避为教授垫资的义务等，这种代持股意在逃避相关债务、损害第三人利益，也应属无效。

法院判决驳回了小弟的起诉，换律师申请再审也被驳回。

**你可以思考**：你愿意把50%股权分给前妻，还是宁愿100%股权都没了？

不要怪法官无情，打官司时双方各执一词，法官没有千里眼，无法穿越到过去，没看到事情是怎么发生的，只能凭各方提供的证据判断，而白纸黑字就是最有力的证据。在工商登记中小弟不是股东，小弟没有提供协议等有力的证据推翻工商登记记录，七虫药业公司的股权就这样与小弟无缘了。

也不要怪打官司的律师水平不行，请再高水平的律师也不可能在打官司时造出个假协议来，协议是需要双方签署的，自己伪造也没有用。

**如果有人教你高明地坑别人，他会不会反过来坑你？就如教人做小偷可以快速致富，他只管自己赚钱，哪管你会不会进监狱？世上没有零风险高收益的事，如果有，可能已经写在刑法里了。**

### 6. 悲催的故事一个接一个

兄弟已经彻底闹翻了，小弟在2014年再去法院起诉要求确认七弟旅游公司的100%股权归自己所有。这起官司挺曲折的，从2014年打到2021年，历时7年，两次被二审指令审理和重审，共经历了3次一审，各方都很努力，先后请了超过10位律师，其间还发生其他冲突，小弟也成为刑事在逃人员。

在输了七虫药业公司的股权官司后，这次小弟不再提离婚分割财产等原因，而是采取与前一次不同的策略：

（1）找司法鉴定，证明2004年将七弟旅游公司股权转让给大哥的股权转让协议上小弟的签名不是自己所签。

（2）母亲作证说，小弟工作繁忙让大哥代持股权并到公司工作，因为是兄弟，所以没有签书面协议，后来嫂子在小弟公司工作被辞退后兄弟反目。

（3）姐姐找来 16 年前的员工作证，律师还找到 18 年前成立公司时的其他知情人员，可是这么久远的事大家也只能说个大概，谁能记那么清楚？

大哥反驳提出，2004 年股权转让协议上写"本协议经三方签字（盖章）后生效"，就算小弟的签名是假的，但协议上盖了小弟的名章是真的，还说小弟故意抹黑大哥人格。

**法院审理认为：**

（1）证人的证言都是间接证据，没有股权代持协议，股权代持的依据不足。

（2）2004 年的股权转让协议不是小弟签名，而且买方也没有付款，所以股权转让协议无效。

法院在 2020 年 12 月作出终审判决，小弟的股权维持 2002 年时的 33%。

大哥不服换律师申请再审，在 2021 年 9 月被驳回。

虽然法院判决了，但事情并没有结束，小弟还在起诉别的官司，花数百万元打 10 年官司争股权，还成了网上被追逃人员。

人性很难经得起金钱的考验，就算血缘关系也不例外。

如果不是非常必要，不建议把股权给别人代持，如果需要股权代持，则一定要签书面协议；但就算签代持协议也不一定保险，比如下面的案例。

## 二、股权代持遭遇飞来横祸

夫妻两人先成立矿业公司，6 年后赚了钱又与他人共同成立四津小贷公司。但按照当时的规定成立小贷公司需要有一名法人股东，而且发起人在 3 年内不得转让股权，因此夫妻就用矿业公司作为小贷公司的股东，可是这一操作后来却让他们数百万元的投资打水漂了。

在投资小贷公司后，夫妻决定把矿业公司卖给新股东。

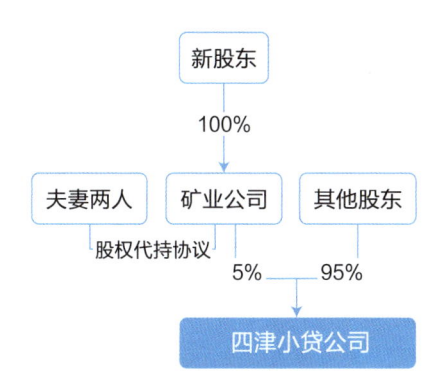

```
            新股东
              │
             100%
              ↓
夫妻两人 —— 矿业公司      其他股东
     股权代持协议
              5%      95%
              ↓       ↓
           四津小贷公司
```

但新股东接盘后，矿业公司欠债权人 450 万元没有归还，债权人向法院申请执行矿业公司持有小贷公司 5% 的股权。

可是矿业公司在小贷公司的股权是替夫妻代持的，夫妻向法院起诉要求确认四津小贷公司 5% 的股权归自己所有，还让四津小贷公司开了证明，证明实际股东是夫妻两人而不是矿业公司。

这起官司经历了一审二审，最高法院提审后判决。

一审判决支持夫妻两人的请求，但债权人不服上诉，二审法院认为：

夫妻两人一直以四津小贷公司股东身份参与经营管理，一半以上股东知道并认可其股东身份，而且夫妻两人直接收取股东的分红，所以认可夫妻两人是四津小贷公司的实际投资人。

但现在工商登记中矿业公司对小贷公司持股 5%，没有证据证明债权人知道矿业公司名下的股权是替夫妻代持的，债权人属于善意无过错的相对人，应当受到优先保护。

> 《最高人民法院关于人民法院民事执行中查封、扣押、冻结财产的规定》第二十四条规定：被执行人就已经查封、扣押、冻结的财产所作的移转、设定权利负担或者其他有碍执行的行为，不得对抗申请执行人。

夫妻两人作为完全民事行为能力人，有能力预见股权代持的风险，在股权被查封后要求将投资权益显名化实质是变相请求对处于查封状态下的股权进行变更和处分。

二审法院判决不支持夫妻两人的请求。

夫妻两人不服申请再审,虽然最高法院部分支持夫妻两人的观点,但还是维持二审判决:

(1)虽然夫妻两人与矿业公司之间存在真实的股权代持关系,但股权代持形成在先,债权发生在后,欠债时矿业公司已经登记为四津小贷公司的股东,所以债权人的利益应得到优先保护。

(2)在四津小贷公司成立时股东中并不只有矿业公司一个法人股东,而且在3年后可以转让股权,夫妻两人也没有积极要求办理股权变更登记手续。夫妻两人作为完全民事行为能力人,应当有能力预知股权代持的风险并自行承担不利后果。

> 《公司法》第三十四条第二款规定:公司登记事项未经登记或者未经变更登记,不得对抗善意相对人。

案例启示:

(1)虽然法院承认股权代持关系,四津小贷公司和股东也都承认夫妻两人才是真正的股东,但股权还是被拿去替矿业公司还债了。理论上说夫妻两人可以找矿业公司追偿,但矿业公司根本没有钱还才会冻结了四津小贷公司的股权。

股权代持类似于把钱放到钱包里,再把钱包交给别人保管,理论上保管人有义务把钱和钱包一起还给你,但实际上保管人有可能把钱花完了,或者钱被债权人拿走抵债了,只剩下钱包还给你或者连钱包也没有了,你可以追保管人赔钱,但他可能没钱赔给你。

**股权代持有风险,无论签多完美的股权代持协议都无法完全避免风险,所以非必要不建议把股权给别人代持。**

不只是把股权给别人代持有风险,帮别人代持股权也是有风险的,比如下面的案例。

## 三、帮人代持股权房子被拍卖

三特产业园公司注册资本1亿元,控股公司持股51%,二股东持股40%,小股东持股9%。3位股东的实缴注册资本都是0元。

```
    小股东        控股公司       二股东
      9%            51%          40%
              ↓
    三特产业园公司,1亿元注册资本
```

公司才成立两年就被债权人以不能清偿到期债务且明显缺乏清偿能力为由向法院申请破产清算,法院裁定由律师事务所担任破产管理人,律师接手后开始追各方还债,包括起诉3位股东缴付出资。

控股公司说,公司章程规定的出资期限还没到期。

但法院判决控股公司在10天内缴付5100万元出资,还要承担60万元的诉讼费,控股公司不服向最高法院申请再审,但被驳回了。

> 《公司法》第五十四条规定:公司不能清偿到期债务的,公司或者已到期债权的债权人有权要求已认缴出资但未届出资期限的股东提前缴纳出资。

二股东说自己持股40%是老板安排代持的,应由老板承担出资义务。但法院认为,二股东没有提供代持协议,无法证明股权代持的事实;而且就算真的存在股权代持,也不能免除二股东作为登记股东的出资义务。法院判决二股东支付4000万元出资款和承担24万元诉讼费。

在被起诉之前小股东已经与老板签协议把股权转回给老板,但当时还没办理股权变更登记手续。在破产被追债后老板不肯再接这一烫手的股权。为了把股权甩回给老板还打了好几轮官司,幸好之前已经签了股权转让协议,后来通过强制执行才办了股权变更登记手续。虽然小股东费尽周折终于把9%股权转回给老板了,但也被判决承担900万元出资责任和16万元诉讼费,小股东夫妻名下的房子被拍卖,存款、股票、车都被查封或划扣还不够,小股东被纳入失信被执行人名单了。

> 《公司法》第八十八条第一款规定:股东转让已认缴出资但未届出资期限的股权的,由受让人承担缴纳该出资的义务;受让人未按期足额缴纳出资的,转让人对受让人未按期缴纳的出资承担补充责任。

有句话说"大难临头各自飞",有多少关系经得起金钱的考验?帮别人代持股权也要承担出资责任,建议不要随便帮别人代持股权。如果需要帮别人代持股权,请先确认实际投资人已经实缴出资。

三特产业园公司成立还没到两年就被破产清算了,当初为何要把注册资本写成 1 亿元这么大?下一节介绍注册资本踩的坑。

## 2.7　逃避责任不成踩 10 亿元大坑，把有限公司变无限责任

公司注册资本在 2014 年从实缴制改为认缴制，2024 年又从认缴制改为 5 年内实缴。

在注册资本认缴制期间，有人把注册资本写成 100 亿元，甚至 5 万亿元。但法律是经过严密设计的，怎么可能让人随便用来吹牛而不用承担责任？下面介绍具体案例。

### 一、注册 10 亿元大公司

二跃公司成立时注册资本 2000 万元，采用 7∶3 股权结构，创始大股东持股 70%，创始小股东持股 30%，两人共实缴 400 万元，其他部分出资在 2015 年 9 月前缴付。

可是在出资期限到期之前小股东就将全部股权卖掉退出了，新的小股东在接手后与创始大股东在 2014 年 4 月通过股东决议，将公司注册资本从 2000 万元增资到 10 亿元，缴付出资期限延期到 2024 年 12 月，即比原定出资期限延长了近 10 年。

又过了 4 个月，创始大股东也把全部股权卖掉退出了，新的大股东可没这么要面子，接盘后就在 2014 年 8 月通过股东决议，将注册资本从 10 亿元减少到 400 万元，减资后全部注册资本都已实缴。

你可以思考：这样减资后股东还有责任吗？

### 二、被债权人追债

由于二跃公司欠款没有归还，债权人在 2015 年向法院起诉要求二跃公司还本付息，两位创始股东在没实缴的 9.96 亿元范围内承担补充赔偿责任，两位新股东在减资的 9.96 亿元范围内承担连带责任。

打官司时只有两位创始股东应诉，两位新股东都没出现。

被债权人起诉后两位新股东又在 2015 年 8 月通过股东决议，将注册资本从 400 万元增资到成立时的 2000 万元，随后股东将 1600 万元转入实缴后当天就

转走了。

```
二跃公司注册资本变化过程

公司成立                注册资本        70% ─ 创始大股东
共实缴400万元    ──    2000万元
                                        30% ─ 创始小股东

2014.4增资      ──    注册资本        70% ─ 创始大股东
                       10亿元
                                        30% ─ 新的小股东

2014.8减资      ──    注册资本        70% ─ 新的大股东
                       400万元
                                        30% ─ 新的小股东

2015.8增资      ──    注册资本        70% ─ 新的大股东
                       2000万元
                                        30% ─ 新的小股东
```

你可以思考：这样操作能摆脱责任吗？

债权人提出：

（1）创始大股东参与决定增资，并将出资期限延长将近10年，这是滥用股东权利和逃避出资责任；虽然创始股东把股权卖掉退出了，但新的股东并不参与公司管理，公章等还是由创始股东掌管，说明公司还在创始股东的控制之下。

（2）两位新股东一直不出庭应诉，对自己的权利漠不关心，不符合常理，可以推定两位新股东根本不是真正意义上的股东。

（3）在被债权人起诉后又增资，但将1600万元转入公司当天就把钱转走了，人为制造证据的意图明显，不应认定转入的1600万元是实缴注册资本。

## 三、法院判决新旧股东担责

本案曾被发回重审，法院最终判决：

债权发生在减资和股权转让之前。

1. 两位创始股东的责任

（1）最先卖掉股权的创始小股东，在卖股权之前仍有480万元出资没有实缴，在打官司时出资期限已经到期，创始小股东需要对没实缴的480万元出资承担补充赔偿责任。

（2）后卖掉股权的创始大股东与新的小股东一起决议将注册资本从2000万元增资到10亿元，还将出资期限延迟近10年，显著增大债权人追究股东补充赔偿责任的时间成本。延长出资期限对债权人不发生法律效力，创始大股东仍需对延期之前未缴付的1120万元出资承担责任。

增资后的9.8亿元出资在2024年12月到期，本来打官司时还没有到期，但后来又将注册资本从10亿元减资到400万元，<u>减资后原定出资期限2024年12月已经不存在（就是到期了）</u>。虽然减资是由新股东决定的，但创始大股东也承认在公司减资过程中予以配合，可见他明知并参与了减资事宜，应该承担减资导致丧失期限利益的后果。因此创始大股东在减资前认缴增资6.86亿元（9.8×70%）的范围内承担补充赔偿责任，虽然后来又从400万元增资到2000万元，但不会影响从10亿元减资到400万元的责任。

创始大股东在其尚未履行出资的6.972（0.112+6.86）亿元范围内承担补充赔偿责任。

2. 两位新股东的责任

在明知公司对债权人负有债务的情形下将注册资本从10亿元减资到400万元，损害债权人的合法权益，而且在减资时两人也承诺对公司未清偿的债务提供相应的担保，所以两位新股东在减资的9.96亿元范围内对公司债务承担连带清偿责任。

虽然公司后来又从400万元增资到2000万元，但股东转入公司的1600万元当天又被转走，现在证据不足以证明转走1600万元是基于真实的债权债务关系，无法认定两位新股东缴付了1600万元注册资本，所以两位新股东在9.96亿元范围内对公司债务承担连带清偿责任。

二审法院判决后，3位股东都不服换律师申请再审，但在2020年被法院驳回了。

## 四、10 亿元注册资本案例启示

这起官司从 2015 年到 2020 年历时 5 年，虽然公司增资到 10 亿元后 4 个月就减资了，但因为减资时债权已经存在，依然需要对才画上去 4 个月的 10 亿元承担责任。

（1）注册资本写上去就如欠了信用卡的钱，写上去就已经欠下，欠钱是一定要还的，只是可以晚点还而已。

（2）卖掉股权后新旧股东都担责，所以购买股权时请先弄清楚卖方是否已经实缴注册资本。

（3）写大注册资本很容易，但减资是比较麻烦的，而且就算减资也要对减资前已经发生的债务承担责任。

建议填写注册资本时量力而行，不要把注册资本写大了再想着如何逃避责任。

还有人实缴注册资本后操作不当给自己挖坑的，比如下面的案例。

## 五、给自己挖坑往里跳

大力资产公司成立时注册资本只有 3 万元，2014 年增资到 5000 万元。

2015 年公司向债权人借款 100 万元，但 2016 年到期后公司没有还款，债权人申请仲裁赢了却拿不到钱，大股东也卖股权退出了，公司已经被吊销营业执照，债权人就追新旧股东还钱。

### 1. 法院审理认为

虽然公司章程规定股东缴付出资的期限为 2025 年，还没到期，但工商年报与公司章程规定的时间不一致。公司章程对公司、股东、董事及公司高级管理人员具有约束力；而工商年报是公司自己填报并对社会公示的信息，公司应对自己在年报中公示信息的真实性、准确性负责，应该按照年报填写的信息认定。

债权发生时间为 2015 年，此时公示 2014 年报，而 2014 年报显示股东缴付出资时间为 2017 年；2016 年时公示 2015 年报，而 2015 年报显示股东缴付出资期限已经改为 2015 年 12 月。

法院终审判决，按照工商年报公示信息，股东缴付出资期限在 2015 年 12 月到期，股东到期没有实缴出资就卖股权退出，应在未缴纳出资的范围内承担补充赔偿责任。

法院判决后股东不服申请再审，但在 2020 年被最高法院驳回了。

> 《公司法》第四十条规定：公司应当按照规定通过国家企业信用信息公示系统公示下列事项：
> （一）有限责任公司股东认缴和实缴的出资额、出资方式和出资日期，股份有限公司发起人认购的股份数。

2. 案例启示

（1）企业信息的公示，从国家企业信用信息公示系统登录进去填几个数字就完成了，操作简单，但却责任重大。

法律给你充分的自由自己填写，有关部门也不会审核；但自由是有代价的，给充分自由的同时也要承担责任，填上去公示就要承担责任了。

建议指定懂的人填写或者在填写时请懂的人过目，也可以让你们负责填写的人来看本书的案例。

（2）作为不参与公司管理的股东，一不小心就可能被坑了。股东可以在国家企业信用信息公示系统查看相关信息，如果发现填错了及时提醒公司纠正。

缴付注册资本是股东必须承担的责任，有人被债权人追债后偷偷把公司注销，而且在注销之前先把有钱的股东置换出去，换成没钱的替罪羊来背锅，这样能逃避责任吗？下面介绍具体案例。

## 六、金蝉脱壳

大军公司共有 3 位股东，大股东 C 持股 98%，另有两位小股东共持股 2%。为了拿到知名项目的运营权，2016 年将公司注册资本从 100 万元增资到 2000 万元，但没有实缴出资。

公司还没拿到知名项目的运营权就先与装修公司和租赁公司签订合同，装修公司垫款装修，租赁公司也交了租金，但最后却没有拿到知名项目的运营权。

2017 年 5 月对股权结构进行调整，变成 C 持股 80%，D 持股 20%。

2017 年被装修公司和租赁公司起诉要求还款，但公司不仅没有还款，还进行了一系列金蝉脱壳的操作。

2019 年 3 月大军公司发布注销公告，注销公告写明清算负责人是 E，而不是 C 和 D 两位股东。

在注销公告期间，公司先在 2019 年 4 月改名，两位股东后在 2019 年 5 月转让股权，C 和 D 两位股东把全部股权转让给 E 后彻底退出了，公司变成 E 一个人 100% 持股。

在办理注销手续期间，一审法院在 2019 年 6 月判决大军公司向装修公司和租赁公司支付 640 多万元和利息，大军公司不服上诉。

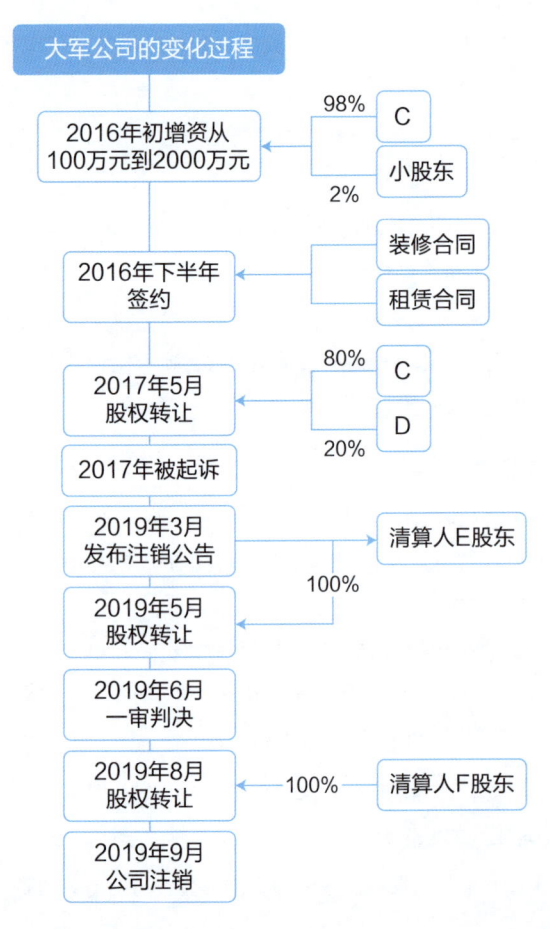

2019 年 8 月，大军公司再次发生股权变更，E 又把全部股权转让给 F，清算负责人也由 E 改为 F。而 F 在接盘一个月后就把公司彻底注销了，并在注销后撤回了官司的上诉。

**大军公司的变化过程**

- 2016 年初增资从 100 万元到 2000 万元
  - C 98%
  - 小股东 2%
- 2016 年下半年签约
  - 装修合同
  - 租赁合同
- 2017 年 5 月股权转让
  - C 80%
  - D 20%
- 2017 年被起诉
- 2019 年 3 月发布注销公告 → 清算人 E 股东
- 2019 年 5 月股权转让 100%
- 2019 年 6 月一审判决
- 2019 年 8 月股权转让 100% → 清算人 F 股东
- 2019 年 9 月公司注销

你可以思考：官司还没结束公司却被注销了，其间还改名和转让股权，什么人会购买这家公司的股权，而且还变成 100% 持股的一人公司？买方图什么？

## 七、债权人追股东还款

大军公司撤回上诉后，装修公司和租赁公司起诉的判决已经生效，大军公司应向两家公司支付 640 多万元和利息。可是此时大军公司已经被注销，装修公司和租赁公司赢了官司后才发现根本找不到人要钱，又去法院起诉新旧 4 位股东 C、D、E、F 承担连带责任。

与二跃公司一样，在打官司时最后接盘的 E 和 F 两人都不出现，不应诉，任由法院判决，他们不担心自己被判承担责任吗？

### 1. 已退出的旧股东 C 和 D 提出

（1）自己卖股权时出资期限还没到期，而且股权转让协议也约定 C 和 D 对公司的债务不承担责任。

（2）大军公司的清算负责人是新股东 E 和 F，并不是旧股东 C 和 D，不应该由 C 和 D 承担责任。

### 2. 对于装修公司的起诉，法院审理认为

（1）E 和 F 两人作为清算负责人，没有通知债权人就把公司注销了，两人应对欠装修公司的债务给予全额赔偿。

（2）大军公司在 2019 年 3 月发布注销公告时，C 和 D 仍是股东而且没有完成注册资本实缴，在公司清算时股东没实缴的出资应加速到期。

C 和 D 两人不仅没有履行出资义务，还在公司发布注销公告后卖出全部股权，而接盘方在接盘后唯一做的事情就是火速清算和注销公司，这些操作明显不符合常理，属于恶意逃避债务，损害债权人的利益。

虽然 C 和 D 提供的股权转让协议写明签署时间在 2018 年 12 月和 2019 年 2 月，但债权人质疑他们为了逃避责任倒签协议。

法院在 2021 年 12 月判决 C 和 D 两人在各自没实缴出资的范围内（两人分别为 1600 万元和 400 万元）承担连带责任，E 和 F 则对欠装修公司的债务给予全额赔偿。

### 3. 租赁公司的官司判决

租赁公司与装修公司在不同的法院起诉，法院的判决有所不同：

（1）除了清算责任，E和F两位接盘侠作为一人公司的股东承担连带责任。

（2）已经卖股权退出的C和D两人，为逃避债务滥用公司法人独立地位和股东有限责任，损害债权人的利益。

法院在2022年1月判决，前后股东4人对欠租赁公司的债务承担连带责任。

> 《公司法》第二十三条第一款规定：公司股东滥用公司法人独立地位和股东有限责任，逃避债务，严重损害公司债权人利益的，应当对公司债务承担连带责任。

## 八、案例启示

两起官司法院的判决有所不同，在装修公司的官司中，法院主要依据出资责任和清算责任条款判决，C和D两人在出资范围内承担有限责任，E和F承担全额赔偿责任。

在租赁公司的官司中，除了出资责任和清算责任，还依据一人公司的条款判决E和F承担连带责任，依据《公司法》总则条款判决C和D两位也承担连带责任。

法律相对固定不变，而现实情况复杂多变，需要用不变的法律去解决不断变化的现实问题。相关部门设计法律时既要考虑严谨性，又要能覆盖现实的各种变化，无法针对现实情况一一作出具体明确的规定，所以法律更多的是概括性规定。

法律有深度，理解起来就有难度，有的情况可能涉及多部法律或多条法律规定，不同人的理解可能有偏差或疏漏，如果你请的律师更专业，就可以提醒相关方注意。

二跃公司和大军公司都进行了一系列操作，但不仅没能金蝉脱壳，还把更多的人拖下水，把有限公司变成无限责任了，可谓偷鸡不着蚀把米。

## 2.8 防火墙公司不防火,还背上 16000 万元债务

江湖传说:出资 10 万元控制 100 亿元的公司只承担 10 万元责任等方法,还教通过搭建所谓的防火墙公司逃避责任,到底有没有用呢?下面介绍具体案例。

### 一、防火墙公司不防火

九太供暖公司的两位老板在 16 年前已经设立防火墙公司,大股东持股 60%,小股东持股 40%,两家股东都是通过公司间接持股的。

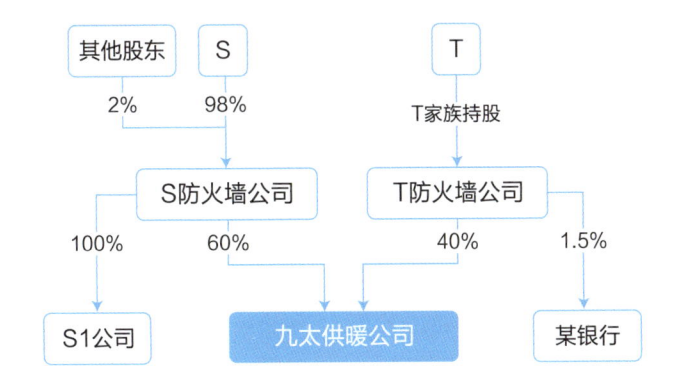

```
其他股东    S                       T
    2%    98%                  T家族持股
      ↓   ↓                       ↓
     S防火墙公司              T防火墙公司
   100%    60%                40%     1.5%
     ↓      ↓                  ↓       ↓
   S1公司    九太供暖公司            某银行
```

九太供暖公司在 2006 年拿到 70 亩地用于供暖项目,两年后政府决定以 7000 万元价格收购其供暖业务和 37 亩地,留下 33 亩地给九太供暖公司自己开发。

被政府收购后九太供暖公司就停业了,政府支付的收购款被大股东转入 S 防火墙公司,剩下的 33 亩地也被 S 防火墙公司以 90 万元价格拿走。上亿元的财产就这样变成大股东独家占有?

小股东知道后分两路维权,一边起诉要求大股东归还土地,另一边要求分政府支付的收购款。大股东则一边起诉要求解散九太供暖公司,另一边起诉小股东出资不实。可是公司解散后就不用给小股东分财产了吗?

小股东要求对政府支付的收购款 7000 万元进行分红,并要求 S 承担连带责任,此案由最高法院作出终审判决。

你可以思考:S 已经搭建了中间层的防火墙公司,而且 S 并不是九太供暖

公司的股东，还需要对九太供暖公司的事承担连带责任吗？

### 1. 是否应该由法院判决分红？

当公司存在可分配利润时，有的股东希望用于后续发展，有的股东希望及时分利润到手。一般而言就算股东决议不分红，对想分红的股东也不会发生根本损害，钱还是留在公司账上的，因此原则上公司是否分红或将多少用于分红应由股东决议。

但当部分股东变相分配利润、隐瞒或转移公司利润时，就会损害其他股东的实体利益，此时已经非公司自治所能解决。如果司法不加以适度干预就不能制止权利滥用，也有违司法正义。

> 《公司法司法解释（四）》第十五条规定：股东未提交载明具体分配方案的股东会或者股东大会决议，请求公司分配利润的，人民法院应当驳回其诉讼请求，**但违反法律规定滥用股东权利导致公司不分配利润，给其他股东造成损失的除外**。

九太供暖公司资产被收购后没有其他经营活动，而且有巨额可供分配利润，S同为九太公司和大股东公司的法定代表人，未经小股东同意就将5600多万元转入S的关联公司，给小股东造成了损失，属于大股东滥用股东权利，符合前述规定"但"后面规定的强制分红条件。

### 2. 应给小股东多少分红？

只能将税后利润用于股东分红，而税后利润 =（收入 – 成本）×（1– 企业所得税率），因此需要先计算出可供分配的利润。会计师事务所花两年时间才出审计结果，而两方股东都对审计结果有异议，因为金额相差近2000万元。

法院认为，由法院判决强制分红是因为控股股东滥用权利损害其他股东利益，在确定分红数额时要严格公司举证责任以保护弱势小股东的利益，还要注意优先保护公司外部关系中债权人、债务人等的利益，对有争议部分涉及第三方利益的可以另行解决，为此计算出可供分配利润为4000万元。

九太供暖公司章程规定股东按照出资比例分配利润，小股东持股40%，应得分红为1600万元。

### 3. S 需要承担赔偿责任吗？

> 《公司法》第二十一条第二款规定：公司股东滥用股东权利给公司或者其他股东造成损失的，应当依法承担赔偿责任。
>
> 第二十二条规定：公司的控股股东、实际控制人、董事、监事、高级管理人员不得利用其关联关系损害公司利益。
>
> 违反前款规定，给公司造成损失的，应当承担赔偿责任。
>
> 第一百八十八条规定：董事、监事、高级管理人员执行职务时违反法律、行政法规或者公司章程的规定，给公司造成损失的，应当承担赔偿责任。

当公司资金被部分股东变相分配、隐瞒或转移公司利润而不足以向其他股东支付分红时，不仅直接损害了公司的利益，也损害了其他股东的利益。

S 既是九太供暖公司的法定代表人，也是占用资金的关联公司的法定代表人，S 利用关联关系将九太供暖公司的 5600 多万元转入关联公司，如果不能将相关资金及利息及时返还九太供暖公司，则 S 应当按照《公司法》规定就该损失向公司承担赔偿责任。

法院终审判决，九太供暖公司向小股东支付 1600 万元分红，如果九太供暖公司到期没支付则由 S 承担赔偿责任。

历时 12 年后，小股东终于在 2021 年拿到分红，所以建议慎重选择合伙人。

S 虽然搭建了防火墙公司架构，而且防火墙公司有两个股东，并不是一人公司，但仍被穿透并找到背后的 S 承担责任，所谓的防火墙公司并不防火。

**设计法律的目的是保护诚信的善意相对方，而不是为不良企图方提供保护伞。**

如果连出资责任都想通过设立层层架构逃避，你愿意与这样的人合作吗？

有知名公司就 20 亿元的汽车项目与私人老板合作，私人老板搭建了层层持股架构的公司，但双方才合作半年就闹翻了，一起官司诉讼费和律师费高达 1000 多万元，违约金数亿元。还有公司采用循环持股架构逃避责任，债权人在 2015 年打赢官司到 2023 年还没拿到钱，因为影响太坏就不写进书里了。

下面介绍另一个案例，踩坑的债权人可以学习别人是如何维权的。

## 二、搭建层层持股架构的公司

P 集团先后成立了 P1、P2、P3、P4 等众多公司，P 集团还有多家有资金往来但没有股权关系的其他公司。

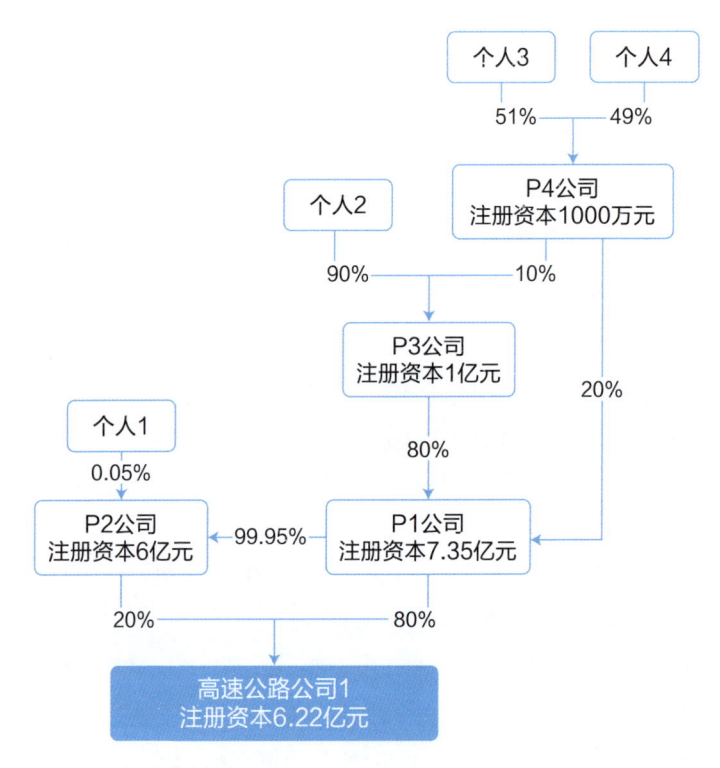

```
                              个人3        个人4
                               │51%        │49%
                               ▼           ▼
              个人2           P4公司
                             注册资本1000万元
              │90%       │10%
              ▼           ▼
                        P3公司
                       注册资本1亿元
                          │80%                        │20%
  个人1                    ▼                           │
   │0.05%                                              │
   ▼                                                   │
  P2公司   ◄──99.95%──   P1公司  ◄─────────────────────┘
 注册资本6亿元           注册资本7.35亿元
        │20%                │80%
        ▼                   ▼
              高速公路公司1
             注册资本6.22亿元
```

高速公路公司 1 和高速公路公司 2 都于 2009 年成立，股东都是 P1 和 P2 公司。高速公路公司 1 注册资本 6.22 亿元，高速公路公司 2 注册资本 4.65 亿元，但在完成验资手续后两家公司就把资金转回 P 集团体系内了。

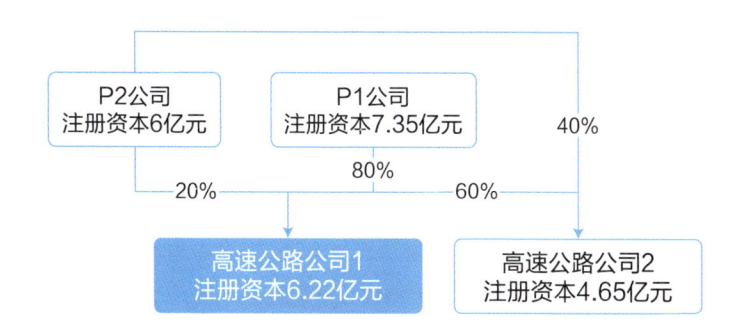

```
        ┌─────────────────┬─────────────────┐
        │                 │                 │
   ┌─────────┐      ┌─────────┐             │
   │  P2公司  │      │  P1公司  │           40%
   │注册资本6亿元│    │注册资本7.35亿元│        │
   └─────────┘      └─────────┘             │
        │      80%       │                  │
       20%               60%                │
        ↓                ↓                  ↓
   ┌─────────────┐      ┌─────────────┐
   │ 高速公路公司1 │      │ 高速公路公司2 │
   │注册资本6.22亿元│     │注册资本4.65亿元│
   └─────────────┘      └─────────────┘
```

高速公路公司 1 拿到某省高速公路项目，于 2010 年开始招标并收取了多家公司的投标保证金 7000 多万元。可是还没开始施工就因为高速公路公司 1 违约而被取消了高速公路项目资格，但收了施工单位的投标保证金却迟迟不退还，债权人去法院起诉，虽然赢了官司却拿不到钱，只能继续追债。

1. 债权人 1 追股东抽逃出资责任

因为高速公路公司 1 的两家股东实缴 3 亿元出资后就将 3 亿元转回 P 集团体系内，债权人 1 起诉两家股东在抽逃出资 3 亿元范围内承担连带清偿责任，法院支持了债权人 1 的请求。

2. 债权人 2 追关联公司承担连带责任

债权人 2 不只是要求股东承担抽逃出资的连带清偿责任，还要求 P 集团体系内的高速公路公司 2 承担连带责任。

可是高速公路公司 2 并不是高速公路公司 1 的股东，两家公司之间也没有直接关系，会得到法院支持吗？

3. 法院判决

（1）两家公司的股东相同，经营范围都与高速公路相关，属于投资人和经营范围相同的关联公司。

（2）两家公司及其股东公司的法定代表人、高管等人交叉任职，还交叉领取工资、报销公务费用等，两家公司存在人员混同，企业法人财产界限模糊。

（3）高速公路公司 1 的股东在缴付出资完成验资手续后又把钱转入高速公路公司 2。

（4）债权人起诉后连法院都联系不到高速公路公司 1，但其间该高速公路公司 1 却无故将 1000 万元转给高速公路公司 2。法院判决后在准备找高速公路公司 2 追回 1000 万元时高速公路公司 1 又出现了，这么做明显不符合常理，属于恶意逃避债务，滥用公司法人独立地位，利用虚构交易转移资金，损害债权人合法权益。

两家公司存在业务、人员、财务等高度混同，导致各自财产无法区分，已丧失法人的独立人格，两家公司已经构成人格混同。

公司人格独立是其作为法人独立承担责任的前提，而公司的独立财产是公司独立承担责任的物质保证，当关联公司的财产无法区分，丧失独立人格时，就丧失了独立承担责任的基础。

虽然两家公司不存在股权关系，但两家公司的行为违背了法人制度设立的宗旨，违背了诚实信用原则，严重损害了债权人的合法权益。法院判决高速公路公司 2 对高速公路公司 1 的债务承担连带责任，还要承担 100 万元诉讼费，并赔偿债权人损失等。

P 集团搭建层层架构并没能逃避责任，有两位股东也需要承担连带责任，而且连兄弟公司也要承担连带责任。

债权人在赢了官司后，历经重重波折终于在 2021 年拿到钱，从 2011 年到 2021 年历时 10 年。

> 《公司法》第二十三条第二款规定：股东利用其控制的两个以上公司实施前款规定行为的，各公司应当对任一公司的债务承担连带责任。

前面介绍过，法人的重要特征是独立，而公司独立也是股东承担有限责任的基础。如果公司不独立就会突破有限责任。江湖传说各种逃避责任的操作，很可能会弄巧成拙，不仅没能逃避责任，还给自己挖坑。

不仅兄弟公司要承担连带责任，关联公司和董事也可能要承担连带责任，比如下面的案例。

## 三、董事被判承担责任

老板家族创办了汽车集团 1、乘用车集团 2、汽车制造公司 3 等一系列公司，还有外国汽车集团。某市有矿产资源,想用矿产资源和土地引入汽车产业。

### 1. 政府用矿产和土地换汽车项目

2010年市政府与老板家族的汽车集团1、乘用车集团2签订投资合同,约定:

(1)老板集团在该市投资10万辆轿车项目等,总投资约160亿元,2013年6月底整车投产下线。

(2)市政府按最低限价提供2000亩工业用地,配置多个矿区资源,还有其他税收优惠政策等。

(3)国企矿业集团为项目提供不超过30亿元的融资担保。

**你可以思考**:涉及160亿元的合作项目,哪方更容易踩坑?

### 2. 共同组建新公司

在签订投资合同的当月,老板在当地成立了两家新公司,同时在老板家乡成立控股公司4,并用这3家新公司作为股东与政府合作。

七山科技股份有限公司(简称七山公司)在2010年12月成立,一成立就是股份有限公司,公司注册资本16600万元,老板家族的3家新公司共用现金出资11620万元持股70%,国企矿业集团用探矿权和股权出资4980万元持股30%,股权架构如下图所示。

七山公司董事会共9人，老板的3家股东公司派6人，国企矿业集团派3人。由老板担任董事长和法定代表人，老板的人担任副总裁和财务总监，矿业集团派人担任副董事长和总经理。

你可以思考：老板为何成立3家新公司作为股东？为何不用之前已存在的公司作为股东？

七山公司成立后，矿业集团在当月完成注册资本的实缴，把股权和矿都转入新公司。

老板家的3位股东第一期共出资4820万元，在完成验资手续后就把钱转给了控股公司4；2012年3月完成第二期出资6800万元，当月就以购车款名义将注册资本转给了当地公司1。当地公司1在收到钱当天就将4500万元转给汽车制造公司3。虽然形式上完成了验资手续，但钱已经全部转走，新公司靠什么运作？

双方合作的前两年还算顺利，2012年10月还签了协议增加合作内容，市政府为老板集团和七山公司配置了更多的煤矿资源。

### 3. 合作破裂

又过两年双方合作破裂，矿业集团在2014年起诉老板家族公司归还445万元欠款和利息，并获得法院支持，从2010年签合同到2014年合作破裂前后才4年时间。

2015年矿业集团又推动监事起诉部分股东、实际控制人、董事、监事和高级管理人员抽逃注册资本、转移公司资产、非法运营给公司造成巨额经济损失等责任。推不动后，2016年矿业集团以股东身份起诉：

（1）要求老板家族的3家股东公司返还抽逃出资款共11620万元及利息，3家公司互相承担连带责任。

（2）汽车集团1、乘用车集团2、汽车制造公司3，以及老板家族委派的6位董事共同就股东返还抽逃出资和利息承担连带清偿责任。

你可以思考：

（1）3家股东公司各自独立，需要相互承担连带责任吗？

（2）汽车集团1、乘用车集团2、汽车制造公司3都不是七山公司的股东，需要承担责任吗？

（3）6位董事也许只是打工的，既不是实际控制人也不是老板家人，需要承担责任吗？

### 4. 法院判决

因为案例涉及金额较大，二审已经去到最高法院，法院审理认为：

**（1）3家股东公司共同抽逃出资，相互承担连带责任**

3家股东公司在缴付出资后又把钱抽走，而且3家股东公司的财务和公章都由老板家族公司统一管理，3家股东公司的法定代表人也都是老板，3家股东公司财务混同、表决权混同、业务混同，构成人格混同，而且两家股东公司还实际使用了抽逃的资金，共同配合完成抽逃出资行为，应当共同承担返还出资11620万元及利息的连带责任。

**（2）3家关联公司对抽逃出资承担连带责任**

汽车集团1是当地公司1的控股股东，乘用车集团2是当地公司2的控股股东，老板家族通过统一管理和控制3家股东公司实施抽逃资金，而抽逃资金又用于汽车集团1控制的汽车制造公司3，3家关联公司通过股权和组织架构实现对七山公司的实际控制，是七山公司的实际控制人，协助3家股东公司抽逃出资，应对返还抽逃出资本金和利息承担连带责任。

**（3）6位董事对抽逃出资承担连带责任**

老板家族派到七山公司的6位董事违反对公司的忠实义务，协助抽逃出资，应对股东抽逃出资本金和利息承担连带清偿责任。

有董事说自己只是担任挂名董事、没参加决策等，但都被法院认定理由不成立。

二审判决后他们不服申请再审，在2020年4月被驳回，还要承担124万元诉讼费。

---

《公司法》第五十三条规定：公司成立后，股东不得抽逃出资。

违反前款规定的，股东应当返还抽逃的出资；给公司造成损失的，负有责任的董事、监事、高级管理人员应当与该股东承担连带赔偿责任。

结果是，七山公司的 3 位股东作为兄弟公司相互承担连带责任，汽车集团 1 等作为关联公司也承担连带责任，连给公司做董事也要背上 16000 万元的连带责任。

到我写书时的 2023 年，两家当地公司股东一家被宣告破产、另一家已被吊销营业执照，老板家族的多位董事已被法院列入失信被执行人名单或限制消费名单等，还有其他官司没结束。

前面介绍的 3 个案例都设立了层层持股架构，但不仅没能逃避责任，还导致多家公司或多人被判承担连带责任，把更多的人拖下了水，兄弟公司、关联公司、实际控制人、董事都被判承担巨额的连带责任，你愿意与这样的公司合作吗？

## 2.9 股权架构太复杂，导致公司上市失败

明星传媒公司 2013 年计划到香港上市，但 2015 年决定转 A 股，2017 年至 2018 年间曾以约 200 亿元估值融资 12 亿元，并引入阿里巴巴等机构投资。

2020 年创业板开始实行注册制，明星传媒公司很快提交上市申请，但上市委员会认为公司股权架构设计复杂，认定实际控制人的理由不充分、披露不完整，不符合上市相关规定，上市申请未获得通过。

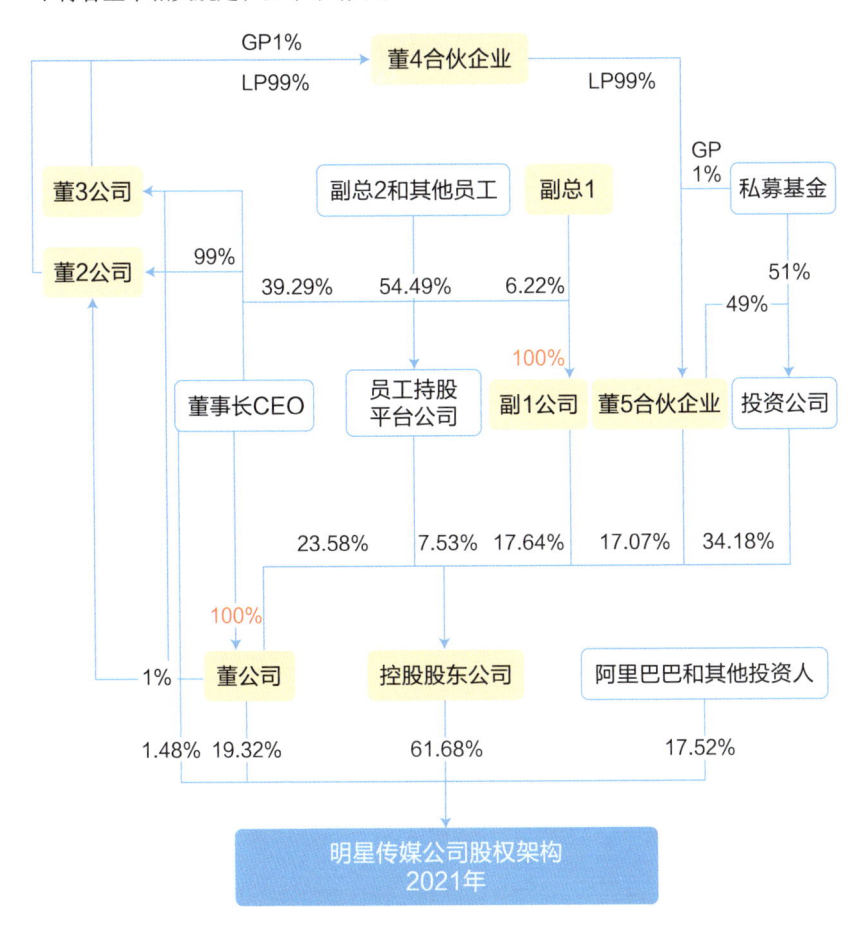

1. 董事长和副总 1 分别成立各自 100% 持股的董公司和副 1 公司。

2. 董事长以个人和董公司作为股东成立董 2、董 3 公司，再以董 2、董 3 公司作为合伙人成立董 4 合伙企业，又以董 4 合伙企业作为有限合伙人，与私募基金管理人共同成立董 5 合伙企业，董事长兜了这么多圈成立了好几层企业，最后就是为了装入董 5 合伙企业交给基金管理人管理？

3. 董公司、副 1 公司、员工持股平台公司、董 5 合伙企业、董 5 合伙企业与私募基金共同成立的投资公司，共 5 家企业作为股东组建控股股东公司，作为拟上市公司持股 61.68% 的控股股东。

4. 董事长个人和董事长 100% 持股的董公司另对拟上市公司单独持股共 20.8%。

5. 实际控制人包括董事长、两位副总和基金管理人。

6. 员工持股平台公司也采用多层嵌套架构。

这么复杂的股权架构，笔者花了一整天时间才把关系画清楚，最终也无法避开线路交叉。

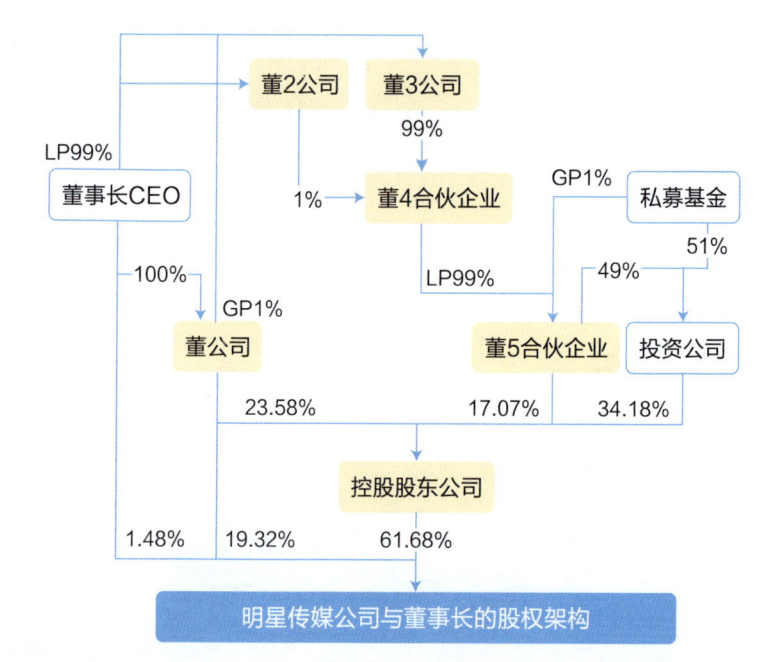

明星传媒公司与董事长的股权架构

董事长个人100%持股的董公司除了投资明星传媒公司、董2公司、董3公司，还另外投资了多家公司。

被交易所问询董事长通过多层架构来实现持股的原因，他们回复当时拟从境外回 A 股，根据当时上市服务机构设计的方案搭建股权架构，管理层对具体架构落地并不具有决定权。

可是请专业机构设计的股权架构还是导致公司上市失败了。

**创始人需要自己学习股权知识，知其然还要知其所以然，才知道该如何选择，以免被误导而踩坑。**

应该采用什么样的股权架构？在第 10 章介绍。

# 第3章

# 股权规划与股权设计的核心3问

先找对问题,才可能解决问题。

## 3.1 股权设计的核心 3 问,既要有高度也要有宽度

股权设计应该怎么做?先看一个真实发生的案例。

### 一、估值近亿元项目合伙人闹翻

一众科技公司才成立半年就估值近亿元,可是 3 位合伙人却在拿到融资的前夜闹翻了。

#### 1. 早期顺利融资

创始人 W 在美国留学期间开发了互联网教育产品,找来 S 负责人力资源、财务、法务、行政等工作,又找到曾在风险投资机构实习的 T 负责运营和融资工作。

公司还没成立就获得两家天使投资人的融资,随后开始注册公司,由于 W 还在美国留学,故由 S、T 操办相关事宜。

半年后产品上线,第二轮融资有机构愿意投资 300 万美元占股 20%,折合投后估值约 9500 万元人民币,为此 W 从美国回国商讨融资事宜,可是合伙人却在拿到融资的前夜闹翻了。

#### 2. 合伙人闹翻

W 回国后第一次看到天使轮融资协议,协议要求 W 全职回国创业,否则 W 名下的股权将归天使投资人所有。W 认为自己还要半年才能毕业,双方明知自己不可能做到协议的要求,而且有人假冒 W 在协议上签名。

W 还委托律师查询得知自己不是大股东,公司成立时的股权结构为 W 持股 25%,S 持股 10%,T 持股 65%。

T 解释天使投资人要求有一人占大股,全职工作,而 W 还要在美国留学,为了能够成功融资先由 T 做大股东。实际上 T 占股 30%,其他部分为代持,W 占股 20%,S 占股 10%;后轮融资将先从 T 稀释股份,直到 T 比 W 高 1% 时再同时稀释 W、T 两人的股份,一直到 W、S、T 三人的股份比例接近。

W 则说两人曾口头约定,为满足天使投资人的要求 T 暂时为第一大股东,等天使资金入账之后两人股份对调。后来才知道天使投资人的说法是需要一个

人在国内全职工作,比例由团队内部自己协定。

**到底谁应该做大股东?**

T认为,投资人凭什么投你一个兼职的人?T自己在只需要完成论文就可以毕业的情况下选择了休学,而S放弃美国高薪工作回国创业,天使轮融资条款就是为了让W回来。

W则认为之前自己在美国兼职创业,一人的工作量能顶3个工程师,产品和市场大部分也是自己在负责。自己已经办了休学,将在国内待到项目正常运作再去美国继续完成学业。

双方都觉得自己贡献大应该拿更多,最终没能谈拢,就这样闹翻散伙了。

### 3. 合伙人分手后反思

经过此次事件后W反思说,这次创业给自己很大教训,在信任一个人之前未进行严格调查,下次一定要吸取经验教训,可以用人不疑,但在用人之前要经过慎重的考察。

分手之后W成立新公司,开始恶补之前创业落下的课程,比如公司法等,还找了专业的法律与财务人员,希望尽快将公司正规化运营。

### 4. 案例启示

回看他们的合作存在以下问题。

**(1) 合伙人选择问题,价值观差异过大**

比如W发现被假冒签名天使轮融资协议后表示抗议,被他们说成小孩不懂事,要求W按照天使轮版本继续演。T对外宣称第二轮融资估值1亿元,但W不认可这种"夸张的修辞手法"。

股权关系是长期关系,对于长期合作的合伙人,最好选择价值观接近的人合作。

**(2) 股权分配问题,对股权分配的标准没有达成共识**

W觉得自己应该做大股东,但T认为凭什么兼职的人做大股东?

W还曾起草一份股权分配协议,提出五年规划,以及成员的分工、股份、期权和决策机制等;但闹翻后T说这东西类似于股份平均分,不成熟,自己做过投资知道这样的股权结构不健康。

合伙人对股权分配问题没能达成共识，就容易发生矛盾。

后面将介绍股权分配的底层逻辑，可以让你们的合伙人一起看本书，以便大家在有共识的基础上讨论股权分多少的问题。

（3）股权处理方法问题，设想的方案不具有可操作性

T说先由自己做大股东，后轮融资先从T稀释股份；W则说两人曾口头约定，等天使资金入账之后两人股份对调。

实际上就算他们不闹翻也无法按照这样的设想操作，融资不太可能指定稀释某个合伙人的股份，也不太可能在投资人不同意的情况下对调股份。

股权出问题可能直接导致创业失败，多位闹翻后的创始人都说创业要先学股权课、先学公司法，但等踩了坑再学习可能已经晚了。

## 二、股权设计的核心3问

先找对问题，才可能解决问题，股权设计的核心3问：

（1）股权分给谁？选择股东问题。

（2）股权分多少？股权结构问题。

（3）股权怎么分？涉及股权的进入、调整和退出机制等问题。

为此，笔者将股权设计分为五大模块，选择股东、股权结构、进入机制、调整机制、退出机制。

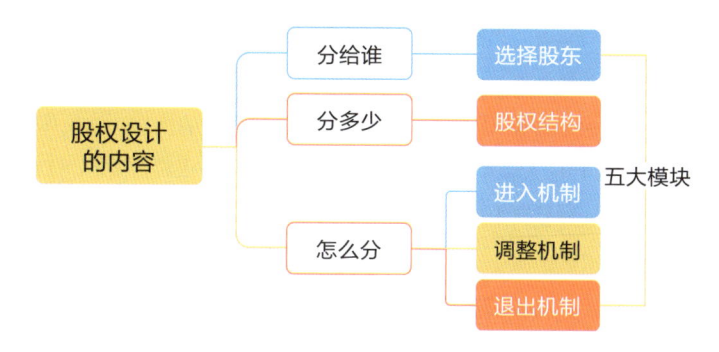

常见的问题如下：

（1）选错股东变成仇人式散伙，比如第2章介绍的三步公司等。

（2）股份分多少的问题，都觉得自己贡献大，应该得到更多，公司刚有起色就开始闹矛盾，比如前面的案例。

（3）股权怎么分的问题，有的公司既没有股权的进入机制，也没有调整或退出机制。

比如市场上流传这样的例子，创业公司有三个合伙人，老大出50万元持股50%，老二出30万元持股30%，老三出20万元持股20%。可是才过半年老二就要离职，老二的30%股权怎么办？老二不同意退股，理由很充分：这30%股权是自己真金白银花30万元买来的，《公司法》和公司章程都没规定股东离职要退股。老大和老三一看傻眼了，找不到任何合法的理由收回股权，但又觉得这件事情既不公平也不合理，留下的合伙人未来辛苦干十年八年把公司养大，而只干半年就跑的二股东坐享其成？

遇到这样的情况有人另起炉灶，就容易闹成刑事。

### 三、股权设计的总原则

股东是公司的所有权人，是公司的老板，股权关系的本质是老板关系，股权设计是公司的顶层设计，有别于员工关系的处理。

#### 1. 从道的层面，从共赢角度出发才能走得远

公司发展需要股东的投入，而公司发展好了股东才能有更好的回报。**股权设计需要从股东与公司共赢的角度出发，让股东有动力投入更多，也让投入多的股东获得更好的回报。**只考虑某个股东利益的公司很难做大。

股权关系是长期关系，江湖传说一些偷鸡摸狗的招数，就如教人做小偷致富，就算凭好运赢一时也难赢得长远。而各种设法逃避责任的招数，如果连合伙人都坑，你愿意与这样的人合作吗？老板没有担当的公司是很难做大的。心术不正，只能吸引同类人，容易发生窝里斗而自毁前途。

**诚信有担当，才能吸引有能力、有想法的人，共同把公司做大做强。**

#### 2. 从法的层面，既要有高度也要有宽度

江湖传说7∶3是最优股权结构，大加文化公司成立时股权结构是6∶4，被投资人看上后准备拿融资时，大股东要求调成7∶3股权结构，两位合伙人

最终没能谈拢而闹翻了，之后花 4 年时间扯皮和打官司。

所谓的最优股权结构，就如小朋友画出一条从广州到深圳的路线，理论上走直线最快，但如果沿着小朋友画的路线走可能撞墙或掉进河里。因为从广州到深圳走直线是没有路的。

股权设计也是如此，不是你想要 70% 就能要的，不能先画出所谓的最优股权结构再把企业往里套。

### 第一个核心法则，站位要有高度

只站在股权层面看股权很难做好股权设计，就如站在平地上无法看到远处的风景，也就无法做好整体规划。站到高处才能看到全景，开阔视野是做好整体规划的前提。

**股权设计需要跳出股权看股权，站高一层，站在企业经营的高度才能看到全局。** 用企业发展目标引领股权设计的方向，才能做到有的放矢，用股权设计为企业发展服务，而不是倒过来用股权结构限制企业的发展。

比如由同一批人创立的阿里巴巴和蚂蚁金服两家公司采用了完全不同的股权设计，由张勇创立的海底捞和颐海国际也采用了完全不一样的股权设计。因为企业情况不同、发展目标不同，股权设计也就不同。

### 第二个核心法则，思维要有宽度

江湖传说持股 67% 就有绝对控制权，从而认为 7 : 3 是最优股权结构，但前面已经介绍过法院判决的案例，有的公司在拼成 7 : 3 股权结构后还是闹翻了，也有的公司用了 7 : 3 股权结构后大股东被踢出局了。

单维股权设计只考虑股权结构一个维度，可是如果公司都做不好，有控制权又有什么意义呢？而且在《公司控制权》书里也介绍过法院判决的案例，持股 70% 的大股东也会没有控制权。

**股权设计不能只考虑控制权一个维度，需要拓展思维的宽度，从企业目标、团队激励、公司控制权 3 个维度考虑，才不至于顾此失彼。**

采用什么样的股权结构，首先要考虑是否有助于实现企业目标，而企业目标能否实现与团队的努力有关，所以需要考虑对团队激励的影响；在满足企业目标和团队激励的基础上，再考虑解决公司控制权的问题，而不是反过来，盲目照搬所谓的最优股权结构。

**股权结构3个维度**：企业目标、团队激励、公司控制权

**可以将分钱与分权分开处理，用股权结构分钱，用公司章程分权，分好钱公司才有可能做大，分好权公司才能大而不倒。**

3. 从术的层面，结合《公司法》做好股权的进入、调整、退出机制

由于股权可能价值巨大，但又看不见摸不着，需要结合《公司法》+文字去界定，用好股权设计的3种工具，设计好股权的进入机制、调整机制、退出机制等，后面的章节将具体介绍。

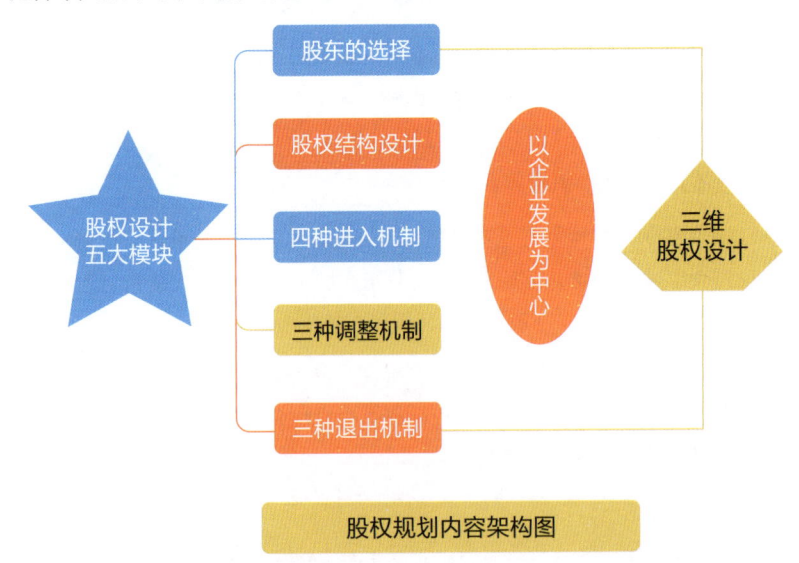

**股权设计五大模块**：股东的选择、股权结构设计、四种进入机制、三种调整机制、三种退出机制；以企业发展为中心；三维股权设计

股权规划内容架构图

**用活股权结构，可以发现无限可能，可以分股权而不失控制权，有限股权可以无限分配，股权可以越分越多，公司越做越大。**

## 3.2 为何蚂蚁金服不用阿里合伙人制度？股权设计的底层逻辑

一些成功企业的股权设计广为流传，容易被人不分青红皂白地照搬照套，但就如两岁小朋友穿姚明的衣服，大胖子穿身材曼妙的美女的衣服，能好看吗？阿里合伙人制度出名后很多人想照抄，但为何蚂蚁金服不用阿里合伙人制度呢？

每家企业的情况不同，适用的股权设计也不同。**股权设计需要结合企业的业务特点、发展目标、发展阶段等现实条件来考虑，而不是倒过来画出所谓的最优股权结构再把企业往里套，那样就本末倒置了。**

### 一、股权设计与行业特点

不同行业的业务特点不同，适用的股权设计也不同，比如海底捞与颐海国际都是张勇创立的公司，两家公司都在香港上市，但两家公司的业务性质不同，采用了完全不同的股权结构。

海底捞上市前没有融资，也没有对员工实施股权激励。

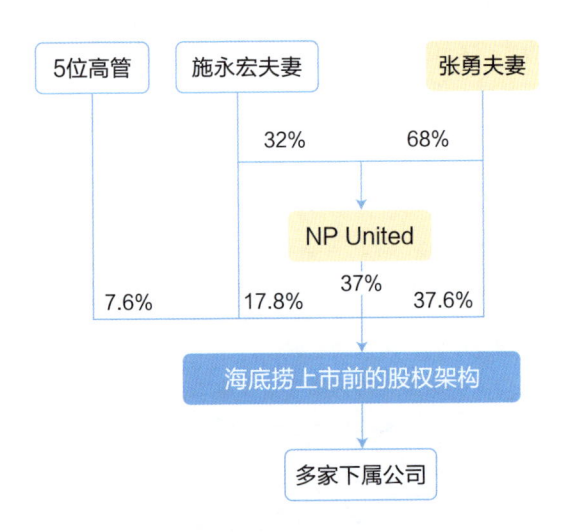

```
    5位高管      施永宏夫妻        张勇夫妻
                    32%        68%
                         ↓
                     NP United
                        37%
    7.6%       17.8%          37.6%
                    ↓
          海底捞上市前的股权架构
                    ↓
             多家下属公司
```

颐海国际比海底捞更早上市，在上市前拿了云锋基金、景林景盛、新希望等机构的融资，还签了对赌协议，并设立了员工持股平台。

```
  3家机构   施永宏夫妻   张勇夫妻   5位高管   员工持股平台
                        47.76%
   12%      22.72%              7.62%      9.9%
                    ↓
        颐海国际上市前的股权架构
```

海底捞是 To C 的餐饮企业，现金流好，张勇说不想被投资人牵着鼻子走，所以在上市前一直设法躲避风险投资；而颐海国际是 To B 的企业，在上市前拿了投资人的融资。

颐海国际在上市前设立了员工持股平台；但海底捞在上市前除了创始人夫妻，只有 CEO、CFO 和副总共 5 人持股，其他员工都不持股。海底捞的餐厅可以独立核算，店长可以拿业绩奖金，而且餐饮企业的员工流动性相对较高，非上市公司股权对其吸引力远不如奖金直接有效；而颐海国际的业务无法像餐厅一样独立核算，员工的总体受教育程度也更高，股权对其更有吸引力。

## 二、股权设计与企业发展目标

企业发展目标不同，适用的股权设计也不同。比如任正非说华为不会上市，因为资本的贪婪会破坏华为实现理想，华为可以采用工会持股模式，但如果打算上市是需要调整的。打算上市的公司和不打算上市的公司的股权设计不同。

比如与海底捞同样做餐饮的喜家德，采用与海底捞完全不同的股权架构，喜家德的股权架构中没有总公司，创始人与众多合伙人分别成立几百个独立的合伙企业作为经营主体，独立的合伙企业太多无法画出其股权架构图。采用这样的股权架构将无法上市，而喜家德也不打算上市。喜家德的合伙企业是实体经营企业而不是员工持股平台，合伙人就是各个合伙企业的真正老板。创始人高德福说，喜家德要打造一个没有天花板的发展平台，培养出几百个老板式人才，最后形成一个自生长的组织生态。这样的模式适用于可以单店独立核算的餐饮企业，但不适用于不具备独立核算条件的企业。

阿里巴巴和蚂蚁金服也采用了完全不一样的股权设计。阿里巴巴采用阿里合伙人制度，在阿里巴巴上市公司层面的公司章程规定，由阿里合伙人推荐过半数董事，而且需要获得95%以上票数通过才可以修改这一规则。这样规定之后，不管阿里合伙人持股多少都能控制超过一半的董事席位，其他人想修改这一规则就需要获得95%以上票数才能通过。

阿里巴巴花三年时间设计出阿里合伙人制度，出名后很多人想学习，但蚂蚁金服并没有采用阿里合伙人制度，而是采用了完全不一样的股权设计。蚂蚁金服搭建了两层合伙企业作为员工持股平台，创始人通过杭州云铂投资咨询有限公司控制员工持股平台，从而实现对蚂蚁金服的控制。

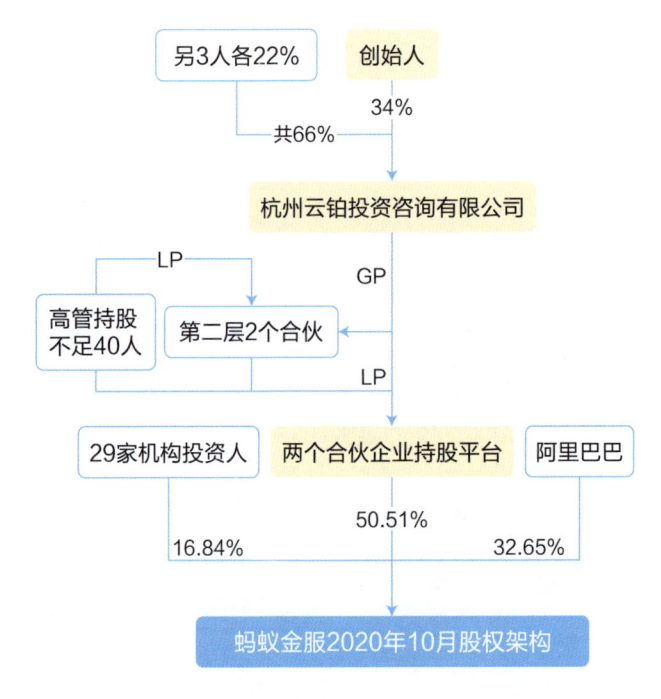

```
       另3人各22%          创始人
            │              34%
            └──共66%────────┘
                    │
                    ▼
         杭州云铂投资咨询有限公司
        ┌────LP────┐       │
        │          │       GP
   高管持股      第二层2个合伙◄─┤
   不足40人                   │
                              LP
                              │
   29家机构投资人   两个合伙企业持股平台   阿里巴巴
        │16.84%         │50.51%        │32.65%
        └───────────────┼──────────────┘
                        ▼
            蚂蚁金服2020年10月股权架构
```

蚂蚁金服的股权设计与阿里巴巴有本质的区别，阿里合伙人制度的关键是通过阿里巴巴上市公司章程的设计以实现对公司的控制权，就是直接在阿里巴巴目标公司层面进行设计；蚂蚁金服在目标公司层面并没有做特殊设计，而是通过搭建合伙企业作为员工持股平台，再通过间接股东控制员工持股平台，在间接股东层面的杭州云铂投资咨询有限公司章程中进行设计。

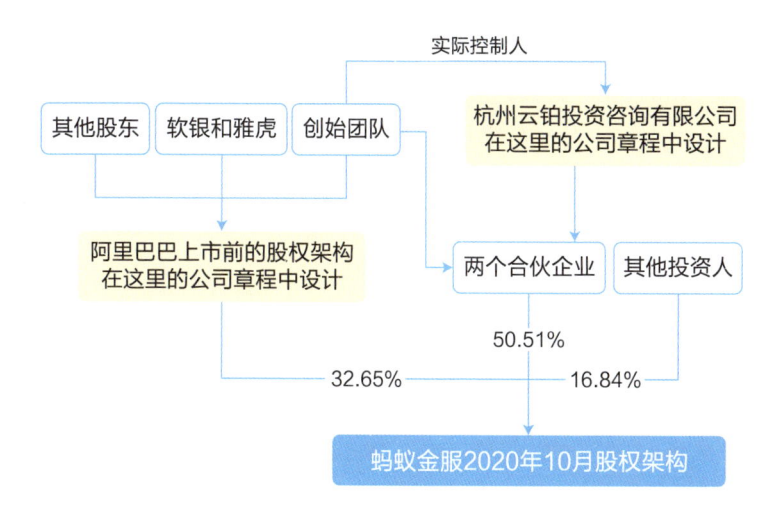

```
                                    实际控制人
                                         │
┌────────┐  ┌──────────┐  ┌────────┐  ┌─────────────────────┐
│其他股东│  │软银和雅虎│  │创始团队│  │杭州云铂投资咨询有限公司│
└────┬───┘  └────┬─────┘  └───┬────┘  │在这里的公司章程中设计│
     │          │            │        └──────────┬──────────┘
     └──────────┼────────────┤                   │
                │            │        ┌──────────▼──────┐  ┌────────┐
      ┌─────────▼────────────▼─┐      │  两个合伙企业   │  │其他投资人│
      │阿里巴巴上市前的股权架构│      └──────────┬──────┘  └────┬───┘
      │ 在这里的公司章程中设计 │                 │              │
      └───────────┬────────────┘              50.51%            │
                  │                              │              │
                  │         32.65%               │    16.84%    │
                  └──────────────────┬───────────┴──────────────┘
                                     ▼
                          ┌──────────────────────┐
                          │蚂蚁金服2020年10月股权架构│
                          └──────────────────────┘
```

两家公司的发展目标不同，阿里巴巴原打算去香港上市，但因为坚持采用阿里合伙人制度，不符合香港当时的规则，所以最终改道去美国上市（不同地方的上市规则不同）。阿里巴巴上市时创始团队持股不到13%，软银和雅虎持股加起来高达57%，如果不采用特殊设计，创始团队将失去控制权。蚂蚁金服原打算在A股上市，且管理团队在蚂蚁金服的持股超过50%，与阿里巴巴在蚂蚁金服的持股加起来超过80%，持股比例足够高，不能也没必要采用阿里合伙人制度。

蚂蚁金服在2023年对控制员工持股平台的公司做了进一步调整，把由杭州云铂投资咨询有限公司控制两个员工持股平台改为由两家公司各自控制一个员工持股平台。

以上按照上市或不上市、在哪里上市作为企业发展目标进行简单举例，比如买衣服首先要区分是男装还是女装，但想要穿得大方得体又美观还需要考虑更多因素。想要做好股权设计也需要结合企业的更多情况进行考虑，而不是给一套万能公式套用，就如不能给一套万能服装男女老少高矮胖瘦皆可穿的道理一样，万能服装只适用于满足遮体需要的原始阶段。

**企业发展目标不同，股权设计也不同。股权设计就如同在建高楼前打地基**，比如建两层别墅就没必要套用20层高楼的设计图纸打地基，但也不能在只做两层别墅的地基上建20层高楼，否则会倒塌的。

### 三、股权设计与企业发展阶段

**不同发展阶段的企业的实际情况不同，股权设计也不同**，比如海底捞在上市之前没有实施员工股权激励，在上市之后才实施员工股权激励。在上市之前股权缺乏流动性，对于流动性较高的餐饮员工而言，上市前的股权远不如利润分成或奖金有吸引力；而上市后股票可以随时交易，股权激励对员工的吸引力也大大增强。

阿里巴巴在三个阶段也采用了不同的股权设计。

创始人在做中国黄页时曾与电信合作，电信投资 140 万元持股 70%，并占 5/7 的董事会席位。创始人说当时觉得这样挺合理的，不知道董事会这么重要，后来所有的计划都被电信的董事反对，公司就这样被灭了。吸取教训之后，在创立阿里巴巴拿软银融资时，软银想投资 3000 万美元，但阿里巴巴只要 2000 万美元，为了少出让股权而保住公司控制权，第一阶段创始团队通过保留大比例股权而掌握公司控制权。

第二阶段对公司控制权的把握不再只限于股权比例，2005 年阿里巴巴在拿雅虎融资时，雅虎投资 10 亿美元成为阿里巴巴持股 40% 的大股东，而创始团队只持股 31%。创始团队与雅虎签协议约定，雅虎 5% 股份的投票权与创始团队保持一致，相当于雅虎把 5% 的投票权给了创始团队；还规定创始团队推荐一半的董事，只能由创始人担任 CEO，第二阶段通过与大股东签特殊约定保住公司控制权。

第三阶段，2010 年与雅虎的特殊约定将要到期，阿里巴巴又提前在 2009 年推出阿里合伙人制度，而且花了三年时间试运行。通过公司章程规定由阿里合伙人推荐过半数董事来控制公司，而且需要获得 95% 票数通过才可以修改这一规则，这样就能牢牢掌握公司控制权。

在第一次踩坑后吸取教训，后来的设计一步步升级，在三个阶段采用了不同的股权设计。初创阶段的影响力和认知有限，通过大比例持股保住公司控制权。第二阶段通过与大股东签特殊协议保住公司控制权，2005 年在拿雅虎融资时淘宝刚成立，阿里巴巴面临着 eBay 和腾讯拍拍等多方面竞争压力，在这样的条件下拿雅虎融资还能谈成如此条件是非常厉害的。相比而言，现在很多公司融资时投资人只持股不到 10% 就要一票否决权。第三阶段因为与雅虎的特殊协议将要到期,而且阿里巴巴也准备上市,创始团队的持股只剩下不到 13%,仅靠特殊的股东协议将难以保住公司控制权,于是又通过公司章程设计推出了阿里合伙人制度。

后来者可以不踩他人踩过的坑,站在巨人的肩膀上可以走得更快。但学习成功企业的做法不是简单地照搬其形式,而应该先理解其背后的底层逻辑,再结合自己企业的情况加以考虑。

**做股权设计一定要以企业发展为中心,用企业目标指引股权设计的方向;既要脚踏实地,结合企业所处阶段的现实条件考虑合适的方案;还要结合行业与业务特点考虑,不能盲目照搬成功企业的做法。** 比如走路时既要抬头看天,不要迷失方向;也要脚踏实地低头看路,不要掉进坑里;还要观察周围环境,避免撞车。

## 3.3 选择股东两个原则，选错股东闹到分崩离析

股权设计的第一步是选择股东，把股权分给谁？

### 一、选择合伙人的 3 个维度

花精力找到企业需要的合伙人是创始人的重要工作，选择合伙人可以从人品、能力、价值观等方面考虑。

人品难以判断，但可以结合企业发展目标考虑，选择能为企业发展助力、愿意为公司投入和承担责任的人。对于创始人和联合创始人而言，如果创业成功可以名利双收，但没人保证创业一定会成功。如果创业失败，则可能血本无归，与投资人签了对赌协议的合伙人还可能背上巨额债务而倾家荡产。**不愿意承担风险的人不适合做创始人或联合创始人，可以做员工。**

合伙人的能力需要匹配企业的需求，比如对于创业早期的餐饮企业而言，与年薪 100 万元的大厂程序员相比，初中毕业的厨师可能更有价值，不是程序员的能力不行，而是他的能力与企业需求不匹配。

价值观也很抽象难以判断，但可以结合企业发展目标考虑。比如有人想赚快钱，有人想做出有价值有影响力的企业。价值观接近的人可以长期合作，价值观相差较大的人如有需要可以采用短期合作方式。

如果不能保证一开始就选对合伙人，可以通过提前设计退出机制等方式解决合伙人的退出问题。

### 二、选择股东的两个原则

有人说兼职不能给股权，可是如果任正非或马化腾兼职你愿意给他股权吗？还有人说对兼职人员宁愿给钱也不要给股权，可是你有足够的钱吗？没钱又不给股权谁给你干呢？多家在科创板上市的公司都曾在创业早期给兼职人员股权。

还有人说出资源不能给股权，可是如果腾讯愿意用微信入口换互联网公司的股权，你愿意给股权吗？如果华为愿意用订单换科技公司的股权，你愿意给股权吗？虽然腾讯或华为并没有这么做，但答案不言而喻。

**股权分配的本质是：在没钱时用股权去换钱、换人、换资源等，在有钱时**

**用股权去换用钱换不到的人或资源等。**

有人给兼职人员股权踩坑了，也有人给出资源的人股权踩坑了，就如同有人走路遇车祸，但不能因为别人发生车祸我们就不走路了。应该先找出产生问题的原因，再找到解决问题的办法，而不是因噎废食把自己饿死。

**选择股东的第一个原则：股东的投入与公司需求相匹配**

选择什么样的股东，首先要看对方能不能提供符合企业需要的价值，至于是出钱还是出资源、是全职还是兼职等都不是问题的本质。给兼职或出资源的人股权容易发生问题，可以通过规则设计去解决。

**选择股东的第二个原则：愿意承担风险**

创业有风险，没人保证创业一定会成功，股权投资就如买股票，高收益也伴随着高风险，**愿意承担风险是做股东的必要条件，不愿意承担风险、只想稳赚不赔的人不适合做股东。**

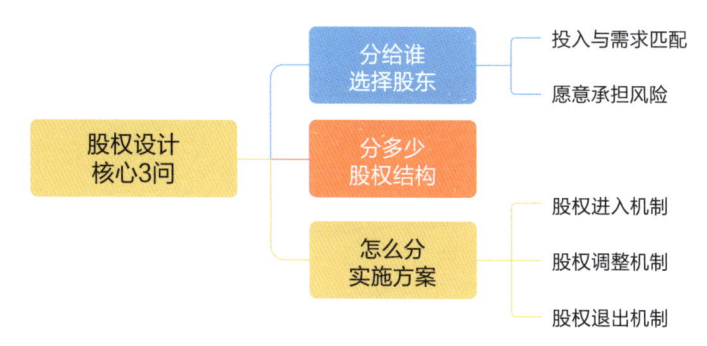

## 三、选错股东闹到分崩离析

百人会是美国的华人精英组织，创始人 A 想组建中国版百人会，打算组建

100位商业精英的超级联盟；但在组织60位老板后公司遭遇挫折亏钱了，多位老板都想把投资款变成借款要回本息，之后花8年时间打了几十场官司。

**第一步，先成立筹备公司**

2012年，A、B、C、D和E这5人作为股东先行成立朋友会所有限公司，公司注册资本1000万元，这5人各持股20%，已经实缴200万元出资。

**第二步，制定百人股东会入会须知**

100人分三批到位，因为《公司法》规定有限责任公司的股东不能超过50人，所以他们打算注册为股份有限公司。

第一批40人是发起股东，每人投资100万元，在40位股东到位时成立百人会股份有限公司。

第二批30人，每人投资150万元。第三批30人，每人投资200万元，全部到位后统一进行工商登记。

当100位股东全部到位后每人持股1%，届时先成立的朋友会所有限公司成为百人会股份有限公司的全资子公司。

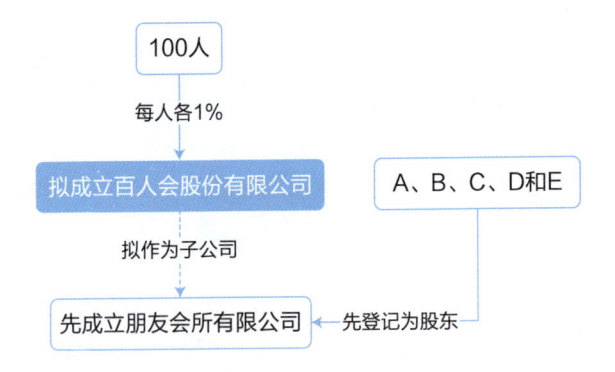

```
                    ┌─────────┐
                    │  100人  │
                    └────┬────┘
                      每人各1%
                         ↓
         ┌──────────────────────────┐        ┌──────────────┐
         │  拟成立百人会股份有限公司  │        │ A、B、C、D和E │
         └──────────────┬───────────┘        └──────┬───────┘
                     拟作为子公司                     │
                         ↓                           │
         ┌──────────────────────────┐   先登记为股东  │
         │   先成立朋友会所有限公司   │◄───────────────┘
         └──────────────────────────┘
```

**第三步，遭遇风波后改规则**

先成立的朋友会所有限公司拿到某公园项目用于经营高端会所，并将其中的餐厅承包给他人经营，但才一年多就被责令停业整顿了。

此时已吸引50多位老板加入，但工商登记的股东依然只有A、B、C、D和E这5人。

会所被停业后他们决定做出调整，2014年通过百人会决议，将朋友会所有限公司注册资本从1000万元减少至200万元，并修改百人会规则如下：

（1）由M承包百人会的经营，此前的债务和支出由M垫付，之后的费用全部由M承担。

（2）公司变更为股份有限公司，每股1元，原公司资产折合200万股本。

（3）已经足额出资的人在15天内决定是否成为股份有限公司的正式股东。如果决定成为正式股东，先将其缴付的100万元出资转为对公司的债权，再签债转股承诺将债权转为100万股本；超过15天没有回复的，视为同意成为正式股东。

（4）决定退出的人签订书面退出协议，将出资转为对公司的无息借款，公司在条件允许时偿还，成功推荐新股东的人获得优先偿还。

（5）修改公司章程：非特殊原因不能退股，退股须经董事会批准，按原价收回；转让股权需经过半数董事同意，否则不得转让；股权只能以100万股为单位进行整体转让，转让价格不得低于招募新股东的价格。

M接手后，在2015年成立了新公司。

你可以思考：

（1）到底是把朋友会所有限公司改为股份有限公司，还是另行成立新的股份有限公司？50多位老板们成为哪家公司的股东？与M成立的新公司又是什么关系？

（2）修改的是哪家公司的章程？规定未经董事会同意不能卖股权，还要限制转让价格，退股需经董事会批准，董事会能限制股东卖股权吗？

（3）为何把老板们已付的100万元先转为债权，再做债转股？

（4）退出的人投资款变成无息借款，还约定条件允许才偿还，这样的约定有效吗？

**第四步，多米诺骨牌第一个**

高端会所被关后，承包餐厅的老板先起诉要求退还押金等。

而H作为已支付100万元的50多位老板之一，H的公司于2014年第一个起诉要求退还100万元；朋友会所有限公司不同意退还，提出H已经成为朋友会所有限公司的股东，公司已给其出具股东资格证明等一系列法律文件，并记载于股东名册中，股东的投资款不能退还，否则将构成抽逃出资。

可是H在付款时不是自己直接转账的，而是通过H创办的H公司转账的。虽然转账时注明为"投资款"，但在打官司时H说是H公司投资的，不是H个人投资的。H公司在付款后目标公司没完成增资扩股手续，因此要求解除合作并返还投资款。

法院支持H的观点，确认投资人是H公司而不是H个人，而朋友会所有限公司在收款后长达四年也没有办理股权变更登记手续，法院判决将100万元投资款和利息返还给H公司。

你可以思考：投资人是H公司与投资人是H个人有什么区别？如果投资人是H个人结果会不一样吗？

虽然H赢了官司，但老板们投资的钱早就被拿去建会所了，公司自然没有钱退还。而这只是推倒多米诺骨牌的第一个，后面还有一连串反应。

**第五步，矛盾密集爆发**

也许是看到H赢了官司，其他老板相继跟上，而且比H更进一步。

**撤退第二分队，K1、K2起诉要求还本付息，要求A、E两位实名股东在减资额度内承担责任，并提出：**

自己投资100万元不是要成为朋友会所有限公司的股东，100万元是合作款而不是股东出资款，而且审计报告也显示两人的投资款明确记为"其他应付款—暂借款"。再说投资人已经超过40人，并没有按照约定成立百人会股份有限公司。

朋友会所有限公司则反驳提出，因为旧的朋友会所有限公司账目有些问题才成立新公司用于运作旧公司资产，正在着手将百人会成员转到新公司，再把新公司变更为股份有限公司。两人都参与了旧公司减资的股东会会议，两人既不反对也不申请退出，视为同意继续保持新公司股东身份，认可公司的减资，放弃成为旧公司的债权人。

法院判决的主要意思如下：

（1）100万元是股权投资还是债权？如果是股权投资则不能抽逃出资，如果是债权就要还本付息。

朋友会所有限公司在一审二审的说法矛盾，法院不予采信。两人各支付100万元"股权投资款"但没有明确指向成为哪家公司的股东；而朋友会所有限公司出具股东资格证明等文件写"百人股东会资格"，这不是《公司法》规定的公司股东资格。两人不是工商登记的股东，也没有股权代持协议，法院确认两人不是朋友会所有限公司的股东。

（2）K1、K2可以要求退款吗？

两人各支付100万元是为了做百人会股份有限公司的股东，而不是做朋友会所有限公司的股东。百人股东会入会须知规定，前40位股东到位时成立百人会股份有限公司；现在人数已经超过40人，但未按承诺进行股权登记成立百人会股份有限公司。又称账目有些问题而成立新公司（成立新公司不在百人会决议范畴），意味着不再履行2014年百人会决议内容，但如此改变未征得两人同意，导致两人投资到百人会股份有限公司的目的已无法实现，两人有权要求解除合作关系。

朋友会所有限公司已收到两人终止合作的律师函，股权投资关系已经解除，应该返还两人的投资款并支付利息。

（3）A、E要承担责任吗？

一审法院认为，公司先减资，K1、K2两人后要求退出而成为债权人，在此前已减资的股东不用承担责任。但二审法院认为，没有证据证明朋友会所有限公司减资通知了两人，判决A、E各在减资的160万元范围内承担补充赔偿责任。

**撤退第三分队，L1、L2起诉要求还本付息，B、C、D这3位实名股东承担责任。**

被起诉后，B说自己除了实缴40万元，还另外支付了100万元；C、D则提出自己不是朋友会所有限公司的股东，又说减资符合法律规定。

法院认为B支付的100万元并不是直接支付给朋友会所有限公司的，判决B、C、D这3人各自在减资的160万元范围内承担补充赔偿责任。

**撤退第四分队，U1、U2也起诉要求还本付息，A、B、E这3位实名股东承担责任。**

U1、U2在2018年起诉要求返还共180万元和利息，A在减资的40万元范围内、E 在减资的 60 万元范围内、B 在减资的 160 万元范围内承担补充赔偿责任，法院判决支持了两人的诉求。

你可以思考：共有 5 位实名股东，减资时每人都是减资 160 万元，为何在不同官司中 5 人承担的责任不一样？

因为 5 位实名股东共减资 800 万元，而在前面 4 人起诉的官司中返还本金共为 430 万元，部分股东在承担责任后还有余额，法院根据原告的起诉判决。

**第六步，实名股东为摆脱责任连使 4 计**

说好共同打造商业精英平台和超级联盟，可是遇到困难就有人要求还本付息，5 位实名股东也同样支付了 100 万元，但不仅不能要求退还，还要再拿出 160 万元退给其他人，他们能服气吗？因此就有人想办法摆脱责任。

**摆脱责任第一计，要求确认自己不是股东。**

2018 年，C、D 两人分别起诉请求确认自己不是朋友会所有限公司的股东，说工商登记的签名是伪造的，自己没有出资，没有向公司转过钱，也没有实际参与公司的经营，只是在办理住宿登记时给 A 提供过身份证，怀疑 A 拿自己的身份证去办理公司注册了。

法院审理认为，就算工商登记的签名是伪造的，但两人与其他股东一起参加了公司的经营活动，在会议纪要中被记录为股东或董事并没有提出异议，现在才说不知道自己被登记为股东违背常理；办理住宿登记需要用身份证的时间很短，而办理工商登记需要用身份证的时间较长，两人提出的理由难以让人信服；审计报告也显示两人已实缴出资 40 万元，是公司的股东，法院判决驳回了两人的起诉。

**摆脱责任第二计，要求确认公司章程无效。**

一计不成又生一计，D 换律师起诉要求确认公司章程无效，说自己没有签署过公司章程，没有实际出资；B、C、E 这 3 人也都说自己不是朋友会所有限公司的股东；只剩下 A 没有否认股东身份，A 提供了会议决议和媒体报道，证明 D 及其他人已经以股东身份进行投资并参与公司经营。

法院审理认为，前面股东资格的官司已经被判决驳回起诉，再次起诉违反"一事不再理"的原则，判决驳回 D 的起诉。

**摆脱责任第三计，撤销公司注册。**

前面的两条路都走不通，C、D、E这3人又去市场监督局举报，说朋友会所有限公司是假冒股东签名注册的，要求撤销公司的注册，然后公司就真的在2020年11月被撤销工商登记了。可是公司被撤销工商登记3人就能摆脱责任吗？

**摆脱责任第四计，去法院申请再审。**

公司被撤销工商登记后，3人又去法院申请再审，仅此一步就有10多个判决书。

B、C、D、E这4人都不承认自己是股东，A则不同意再审请求，说自己已经按照判决书承担责任被执行将近200万元。

而朋友会所有限公司则提出：

（1）公司成立以来几人从没否认过自己是股东，被法院判决在减资范围内承担责任后才说自己不是公司的股东，想通过申请撤销工商登记逃避债务，严重损害其他债权人的合法权益。

（2）朋友会所有限公司已在2020年3月被法院裁定进入破产清算程序，指定律师担任破产管理人，现在还没完成注销登记，市场监督局的撤销程序违法。

法院审理认为，三人已经按照公司章程规定实际出资并完成验资手续，还曾以股东身份参加股东会和董事会会议，并签署了相关文件，行使了股东经营决策权。就算朋友会所有限公司被撤销工商登记了，也需要办理清算后再注销登记，公司法人主体资格才终止，法院在2022年3月判决驳回起诉。

## 四、案例启示

几十位老板组建的公司却闹成这样，2012年成立公司，2014年遇到问题开始打官司，为100万元投资花8年时间打几十起官司，打官司的费用是否已超过100万元？

遇到困难就想要还本付息，不想承认自己是股东，要求其他人兜底，可是如果公司变得很值钱又会是怎样呢？所以**建议不要把不愿意承担风险的人选为股东**。

此案例还涉及以下问题：

1.有限责任公司与股份有限公司有什么区别？这部分内容在第8章介绍。

2. 股东入股的操作问题，几位老板能要求还本付息，其中一个重要原因是**标的指向不明，没有指清楚是成为哪家公司的股东**，这部分内容在第 7 章介绍。

3. 虽然设计了退出机制但还是闹成这样，退出机制并不是有就可以，关键还看是否有效，这部分内容在第 6 章介绍。

4. 因为成立公司时假签名而被市场监督局撤销工商登记，也提醒各位创始人，从公司成立到办理工商变更登记手续等一定要让股东自己签名，不要随便找个人代签，第 2 章也介绍过代签名踩坑的案例。

5. 不要指望通过撤销或注销公司注册摆脱责任，第 2 章介绍过其他案例，有的人偷偷把公司注销后并没能逃避责任，反而把股东有限责任变成无限责任了。

6. 一般公司未必知道准备股东资格证明、股东名册等，而朋友会所有限公司已经准备了这些，但最后仍闹成如此结果。

**股权设计涉及管理和法律两方面知识，管理和法律有本质区别，管理是合适就好**，不能得 100 分也可能得 80 分；但**法律有时是有绝对标准的**，差一丁点儿就可能是 0 分与 100 分的区别，而不是得 80 分与 90 分之差，就如同用来控制程序的代码，差一个字或一个符号的结果可能已完全不同。如果觉得项目很重要，建议还是请足够专业的人处理。

## 3.4 股权分配两个原则，违反原则股东闹翻两败俱伤

常有人问自己公司的股权结构合理吗？可是对你们公司的业务是什么、公司需要什么、股东投入什么都不了解，怎样判断你公司的股权结构是否合理？就如同有人在北京做了一桌菜，发张相片给广州的专家问菜好吃吗？如果专家只看相片就说菜很好吃，这样的专家到底是水平高还是相反呢？

有人说资金股占30%、人力股占70%，等等，这样的说法靠谱吗？

比如有人问：从广州去深圳怎么走最快？有人回答：开车最快。这答案对吗？

如果只与走路相比，答案确实是对的。但从广州去深圳并不是只有走路和开车两种选择，可以走路，也可以开车走国道、广深高速、沿海高速，还可以从广州南站坐高铁去深圳、从广州东站坐动车去深圳，共有超过6种方案可选择。从广州开车到深圳约需2小时，而坐高铁只需40分钟，坐动车需1小时。广州和深圳的范围都不小，当起点和终点不一样时，所需时间也相差较大。比如从广州白云机场到深圳腾讯总部，开车走广深高速可能最快；但如果从广州中信广场到深圳国贸大厦，则坐动车最快；如果从广州长隆野生动物园到深圳野生动物园，则坐高铁最快，等等。

在回答从广州去深圳怎么走最快之前，需要搞清楚从广州去深圳有多少种选择，每种选择的特点，并结合自己所处位置和想要达到的目标综合判断，而不是什么都不了解就直接给答案。

股权设计的道理与之类似，比如以产品为王的公司应该把大比例股权分给研发、技术人员，而以营销为王的公司应该把更多股权分给营销人员。企业的发展目标不同，适合的股权结构也不同，不存在所谓的最优股权结构，就如同不存在能帮助你做出成功企业的万能公式一样。

**股权分配主要是分权、分钱、分责任，底层逻辑是保持责、权、利相统一。**

### 一、分钱

**股东的投入是获得股权的前提条件，应该按照股东的投入分钱，让投入多**

的人获得更多股权，才能吸引股东投入更多，推动公司发展壮大。

应该随股东的投入变化而调整股权，否则如果公司一成立就划定地盘后固定不变，股东拿股权后坐享其成，公司会自动长成参天大树吗？

### 海底捞的股权调整

海底捞刚成立时张勇夫妻持股 50%，施永宏夫妻持股 50%，后来张勇以原始股价格拿走施永宏夫妻 18% 股权。有人说张勇"强盗似地豪夺"，也有人说施永宏大度、豁达，其实这些说法都是因为没有真正理解股权的底层逻辑。

海底捞刚成立时双方的股权一样，因为当年双方投入劳动的价值相差不大。但多年后双方的工作价值差距越来越大，如果你是公司老板，请张勇和请施永宏会出同样的工资吗？如果付同样的工资能请到施永宏但能请到张勇吗？既然两人的人力价值不一样，为什么他们用劳动换取的股权就应该一样呢？

比如投资人第一笔投资 1000 万元拿走 10% 股权，第二笔投资 2000 万元再拿走 15% 股权，投资人随着投资增加而拿到更多股权，而张勇投入的人力价值不断增加，而且价值更高，为什么不能增加股权呢？

如果不调整股权，能力更强的张勇就可能没有动力把海底捞做得更好，也可能另起炉灶，海底捞可能停留在当时也许只有几亿、几十亿的水平，甚至倒退，而不是后来上千亿市值的公司。

对于施永宏而言，50% × 10 亿元 =5 亿元，30% × 1000 亿元 =300 亿元，施永宏把 18% 的股权给张勇亏了还是赚了？道理显而易见。

比如海康威视在公司成立的前 6 年管理层都是 0 持股，投资人龚虹嘉在 2007 年将价值不菲的股权以 600 万元的低价转给管理团队，这部分股权按照 2010 年上市时 340 亿元市值计算，价值为 46.5 亿元，相当于龚虹嘉以千分之一的价格把几十亿元股权转给管理团队。

龚虹嘉这么做亏了吗？他投资海康威视 245 万元巨赚 800 多亿元，成为最牛天使投资人。如果龚虹嘉没把股权给管理团队，海康威视是否能取得如此成就呢？龚虹嘉的投资能赚这么多钱吗？很多人羡慕龚虹嘉 3 万多倍的投资回报，可是能像龚虹嘉这么做吗？

### 李子柒与资本的纠纷

股权分配的底层逻辑是让投入多的人获得更多股权，股权分配随股东投入的变化而调整，而不是公司一成立就划定地盘后固定不变，坐等公司自己长成参天大树。

但在计算股东的投入时，出钱比较容易计算价值，出力不好计算价值，而且同一个人工作 1 年和工作 10 年的价值肯定不一样，不同的人都工作 10 年的价值也不一样，其用工作换取的股权也应该不同。

比如李子柒与资本之间的合作，早年李子柒还没展现如此巨大的价值，李子柒在目标公司没有持股是可以理解的。但后来李子柒全网粉丝过亿，超过多家知名互联网上市公司的用户体量。而李子柒牌产品的年营收超过 10 亿元，目标公司先后获得节字跳动等机构的投资，传闻后轮融资估值达上百亿元。多家投资人都表示看好李子柒而投资目标公司，但李子柒在目标公司却是 0 持股。都说人最重要，可是如果不给重要的人股权怎能留住他们呢？

2021 年李子柒与资本的矛盾公开化，反对李子柒的人认为，没有资本李子柒未必能火，当时自己愿意接受这样的合作条件怪不得别人，而且目标公司还存在大额亏损，需要持续投入，而李子柒已经拿走约 4000 万元分红，一辈子都花不完了。

支持李子柒的人认为，资本只是助推器，锦上添花加速商业化，不能越俎代庖，如果没有资本李子柒也会火，只是火得慢一些，但没有李子柒目标公司就完蛋了。

两边都觉得自己支持的那方更重要，应该得到更多，因为没有统一的标准去衡量价值，就会产生矛盾。

从法律角度，法律的正义是合同最大，签了合同就必须要履行。打官司时法官也是依据合同判决的。如果当年因为自己不懂而签下踩坑的合同也只能自认倒霉，对资本而言按照合同操作并没有错。

但当年的合同是基于当时的情况签订的，在双方合作时并没有预料到后来会取得如此巨大的成功。企业发展了，当时的合作基础已经发生了变化，如果不能根据新的情况做出调整，企业就可能无法继续往前推进，甚至倒退。比如小朋友在 2 岁时买了件衣服，后来长成 1.8 米的大高个子了，如果不换衣服就可能会妨碍身体的发育。

人不能一出生买一套衣服然后穿一辈子不换，而是应该随着不断成长更换合适的衣服。股权设计的道理也是如此，应该**随企业的发展变化调整股权设计**。

尊重法律和合同是基础，但由于公司早期无法预料到后期的变化，在公司发展后早期的股权分配已经不再适应新情况。更应从共赢的角度，用发展的眼光做出新的调整。双方合作可以 1+1>2，但闹翻只会两败俱伤。

经过一年多的发酵后，目标公司在 2022 年底发布和解公告。

## 二、分权

股权设计常规的做法是分钱 = 分权，但如果股权分散，过于民主可能难以形成有效决策而错失发展良机。特别是对于早期的企业而言，集中决策有利于提高决策效率，快速反应而把握市场机会。但把权力集中到一个人身上，又可能发生把鸡蛋放到一个篮子里的风险。

**可以让有能力、人品好的人拥有更多权力，让有能力的人帮助其他股东赚钱。**

比如阿里巴巴在拿到雅虎融资时，雅虎持股 40%、创始团队持股 31%、软银持股 29%，雅虎作为大股东不仅没有公司控制权，连否决权都少，还把 5% 的投票权都给了创始团队，最终创始团队带领阿里巴巴帮股东赚回丰厚的回报。

**股权分配的总原则：按照股东的投入分钱，让投入多的股东获得更多股权；按照能力 + 人品分权，让能力强和人品好的人拥有更多权力。**

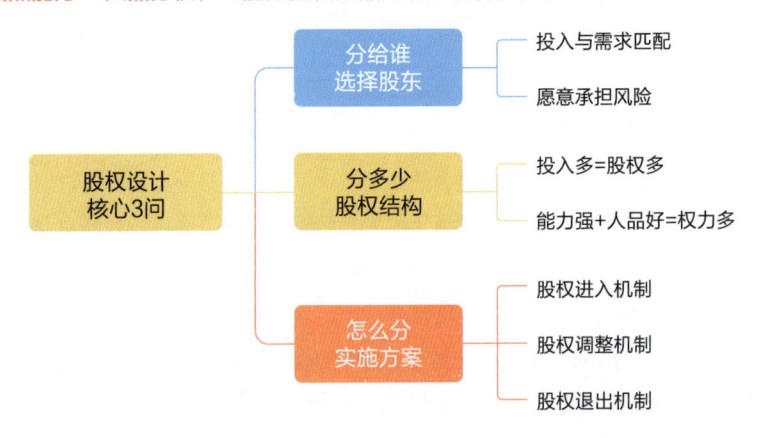

```
                          ┌─ 分给谁     ─┬─ 投入与需求匹配
                          │  选择股东    └─ 愿意承担风险
                          │
         股权设计 ────────┼─ 分多少     ─┬─ 投入多=股权多
         核心3问          │  股权结构    └─ 能力强+人品好=权力多
                          │
                          │              ┌─ 股权进入机制
                          └─ 怎么分     ─┼─ 股权调整机制
                             实施方案    └─ 股权退出机制
```

可是如果无法同时满足分钱和分权的条件怎么办？比如投入多的人获得更多股权，但他并不是能力最强的人，怎么解决？

可以用股权结构分钱，用公司章程分权，股权比例 = 分钱比例，但分钱比例可以不等于分权比例。

比如阿里合伙人制度、京东的 AB 股等都是通过公司章程设计实现控制权的。在《公司控制权》一书里介绍过用小股权控制公司的九种模式，有的小股东持股 0.02% 就能控制公司，也有的大股东持股 99% 被判没有控制权，关于分权的内容在《公司控制权》一书里已经系统介绍过，这里不再重复。

### 三、股权的进入机制

曾有大事互联网项目很受用户欢迎，CEO 找来 X 加盟寻找商业模式，并承诺给 X 共 18% 股权，但当时还没注册公司。

一年后项目业绩增长引起投资人的关注，他们开始注册公司并全力运营，但在新注册公司的股东中并没有 X。之后媒体上曝出二股东惨遭 CEO 驱逐的文章，X 说自己股份被侵吞并被踢出局；CEO 说 X 所做事宜收效不明显，没有兑现业绩承诺。

支持 X 的人说，答应给 X 共 18% 股权，就算他什么都没做也要给，看人不准只能自认倒霉，比如招错人能不给工资吗？承诺过给股权后来又不给就是人品有问题。

支持 CEO 的人说，X 不是全职加入不算创始人，兼职只能拿工资不能给股份。

类似这样的案例在现实中并不少见，答应给 18% 股权就算他什么都没做也要给，兼职只能拿工资不能给股份……这些说法有道理吗？

发生这种纠纷的根源在于缺少股权的进入机制，CEO 承诺给 X 共 18% 股权，但没有说清楚 X 需要投入什么才能获得股权？如果 X 什么也不投入就拿走 18% 股权，让其他努力工作的人情何以堪？谁还愿意为公司好好干活？这样的公司还能做大吗？就算持有这 18% 股权又能有多少价值呢？

股东的投入是获得股权的前提，应该让投入多的人获得更多股权，而股东的投入可以是资金、技术、人力、资源等，投入不同，处理方式也不同，下一章将介绍股权的进入机制。

# 第4章

# 股权进入机制四种类型

股东的投入可以有资金、人力、技术、资源等。投入的特点不同，进入机制也不同。

## 4.1  股权进入机制分析，200亿元的上市公司也踩坑

什么是股权进入机制？先看一个200亿元上市公司踩坑的案例。

### 一、上市公司与民企的合作

上市公司与民企合作18亿元的项目，先后签订3份内容不同的协议。

上市公司与M集团签订框架协议，约定如下。

（1）双方共同成立新公司，M集团以M1公司100%股权+现金出资持股65%，上市公司以5家子公司和孙公司各100%股权出资持股35%，由双方共同委托具有证券业务资质的评估机构对出资的资产进行评估作价。

（2）新公司初始认缴注册资本8000万元，待双方资产评估完成后，按照上市公司投入的资产计算新公司注册资本＝上市公司资产评估值35%；M公司按照65%的比例投入，除M1公司股权外，用现金出资。

同一天，又签订股东协议，约定如下。

双方共同成立九橡集团公司，注册资本为8000万元，M集团用现金出资5200万元持股65%，上市公司用实物出资2800万元持股35%。任何一方拒绝或怠于履行约定义务，经对方通知后60天内仍未采取纠正措施的，守约方可单方解除协议，由违约方赔偿守约方的直接损失。

随后，九橡集团公司在2017年成立。

你可以思考：同一天签署两个协议，约定的出资方式不一样，框架协议约定上市公司用5家子公司股权出资，股东协议又约定上市公司用实物出资，按哪个计算？

一个月后，又签订增资扩股协议，约定如下。

（1）新公司注册资本从8000万元增资到17.7亿元，由双方同比例增资。

（2）M集团在原出资5200万元的基础上增资11亿元，其中5200万元货币出资在2017年12月底前缴付，M1公司100%股权在2018年3月底前过户给新公司，其余出资在2019年12月底前全部到位。

（3）上市公司在原出资2800万元的基础上增资5.9亿元，由实物出资变

更为以 4 家子公司 100% 股权出资，4 家子公司股权评估价为 6.2 亿元，在 2017 年 12 月底前过户给新公司。

（4）上市公司办理股权过户后，若 M 集团经催告仍未在约定时间内出资或办理股权过户手续，则上市公司有权单方解除协议。

你可以思考：

（1）框架协议约定上市公司用 5 家子公司股权出资，增资扩股协议约定上市公司用 4 家子公司股权出资，少了一家公司股权，应该怎么算？

（2）公司才成立就巨额增资，为什么要这么设计？

（3）框架协议和增资扩股协议都约定了解除条件，能解决股东的退出问题吗？

## 二、股权出资发生问题

两家股东都用大额股权出资，签完协议后上市公司将 4 家子公司 100% 股权变更登记至九橡集团公司名下。

2018 年 1 月，M 集团也将评估价为 6.26 亿元的 M1 公司股权变更登记至九橡集团公司名下，比协议约定早两个月，但 M 集团向九橡集团公司转账 5200 万元比协议约定晚半个月。有些人可能对晚半个月并不在意，但按照协议，就算晚一天也会构成违约。

18 亿元的项目，双方才合作不到半年就发生争议，上市公司不认可 M 集团用于出资的 M1 公司股权评估价，为此，双方在 2018 年 2 月召开协调会，并签署会议纪要：

（1）M 集团在春节前提交 M1 公司的股权评估报告初稿，经上市公司相关部门修改并最终确认后再出正式评估报告，届时按照正式评估报告确定 M 集团用股权出资的出资额。

（2）M 集团在 2018 年 3 月底前全部出资到位，即除首期出资 5200 万元 +M1 公司 100% 股权（约 6.1 亿元）外，剩余约 4.9 亿元现金出资在 2018 年 3 月底前到位。

在此期间，上市公司委托律师在 2018 年 3 月出具法律尽职调查报告，提示 M 集团用于出资的 M1 公司在股权转让、原股东欠款、公司债务等方面存在法律问题。

2018年3月底的期限很快就到了，M集团没能按照会议纪要全部出资到位。2018年4月1日，上市公司给M集团发催告函，提出M集团逾期缴付5200万元出资，而且在双方还没对M1公司股权评估价达成一致的情况下，就将M1公司股权转到九橡集团公司名下，已经构成违约，请M集团在一周内将剩余出资11亿元以货币形式全部出资到位，否则上市公司将按照约定解除协议。

你可以思考：

（1）原协议约定M集团以股权+现金出资，现在上市公司不认M集团的股权了，要求M集团全部以现金出资，而且还要7天之内拿出11亿元，M集团能做到吗？

（2）协议约定了解除条件，上市公司也提出M集团做不到就解除协议，这样的退出机制真能实现吗？

上市公司要求解除协议，但M集团不同意解除。M集团提议可以将双方的资产退回，两年内再以其他方式完成出资，希望由新公司承包上市公司子公司的经营，并按照市场价格购买上市公司的原料等。

上市公司则要求先退回4家子公司的股权再谈下一步的合作，而M集团要求先谈好一系列合作，再把4家子公司退还给上市公司，双方最终没能谈拢。

## 三、上市公司打官司求退出

很多股权纠纷都是想把股东踢出局，但本案例是上市公司自己想退出。

上市公司在2018年起诉要求返还4家子公司100%股权，并办理退出九橡集团公司的减资手续。

上市公司通过公开招标选聘律师代理此案，一审、二审换了不同律师。打官司时，双方处于对立状态，律师面对这样的大客户也会竭尽所能地找出对方的漏洞，以争取对客户更有利的结果，这也是律师的职责所在。而协议上的小疏忽或者操作上的小失误都有可能成为对方攻击自己的武器。

### 1. 上市公司提出

（1）M集团多次违约，未按期出资5200万元，未按约定由双方共同委托评估机构对M1公司的股权价值进行评估，也没按照2018年2月的协调会会议纪要执行，经催告后仍未履行出资义务。

（2）M集团将M1公司股权转至九橡集团公司名下时，股权转让协议约定股权转让价为4700万元，说明九橡集团公司是付费购买M1公司股权，并不是M集团将M1公司股权作为对九橡集团公司的出资，而且股权转让协议也没有体现M1公司的股权价值为6.2亿元。

（3）律师尽职调查报告显示，M1公司存在股权转让、原股东欠款、公司债务、房产抵押等12方面的重大法律风险或潜在纠纷，说明M集团用来出资的主要资产存在严重瑕疵，M集团将M1公司股权作为优良资产出资属于欺诈，造成上市公司巨额国有资产流失，已就M集团涉嫌利用合同诈骗上市公司财产向公安局报案，希望通过刑事手段尽快挽回国有资产损失。

（4）M集团还曾派人冒充受害第三方公司人员，以有能力帮助上市公司解决纠纷为名试图骗取信任，里应外合，骗取上市公司资产。

（5）M集团的诉讼代理人不是律师也不是其员工，无权代理此案。

## 2. M集团提出

M集团没有请律师，由员工代理诉讼。

（1）框架协议与增资扩股协议的约定不同，应以后者为准，增资扩股协议未约定由双方共同委托评估机构，而且上市公司将4家子公司注入也是单方面委托评估机构，没有经过M集团同意。

（2）不能以法律尽职调查报告为依据认定M1公司股权出资存在严重瑕疵，上市公司用于出资的股权也有问题，比如上市公司注入的两家子公司处于停产状态，每年大量亏损，劣质资产也按照正常资产评估；而上市公司用于出资的其中一家公司在九橡集团公司接管后经营情况明显好转，扭转了2011年以来的长期亏损状态，转为盈利。

（3）2018年2月的协调会会议纪要属于指导性质，不具有强制约束力，上市公司自己也未按会议纪要履行。

（4）上市公司在2017年底将4家子公司注入九橡集团公司，但在之后的审计报告中还公开披露其持有4家子公司100%股权，属于虚假披露信息；还公开发布声明接管4家子公司，说明其没有真诚合作的态度。

（5）第三方公司人员是上市公司委托与 M 集团进行和解谈判的。

### 3. 法院审理认为

（1）增资扩股协议是否解除？

增资扩股协议约定，M 集团经催告仍未按要求完成出资或股权过户的，上市公司有权单方解除协议。

M 集团出资 5200 万元比协议约定时间晚 19 天，但不构成根本违约。

M 集团已将 M1 公司股权过户至九橡集团公司名下，至于评估价问题影响的是出资够不够、还差多少的问题，如果出资不够，增资扩股协议约定在 2019 年 12 月底前全部出资到位。而 2018 年 2 月的协调会会议纪要要求在 2018 年 3 月底前全部到位，会议纪要只是就后续工作推进事宜进行讨论，未明确与增资扩股协议的关系，也没约定不履行会议纪要应承担的责任，事后双方也未实际履行，所以会议纪要对增资扩股协议不产生变更效力，仍应以增资扩股协议约定的 2019 年 12 月底到位为准。

打官司时还没到 2019 年 12 月底的最后期限，所以上市公司不享有增资扩股协议约定的解除权。

（2）上市公司能否要求返还 4 家子公司股权？

按照《公司法》规定，股东的出资一旦投入公司即成为目标公司的资产，非经法定程序股东出资不得随意抽回或减少；公司资本一经增加，非依法定程序不可随意变更。上市公司将 4 家子公司的股权注入九橡集团公司后已经转化为九橡集团公司的资产，并已经工商登记，上市公司也因此取得九橡集团公司 35% 股权，不能以 M 集团履约瑕疵就要求返还已经工商登记的出资。

（3）上市公司能否要求办理减资手续而退出？

目前法律并无强制公司减资的规定，强制公司减资也违背《公司法》关于公司自治的立法精神。公司减少注册资本属于公司内部自治事项，是否减资需经股东决议通过，如何减资需按照法律规定履行较为严格和复杂的程序。

法院在 2020 年 8 月判决驳回了上市公司的起诉，还要承担 630 万元诉讼费。上市公司不服，申请再审，也在 2021 年 6 月被驳回。

> 《公司法》第六十六条第三款规定：股东会作出修改公司章程、增加或者减少注册资本的决议，以及公司合并、分立、解散或者变更公司形式的决议，应当经代表三分之二以上表决权的股东通过。

上市公司还另案起诉 M 集团，要求承担逾期出资滞纳金 1 亿元，起诉解散公司等，到 2023 年仍没解决。

## 四、案例启示

连行业龙头的上市公司都踩坑了，市值 200 亿元的上市公司与民企合作高达 18 亿元的项目，但才合作不到半年就发生争议，一起官司的诉讼费就高达 630 万元，律师费和其他官司的费用还没计算，可能超过千万元。

打赢官司的民企老板没有请律师，打输官司的上市公司请了几批律师还是输了。输官司不一定是律师水平不行，而是本来就有致命伤，就如得了绝症再找医生，再高明的医生也无法起死回生了。

上市公司一般都有专业的法务，但法律涉及社会的方方面面，法律也是分不同领域的，不可能要求一个人在所有方面都精通，就如不可能要求全科医生对各科都很专业一样，企业法务应该把更多精力用到与企业业务相关的领域；而股权并不经常发生，接触少，不熟悉，容易发生问题也是正常的。对于重大项目，最好还是请专业的人处理，毕竟术业有专攻。

俗话说"合伙容易退伙难"，虽然协议约定了退出机制，但打完官司上市公司也没能实现退出。协议适用《民法典》，公司减资适用《公司法》，两部法律的底层逻辑不同，设计股权的退出机制需要融合两部法律规定的设计规则，退出机制的内容在第 6 章介绍。

本案例看似是退出机制问题，实则是进入机制问题，因为上市公司不同意 M 集团用于出资的 M1 公司股权评估价而发生争议，而两方股东用于出资的股权价值高达 12 亿元，股权估价涉及较为复杂的问题，为何不在成立新公司之前先对股权价值进行评估？

退出机制如救火机制，进入机制如防火机制，并不是所有的火灾都能救的。**股权设计不能只关注退出机制，更应该关注进入机制。**

第 3 章介绍过应该让投入多的股东获得更多股权，可是如何体现投入多可以多拿股权呢？涉及三方面问题。

（1）股东用什么投入？本案例股东的投入主要是股权。

（2）如何对股东的投入进行估价？本案例就是因对股东投入的股权评估价发生争议。

（3）股东用不同的东西投入应该如何操作？后面章节将介绍这方面内容。

## 4.2 资金股3种机制，用错机制给了股权却拿不到钱

股东的投入可以有资金、人力、技术、资源等，不同投入的特点不同，操作方法也不同。资金股众所周知，好像大家都知道怎么操作，但还是有人因资金股而踩坑，下面介绍具体案例。

### 一、融资后创始人变成小微股东

二联公司融资后创始人被变成持股1%的小微股东，后来与投资人闹翻后，创始人想把投资人踢出局却不成功。

二联公司在1996年成立，公司注册资本30万元，共有3位创始人。

2000年引入两家投资人，融资2970万元，这样的融资应该怎么操作呢？

他们将投资人的2970万元投资全部做成注册资本，公司注册资本从30万元增资到3000万元，两家投资人变成持股99%的大股东，而3位创始人变成持股1%的小微股东，这是他们的本意吗？

引入投资人9年后发生矛盾。2009年，投资人通过股东决议免除创始人的董事和法定代表人职务，换成由投资人派人担任，由此拉开双方斗争的序幕。

2011年，创始人通过股东决议解除两家投资人的股东资格，将公司注册资本减资到投资人进入之前的30万元。可是持股1%的小股东能把持股99%的大股东踢出局吗？创始人说投资人投资2970万元在完成验资手续几天后就抽回去了，一直没有返还。

投资人去法院起诉，要求确认股东决议无效，而创始人则起诉要求确认股东决议有效。

法院最终判决驳回了创始人的起诉，就是踢投资人的操作不成功，因为二联公司与投资人之间资金往来频繁，创始人没能提供证据证明投资人抽逃全部出资，而且创始人在2007年的年检报告中还签名确认投资人的出资到位，说明投资人没有抽逃出资。

双方闹翻后僵持多年没有解决，二联公司已经在2016年被吊销营业执照，但二联公司曾对外投资成为多家公司股东，公司名下有多家公司的股权和财产

等。直到 2023 年他们还在打官司，23 年后还要为 23 年前的操作买单，2000 年引入投资人时想过会变成这样吗？

**二、给了股权却拿不到钱**

另一家资金股踩坑的是贾老板创办的 FF。FF 在 2017 年融资时，投资人投资 20 亿美元获得 45% 股权，一次性做了股权登记，但 20 亿美元融资却是分期付款的，首期只支付 8 亿美元。

贾老板说股权和经济利益都可以让步，但绝不能出让公司控制权，这是公司的生命线，阿里巴巴或者京东都是以 AB 股模式作为谈判基础的。所以 FF 在 2017 年融资时就设立 AB 股，贾老板持股 33% 有 88% 投票权，投资人持股 45% 只有 12% 投票权，贾老板还控制董事会并担任 CEO。

可是双方"蜜月期"还没到一年就决裂了，投资人支付首期 8 亿美元后，不同意支付后期款项，投资人认为不符合付款条件。

FF 说投资人既不付款也不同意 FF 对外融资，还恶意对公司的核心资产进行财产保全，公司面临现金流危机。2018 年 10 月，FF 在香港申请仲裁，要求解除与投资人的融资协议，请求允许寻求 7 亿美元的替代性融资，禁止投资人使用"融资同意权"，解除投资人的资产抵押权等。

可是，FF 采用 AB 股后贾老板有 88% 投票权，还控制了董事会并担任 CEO；而投资人只有 12% 投票权和 2/7 的董事会席位，怎么能挡住 FF 融资的路呢？

因为 FF 与投资人签协议约定，FF 的债权融资和股权融资都要经投资人同意（就是一票否决权），而且还把股权、知识产权、厂房等核心资产都质押给了投资人，在发生矛盾后投资人对 FF 的核心资产进行了财产保全。没有投资人的同意，FF 无法进行股权融资；就算想找银行贷款，也因为核心资产都质押给了投资人而无法操作。

否决权是超越股权比例的，有人使用一票否决权，其他股东的投票权就无法发挥作用了，就算用了 AB 股的贾老板有 88% 投票权也没用。

有人以为有了否决权就有了控制权，其实并不是，比如 ofo 的戴威可以用一票否决权否决与摩拜的合并，但其他股东也可以用否决权否决来自其他投资人的融资。

否决权是用来挡路的，控制权才是用来开路的。如果创始人想掌握公司控制权，仅靠否决权是不够的，需要设计控制权的规则，还不能让别人有否决权。

融资有债权融资和股权融资两种方式，比如银行贷款就属于债权融资，很多传统企业都是通过自有资金和债权融资发展起来的。债权需要归还，债权人不是公司的股东，不干预企业经营，不要求表决权等，但为了保证能收回贷款，通常要求提供抵押、担保等。而拿 VC 等的投资就属于股权融资，相当于投资人付钱购买公司的股权，投资人与创始人共同成为公司的股东，投资人一般不会像银行贷款一样要求提供抵押等。

但 FF 的投资人既要求作为股东参与经营决策的权利，又要求债权融资的抵押等权利，明显有别于一般的股权融资，而且投资人分期付款，却一性次给了全部股权。

双方闹翻后打官司，事情闹大后，终于在 2018 年 12 月达成和解。

### 三、资金股的 3 种进入机制

资金入股需要考虑 3 个因素：

（1）公司估值问题。

（2）付款时间问题。

（3）给股权时间问题。

与之相对应，资金股的进入机制也分 3 种：

**第一种，公司估值 = 注册资本，股东一次性付款**

可以直接按照投资额 = 注册资本办理工商登记手续，股权比例等于投资额 / 注册资本，可以不用签股东协议。

**第二种，公司估值 ≠ 注册资本**

可以按照估值倒算出注册资本是多少，再签股东协议对股东的投入和股权进行约定，具体操作在第 7 章介绍。

二联公司没有计算公司的估值，而是直接把投资人的全部投资款都做成了注册资本，导致创始人变成小微股东了。

**第三种，股东不是一次性付款**

如果股东不是一次性付款，是先做工商登记后付款的，需要签股东协议约定何时付款，并约定退出机制，以免给了股权却拿不到钱。退出机制的内容在第 6 章介绍。

FF 融资时，投资人分期付款，却一次性登记了全部股权，后来投资人却不支付后续款项，就发生矛盾了。

在实际操作中需要注意以下 3 点：

（1）先判断属于前述 3 种中的哪一种？

（2）第一种可以不签协议，后两种需要签与之匹配的协议。

（3）还需要对照协议内容进行得当的操作。

二联公司融资后把创始人变成小微股东是他们的本意吗？

而 FF 请专业人士起草的协议也踩坑了，投资人分期付款却缺少与之相匹配的退出机制，还给了投资人一票否决权，即使用了 AB 股创始人也没有控制权。

有人总想要免费协议，可是协议并不是有就可以的，起草有质量的协议也是有难度的。需要先搞清楚属于哪种情况，再预判未来可能发生的多种可能性，并提前设计多种预案。比如 FF 的协议是否预判了未来投资人不付款时怎么办？是否预判到投资人会挡住融资的路？少预判一种情况都可能会踩坑。

FF 一起仲裁费就达 500 万元，律师费还没计算；而二联公司打 10 多年官司还没解决问题，如果可以重来，你愿意为协议花多少钱？

## 4.3 人力股 3 种模式，一个拿到 10 亿元、一个创始人出局

都说人才最重要，但做股权设计时经常只计算资金股，不计算人力股的价值。有的公司虽然考虑了人力股价值，却因为操作不当而没能实现。下面介绍具体案例。

**一、上亿元的人力股打水漂**

兄弟两人为公司工作 20 年，老板承诺给过亿元的人力股，但却因为操作不当，后来花上百万元打 6 年官司，还是打水漂了。

1. 约定不清的人力股

20 年前，外资企业在国内投资是有税收优惠的，A 老板在香港成立公司回内地投资，而 B 兄弟有地方资源，2002 年双方计划一起做房地产和酒店业务。

两年后，在 B 兄弟的努力下拿到房地产和酒店等项目，打算成立新公司，口头约定 A 老板和 B 兄弟各持股 50%。但为了享受外资企业的税收优惠，2004 年成立五健公司时只将 A 老板的香港公司登记为股东，B 兄弟并没有成为工商登记的股东，五健公司由 A 老板的香港公司 100% 持股。

```
A老板
  ↓
香港公司
  ↓ 100%
五健公司
```

可为了省税的股权架构却给自己挖了大大的坑。

五健公司在 B 兄弟的打理下发展良好，双方顺利合作走过 10 年。后来因为 B 兄弟欠五健公司 1800 万元没有归还，同意将 8% 股权转给 A 用以抵偿。为此，

3 人在 2013 年签订股东协议约定，股权变更后，A 持股 58%，B 兄弟两人共持股 42%。

这也是他们第一次用协议形式体现 B 兄弟的股权，但并没有做工商登记。

### 2. 合作生变争股权

2014—2016 年期间，A 老板的香港公司换人了，之后与 B 兄弟发生矛盾。发现情况不妙后，B 兄弟赶紧在 2016 年、2017 年分别起诉，要求确认两人共持股 42%，两起官司分别由不同的法院审理，B 兄弟能要到股权吗？

**取得股权的方式有 3 种：公司成立时的原始取得、通过增资取得（来自增量）、通过股权转让取得（来自存量）。**

由于 B 兄弟不是工商登记的股东，又没有明确的文件证明两人是股东，法院要求 B 兄弟说明是用什么方式取得的股权，但 B 兄弟没能说清楚。

（1）公司成立时，B 兄弟不是股东，不存在原始取得。

（2）B 兄弟没有对公司进行增资，不存在通过增资获得股权的可能性。

（3）股权转让的股权来自老股东，可以分为有偿转让和赠与两种。

老股东为香港公司，如果认定香港公司将股权赠与 B 兄弟，按照法律规定，赠与人在赠与财产权利转移之前可以撤销赠与。现在赠与财产的权利尚未转移，香港公司仍有权撤销赠与。香港公司当庭表示，如果认定为赠与就撤销赠与，所以赠与股权的路走不通。

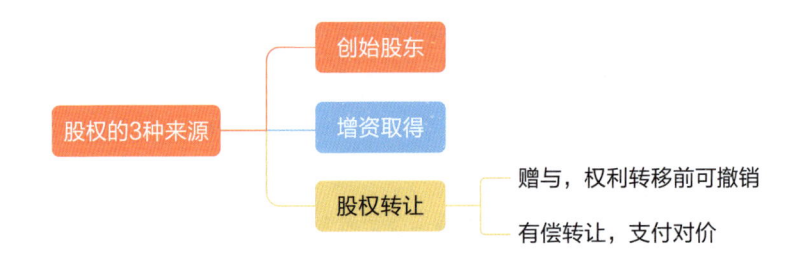

```
股权的3种来源 ── 创始股东
              ── 增资取得
              ── 股权转让 ── 赠与，权利转移前可撤销
                           ── 有偿转让，支付对价
```

那就只剩下最后一种可能性，就是老股东有偿转让股权，可是 B 兄弟并没有向老股东香港公司支付过股权转让款。

B 兄弟自己说不是无偿赠与，曾与香港公司达成口头协议，以两人为公司付出的劳动为对价取得 42% 股权。两人接受 A 的委托负责公司经营管理，对公司的成立和发展起到重要作用，为公司创造巨额财产。两人为公司工作 10 多年没有拿报酬，只在 2013 年按照 B 兄弟持股 42% 的股权比例领取了 13.44 万元分红。

### 3. 法院无情判决

（1）2013 年的股东协议由 A 与 B 兄弟签署，但五健公司的股东是香港公司，而不是 A。可以理解为：A 作为香港公司的代表，代表公司签协议将五健公司 42% 股权给 B 兄弟。但此协议内容不明确，存在股权转让、股权赠与、股权确认、收益分配等不同的理解。如果是股权转让，却没有转让股权的数量、价款、付款方式、履行期间等内容。

虽然 B 兄弟说用劳动等作为股权转让的对价，但卖方香港公司并不认可。

香港公司还说按当时的法律规定，股权转让后，公司从外商独资变成中外合资需经有关部门批准，而实际并没有经过有关部门审批。

（2）B 兄弟说是在 2002 年口头协议的基础上，2013 年再签股东协议加以明确，但香港公司不承认口头协议，即便认定口头协议存在，也无法证明口头协议的内容是什么。

（3）虽然 2013 年的股东决议确认股东为 A 和 B 兄弟 3 人，董事会决议也确认 3 人为董事，并把 2013 年 7、8 月的红利按照 3 人的股权比例 58∶42 进行分配，B 兄弟分得 13.44 万元。但利润分配是取得股东资格的结果，并不是取得股东资格的条件，不能用实际参与利润分配来证明自己是股东；而且香港公司也提出，按照五健公司章程规定，公司没有股东会或董事会，只有投资者委

派的执行董事一人。【注：当时外资企业的法律还没修改，外资企业不设股东会。】

虽然 B 兄弟确实负责公司的经营管理且没有领取报酬，但没有证据证明曾达成过用劳动换股权的协议，而五健公司也不承认用劳动换股权，所以法院判决驳回了 B 兄弟两人的起诉。

幸好其中一起官司去到最高法院二审，法院在驳回申请的同时也说明，由于两人为公司工作多年没有领取报酬，仅依据股东协议又无法证明两人获得股权，综合考虑其他资料和 2013 年签订股东协议时相关法律的限制，将股东协议约定理解为 A 作为香港公司代表与 B 兄弟就五健公司收益分配所作的特别约定具有高度可能性。但兄弟两人只起诉要求确认股权，不起诉要求分配收益，所以对此不予处理，可另行主张。

双方从 2002 年开始合作，直到 2022 年还在打其他官司，为公司工作 20 年本应获得价值过亿元的股权最终与 B 兄弟无缘，花上百万元打官司也无力挽回，还因其他问题导致 B 兄弟的两套房子被拍卖，有其他人可能涉及刑事问题。

你可以思考：

（1）为了省税而弄丢价值过亿元的股权值得吗？

如果自己不专业，建议不要用那些投机取巧的手段，否则最后可能把自己坑了。

（2）股权 3 种来源对应的操作不同，你采用了与股权来源相匹配的操作吗？

在股东合作顺利时，操作不当也不一定发生问题；但在换人或者合作不顺时，以前的不规范操作就可能给自己挖坑了。

虽然他们在合作 10 多年后的 2013 年签了股东协议，但协议约定不清楚，而且连签协议的对象都搞错了，签了协议也拿不到股权。

如果签好了协议，是不是就一定能拿到人力股呢？下面介绍另一个案例。

## 二、人力股误操作被踢出局

创始人创办公司并花两年时间拿到特殊行业资质后，找来投资人入股，商量好创始人用人力入股，但却因为操作不当，创始人被自己创办的公司踢出局了，辛苦拿到的特殊行业资质被迫拱手让人。

C、D两位创始人共同成立三港公司，花两年时间投入大量的人力、物力后，终于获得审批通过，拿到特殊行业的资质。此时，有投资人愿意投资3000万元持股58%，C、D两位创始人用人力入股持股42%。为此，三方在2015年签订股东协议，约定如下。

（1）三港公司注册资本1000万元，已经实缴100万元，因经营需要已经全部转出。

（2）C、D以前期运作倾注的大量人力和财力作为合资经营条件持股42%，投资人出借资金3000万元（无息）作为合资经营条件持股58%。

（3）在办理工商变更登记后，投资人将1000万元转入公司账户作为注册资本，剩余2000万元在公司需要时分批注入。

签订协议后，3人按此办理了工商变更登记手续，C、D认缴出资420万元，投资人认缴出资580万元，投资人也将共1000万元转入公司。

你可以思考：

（1）C、D可以用前期投入的人力和财力出资吗？C、D认缴出资420万元，需要付钱吗？

（2）公司总注册资本1000万元，投资人提供1000万元用于缴付注册资本，这笔钱应该怎么算？

（3）协议约定C、D实缴100万元后已经转出，这样做会有什么后果？

双方才合作9个月就发生矛盾了，因为C、D没有缴付420万元出资，投资人在2015年12月通过股东决议解除C、D的股东资格。

C、D不服打官司，历时3年后，C、D两人被彻底踢出局，在2018年5月办理了工商变更登记手续。C、D两人不服，先后发起三路维权。

**第一路，起诉把C、D创始股东踢出局的股东决议无效。**

C、D提出自己并不是没有出资，而是按照股东协议约定，用前期投入的人力和财力出资。

但法院认为，股东协议约定一方出钱、另一方以前期人力等投入是合资经营的条件，而不是作为出资，股东协议并没有约定由投资人帮C、D缴纳出资420万元，在2019年3月判决驳回了起诉。

第二路，起诉股东协议问题被法院驳回。

第三路，起诉股东出资问题经调解结案。

2021年2月，C、D两人再次起诉要求确认股东协议有效，但被法院一审驳回，因为双方争议的本质并不是股东协议是否有效的问题，而是股东协议应该如何理解和履行的问题。没有必要起诉要求确认股东协议有效，因为在前面的官司中股东协议已经得到法院的肯定性评价。

从2016年到2022年花6年时间打官司，创始股东还是被彻底踢出局，2000多万元（3000÷58%×42%）人力股打水漂，签了股东协议也没用，股东协议并不是有就可以的。

有人说《公司法》不允许人力入股，都是法律的错，可是如果法律允许人力入股，人力股东拿了股权不干活怎么办？设计法律不能只考虑某方的利益，需要考虑对全局的影响。

走路掉进坑里再赖地球不平是没有用的，地球上有凹凸不平是不可改变的现实，我们可以做的是注意看路避开坑，发现有坑无法避开时可以搭桥过去，而不是闭着眼睛踩进坑里再赖地球不平。

虽然《公司法》不允许人力入股，但可以采用变通方式处理。下面介绍3种人力入股的操作。

### 三、人力股的3种操作模式

由于人力股不像资金股一样可以直接体现，也无法一手交钱一手交货，对人力股的处理要比资金股复杂得多，需要有水平的操作。下面介绍3种操作模式。

第一种，股权转让模式

比如华谊兄弟与冯小刚的合作。2015年冯小刚成立一家新公司，新公司刚成立两个月，华谊兄弟就以10.5亿元的价格购买新公司70%股权，相当于刚成立的新公司估值15亿元。

这种交易的本质不是因为新公司的壳值15亿元，而是对冯小刚人力价值的估价。冯小刚承诺新公司2016年的净利润可以达到1亿元，按照15倍市盈率计算得出15亿元的估值。

可是人力的投入是一个长期的过程，华谊兄弟一次性支付了10.5亿元，怎么保证冯小刚在未来的投入呢？

为此，他们签了对赌协议，冯小刚等承诺新公司2016年的净利润为1亿元，从2017年到2020年净利润每年增长15%，如果没有达到承诺，就由原股东以现金方式补足，也就是人力股的股东做了业绩保证。

**第二种，不等比例出资模式**

2021年在科创板上市的中科微至采用了不等比例出资的人力入股操作模式。

中科微至成立时注册资本1000万元，创始人李功燕出资740万元持股74%，两位投资人共出资1320万元持股11%，相当于李功燕的人力股价值8140万元：

公司估值=1320/11%=12000万元，12000万元×74%=8880万元，8880万元–740万元=8140万元。

中科微至的操作是有专业人士指导的，他们在成立之初就找律师做顾问，还给律师分股权。

另一家上市公司与明星的合作也采用了类似的不等比例出资模式。

北京文化与明星共同投资成立新公司，新公司注册资本100万元，明星出资80万元持股80%，北京文化出资1000万元持股20%，相当于人力股价值为3920万元（1000万元/20%×80%–80万元）。

北京文化作为上市公司，有小股东认为这样的合作涉嫌利益输送，变相转移上市公司资产，去法院起诉要求确认合作无效，并赔偿其律师费。小股东提出：这样的合作实际上是以"明星价值"出资3920万元，不公平，违反同股同权原则，违反《公司法》关于股东出资形式的规定，应将北京文化1000万元出资全部计入注册资本。

**法院审理认为：**

（1）关于同股同权。

"同股同权"的表现主要有：同股同价、同股同投票权、相同股份对应相同的自益权、每一股份上的投票权和收益相对应。

> 《公司法》第一百四十三条规定：股份的发行，实行公平、公正的原则，同种类的每一股份应当具有同等权利。
>
> 同次发行的同类别股份，每股的发行条件和价格应当相同；认购人所认购的股份，每股应当支付相同价额。

这条是关于股份有限公司的规定。而北京文化与明星成立的新公司是"有限责任公司"，不适用"股份有限公司"的规定。

《公司法》对于有限责任公司股东出资没有规定"同股同价"，《公司法》也没有股东出资对应公司股权比例的强制性规定，全体股东共同对出资安排的约定并不违反《公司法》规定，也不违背《公司法》在有限责任公司充分尊重全体股东意思自治的立法旨意。

（2）关于公平问题。

法律并没有规定对外投资需要在投资金额上完全对等，公司的经营是市场行为，具有一定的风险性，而对投资价值及风险的判断属于公司的自主经营范畴，投资价值及风险的公平性并不完全体现在现金出资的绝对对等上。

北京文化认为明星具有一定的从业经验及知名度和商业价值，其投资安排的考量因素具有一定的合理性。而且根据股东协议约定，明星不仅有出资义务，还约定全职工作 5 年及竞业禁止等义务，北京文化则豁免竞业禁止义务。

（3）关于资本公积问题。

公司法只是规定有限责任公司的注册资本 = 工商登记的全体股东认缴的出资额，并不是规定将股东的所有出资都计入注册资本。

《公司法》对于有限责任公司注册资本的多少及股东认缴的数额和比例均未作强制性规定，而是可以由全体股东在章程中协商议定，也未对股东出资均须计入公司注册资本作出强制性规定。对于原告要求将北京文化的 1000 万元全部计入注册资本，而不应计入资本公积的主张不予支持。

（4）是否存在以"明星价值"出资而违反《公司法》关于股东出资形式的规定？

北京文化与明星签的股东协议并没有规定以明星价值出资，而是规定新公司注册资本 100 万元，明星以现金出资 80 万元。

**股东之间就股东出资和所占公司股权比例进行约定并不违反法律规定，这种安排是基于明星所具有的价值的判断而作出的投资决策和投资安排，属于正常的商业投资安排。**

所以，法院判决驳回了小股东的起诉。

**第三种，分两步操作模式**

由于第二种不等比例出资模式容易被误解而发生纠纷，我通常给合作公司按照第三种模式操作，就是分两步进行。

第一步，由人力入股的股东先成立公司。

第二步，用资金入股的股东溢价增资，超过注册资本的部分计入资本公积。

这样就可以变相实现人力入股了。

**人力股小结：**

**由于按照《公司法》规定无法直接采用人力入股，人力股需要采用变通方式处理，需要签股东协议加以明确，而前面介绍的 3 种人力股操作模式需要匹配不同的协议。可以根据实际情况选择适用的模式，再根据选好的模式起草与之配套的协议。**

前面介绍的五健公司，连采用哪种模式都没搞清楚，即使签了协议也没有用，弄丢价值过亿元的股权；而三港公司连模式都搞错了，虽然签了股东协议也做了工商登记，但创始人还是被踢出局了，花钱打多年官司也白搭。

有人总想要免费协议，可是为了省协议的小钱而弄丢价值过亿元的股权，值得吗？

## 4.4 技术股 3 种模式，大公司也踩坑，给技术却拿不到股权

对于科技公司而言，技术是核心竞争力，一方出技术、另一方出钱的合作较为常见，可是技术入股操作不当很容易踩坑，有人因此损失过亿元。

下面介绍他人技术入股踩过的 4 种坑，以及技术入股的 3 种模式。

### 一、技术股东踩坑了，出了技术还要给钱

两人合伙创业，一人出钱，另一人出技术，两人签股东协议约定，大股东出资金 200 万元持股 55%，小股东出技术持股 45%。

随后成立二捷公司，公司注册资本 50 万元，公司章程规定两人都是货币出资，大股东认缴出资 27.5 万元持股 55%，小股东认缴出资 22.5 万元持股 45%。但小股东用来实缴出资的钱是大股东转给他的，后来因此而踩坑。

合作两年半后，大股东投入的 200 万元花完了，但公司业绩不好，大股东去法院起诉要求小股东归还用来实缴出资的 22.5 万元，并支付多年的利息。

小股东觉得很冤，股东协议已经约定小股东是技术入股，因为技术入股办不了工商登记手续，才让大股东把钱转给小股东用来完成注册资本实缴的。

大股东却说，股东协议是小股东起草的，因为后来办不了工商登记手续，就改为货币出资了。

你可以思考：两人的说法不一样，到底谁在说谎？法官知道谁说谎吗？

**法官是个完全不知情的陌生人，不知道谁说的是真谁说的是假，只相信证据能证明的事实，而白纸黑字的文件就是最重要的证据。**

法院审理认为：

（1）是技术入股还是现金出资？

虽然股东协议约定小股东用技术入股，但具体以什么技术入股并不明确；而公司章程明确写明小股东是货币出资，说明已经将股东协议的技术入股改为货币出资了。

虽然小股东说自己没看过公司章程,但公司已经成立多年,说没看过公司章程不符合常理,法官是不会相信的。

(2)小股东要还大股东钱吗?

既然小股东用来缴付出资的钱是大股东给的,当然要还给大股东,还要支付多年的利息,并承担打官司的诉讼费。

案例启示:

股东协议签订在前,公司章程签订在后,公司章程写的与股东协议不一样按公司章程计算。幸好注册资本只有22.5万元,如果把注册资本写大,小股东就要掏更多钱了。

虽然小股东说没看过公司章程,但签了字就是要承担责任的。有句话说:**法律不会保护躺在权利上睡觉的人,自己放弃权利,法律是没办法帮你的。**

不规范的操作在合作顺利时不一定会发生问题,但股权是伴随企业终身的,发生矛盾后就可能成为把柄了。如果你们公司也采用了这样的操作,趁还没闹翻赶紧补救,等闹翻就没机会补救了。

不仅小公司会踩坑,大公司也有踩坑的,比如下面的案例。

## 二、技术股东踩坑了,出了技术却拿不到股权

深圳的科技公司打算把产品放到国内某地生产,与当地公司合作成立甲、乙两家公司,深圳公司出钱和技术,当地公司出钱,股权结构为37∶63。

两个项目共投资2.3亿元,可是才合作两年就闹翻了,之后花8年时间打官司。

### 1. 技术入股出意外

甲公司注册资本1.3亿元,当地公司用现金出资8200万元持股63%,深圳公司用现金出资3600万元和技术入股1200万元持股37%。乙公司注册资本9800万元,当地公司用现金出资6200万元持股63%,深圳公司用现金2700万元和技术入股900万元持股37%。股东协议约定深圳公司在协议签订后20天内完成技术转移手续。

甲公司先成立,由于技术入股需要做评估,技术评估完成之前无法办理技

术转移手续，所以深圳公司先把技术给甲公司用于产品生产，并将甲公司章程修改为签订公司章程后 50 天内完成出资。但 50 天时间到了，还是没能办妥技术入股手续。

吸取甲公司的教训，乙公司推迟 5 个月注册，并在乙公司章程中规定，深圳公司在技术评估完成后 20 天内完成技术入股的转移手续。

### 2. 给了技术却拿不到股权

虽然通过修改甲公司章程将技术入股时间延后了，但深圳公司还是没能在延期后的时间内完成技术入股手续。直到两年后才把技术过户到甲、乙两家公司名下，比约定时间晚了这么多，按照股东协议约定是要承担违约责任的。

深圳公司只好放弃用技术入股的股权，相当于把技术白送给甲、乙两家公司了，并对两家公司进行减资处理，减资完成后的股权结构如下：

甲公司的注册资本从 1.3 亿元减少为 1.18 亿元（8200 万元 +3600 万元），深圳公司的股权比例从 37% 减少为 30.51%，当地公司股权比例从 63% 增加到 69.49%。

乙公司的注册资本从 9800 万元减少为 8900 万元，深圳公司的股权比例从 37% 减少为 30.34%，当地公司的股权比例从 63% 增加到 69.66%。

后来打官司时深圳公司说，因为当地公司不配合而导致无法办妥技术入股的工商登记手续，只好被迫同意把技术送给两家公司，可是更悲催的还在后面。

### 3. 技术股东想撤退不成功

经过此事后，深圳公司已经不想再合作，打算退出乙公司，可是就算愿意放弃乙公司的 900 万元技术股和 2700 万元资金股，想撤退也不是那么容易的，在不解散公司的情况下，股东撤退可以有以下 4 种路线。

（1）股东协议有约定的按约定，但现实中多数公司都没有约定或者有约定也不起作用。

（2）公司章程有规定的按公司章程规定，但多数公司都没有规定。

（3）找人接盘或者把股权卖给他人，但老股东有优先购买权。

（4）通过减资方式退出，定向减资需要其他股东同意。

（1）、（2）路线没有提前设计就不存在，而（4）需要其他股东同意，就只剩下（3）可以选择了。

为了能退出乙公司，深圳公司打算把3600万元投资的股权以1元价格卖掉，已经找到接盘方，但按规定老股东有优先购买权，当地公司要求购买且要求修改股权转让协议，可是深圳公司不同意修改股权转让协议。

僵持4个月后，深圳公司把股权卖给新股东，但老股东不配合办理工商变更登记手续，两方彻底闹翻了，从2013年开始8年官司的漫漫长路。

### 4. 8年官司的抗争

当地公司起诉，要求确认深圳公司把股权转给新股东的股权转让协议无效，并获得法院支持。另一边起诉深圳公司技术入股逾期出资，要求承担900多万元违约责任。

**深圳公司提出：**在签完股东协议后就把技术给两家公司使用了，只因当地股东不配合才一直办不了技术入股手续，只好被迫把2100万元技术股白送。后来甲、乙两家公司都已经减资，已经不存在技术入股了，哪里来的技术入股逾期？

**当地公司则说：**原本是没打算减资的，因为深圳公司技术出资逾期才减资，深圳公司应承担违约责任。

此案曾被发回重审，经历两次一审，都支持当地公司的请求；二审法院认为已经对原定的技术入股进行减资处理，不存在技术入股了，也就不存在技术入股逾期的问题，判决驳回起诉。

两方股东都是大公司，应该是有专业人士参与的，但还是闹成这样。双方合作还没到一年就闹矛盾，技术股东只好白送技术，后来想放弃全部股权撤退都不成功，花8年时间扯皮打官司，投资2.3亿元的项目就这样打水漂了。

## 三、出钱股东踩坑了，给股权拿不到技术

很多公司都想与上市公司合作，但上市公司有专业律师团队，而小公司不舍得花钱请专业的人，对于技术入股这样的特殊合作很容易踩坑，比如下面的案例。

### 1. 技术入股协议

药企上市公司有一项技术评估价为4100万元，两位老板愿意出钱与上市公司合作组建九乌化工公司，三方签订股东协议约定如下。

（1）九乌化工公司注册资本1亿元，股权结构为4∶3∶3，上市公司用技术入股作价4000万元持股40%；两位老板的公司用现金出资共持股60%，一期由两位老板投资2亿元，二期再投资2亿元。

（2）公司董事会设5人，上市公司占3/5的席位，公司也交由上市公司管理。

就是两位老板投资4亿元持股60%，上市公司出技术持股40%，并交由上市公司管理和控制。

### 2. 合作破裂打官司

九乌化工公司在2010年成立，上市公司为履行技术入股义务，把技术使用权按照4000万元价格转让给九乌化工公司。

你可以思考：这样的技术入股有什么问题？上市公司用技术入股，却让九乌化工公司以4000万元购买技术使用权，并不是所有权？

后来两位老板对九乌化工公司投资近1亿元，一期厂房已经完成大半。但上市公司自己将技术申请专利后，又把专利拿去与别人合作建新厂，岂不是又去扶持另一个竞争对手？

出钱的老板不干了，不愿意再投钱。上市公司说自己已经把技术给了九乌化工公司，两位老板不投钱已经构成违约。

两方都要求解除合作，出钱最多的大老板还起诉要求解散九乌化工公司。但有句话说"合伙容易退伙难"，股东协议约定新公司成立8年内不得提出解散公司，大老板只好撤诉，另行起诉要求解除合作，要求上市公司赔偿6000万元。

**法院审理认为：**

三方签订股东协议后成立九乌化工公司，同时受到《公司法》《合同法》（现为《民法典》）和公司章程的调整和约束。

虽然股东协议没有明确约定上市公司以技术所有权出资，但

> 《公司法》第四十九条规定：股东应当按期足额缴纳公司章程中规定的各自所认缴的出资额。
>
> 股东以货币出资的，应当将货币出资足额存入有限责任公司在银行开设的账户；以非货币财产出资的，应当依法办理其财产权的转移手续。

**上市公司用技术出资应当转移技术所有权，才满足《公司法》对于非货币财产出资的要求。** 现在上市公司没有将技术所有权转给九乌化工公司属于出资不到位，已经构成违约；而违约给大老板造成的损失体现为大老板投入的钱变成了生产线，生产线可能会贬值。可是生产线到底贬值了多少？需要按照《公司法》规定对九乌化工公司进行清算才知道。

　　法院判决解除合作，但大老板要求赔偿 6000 万元的请求并没有得到法院的支持，大老板还要承担接近 70 万元的诉讼费。

　　大老板再起诉，要求对九乌化工公司进行强制清算，而拍卖厂房所得只有 2000 多万元，还要三个股东一起分，远远不足以拿回大老板近 6000 万元的投资。

　　三方股东在 2010 年达成合作，两年后闹翻，之后花 10 多年时间扯皮，直到 2023 年还在打官司。出钱的老板不想要股权，只想要回自己投资的钱，但并没能如愿。

　　与上市公司合作会踩坑，还有与小人物合作踩坑的，比如下面的案例。

### 四、出钱股东踩坑了，给股权只拿到假技术

　　两人合伙创业，成立门窗公司，一方出技术，另一方出钱，但出钱的大股东踩坑了。

　　第一轮合作是大股东出钱持股 70%，小股东出技术持股 30%。可是小股东说，大股东利用他的技术空手套白狼，后来小股东就用个人名义申请专利。

　　可如果小股东拿专利和别人合作，岂不是要成为竞争对手？

　　大股东妥协了，同意调整合作模式，把旧公司关了重新成立新的五俄公司。第二轮合作的股权结构变成大股东持股 51%，小股东持股 49%。吸取上一轮合作的教训，新公司股东协议约定，技术股东负责 1、2、3、4 项技术的研发，并以公司的名义申请专利，专利权归公司所有。

　　可是签订股东协议一年后，小股东再次以个人名义申请多项专利。大股东不乐意了，去法院起诉，要求确认小股东申请的专利权都归公司所有。因为涉及多项专利，他们先后打了 20 多起官司，大部分官司都是大股东输了，主要分以下 3 种类型。

### 1. 签订股东协议之后申请的专利

小股东说股东协议写的 4 项技术是已经过期的专利，当时是被大股东逼迫才签的协议；而后来申请的专利是自己另外研发的新技术，不是股东协议约定的技术。

法院判决支持了小股东，大股东输了官司。

### 2. 签订股东协议之前申请的部分专利

法院认为，属于股东协议约定范围内的技术，就算在签订协议之前小股东用个人名义申请专利，也要按股东协议约定归公司所有。

所以，**并不是小股东先申请的专利就一定属于个人所有，而是有约定按照约定。**

### 3. 签订股东协议之前申请的另一部分专利

在签订股东协议之前申请的另一部分专利，不在股东协议约定范围内的，归小股东所有，不归公司所有。

加起来就是大部分技术都归小股东所有，而不是归公司所有，大股东不懂技术所以踩坑了。

在前面介绍的 4 个案例中，前两个是技术股东踩坑了，后两个是资金股东踩坑了。而且中间两个案例还是大公司甚至是上市公司，深圳公司与当地公司合作 2.3 亿元的项目，最后技术股东 8000 多万元投资打水漂；而化工项目金额达 4 亿元，资金股东的损失过亿元。

## 五、技术入股的 3 种模式

第 1 种模式，直接用技术入股

《公司法》第四十八条规定可以用技术入股，所以技术可以直接作为出资；但直接用技术入股需要做评估和办理技术转让手续，需要操作得当。

比如前面介绍的第二个案例中深圳公司就是直接用技术入股，但却在操作过程中遇到障碍，最后只好将 2100 万元技术股白送了。

而前一节介绍的人力入股案例中的中科微至，有股东用专利技术入股，认缴注册资本 150 万元持股 15%。但上市前需要对股东是否足额出资进行查核，为了避免影响上市，技术股东在上市前用现金补缴了 100 万元出资。

如果采用技术直接入股的模式，需要严格按照法律规定操作；如果操作不当，可能竹篮打水一场空，也可能影响公司未来上市。

第 2 种模式，用资金股变通处理

由于直接用技术入股操作比较麻烦，可以将技术入股变通为资金入股操作，但需要通过股东协议约定清楚和操作得当。

比如前面介绍的第一个案例中的二捷公司，就是将技术入股变通为资金入股处理。但因为股东协议约定不够清楚，再加上操作不当，结果技术股东踩坑了，给了技术还要付钱。

第 3 种模式，技术转让模式

为了避免直接用技术入股的麻烦，可以通过技术转让模式变相实现技术入股。

3 种技术入股模式的交易方案不同，操作方法不同，适用的协议也不同。

**（1）先根据实际情况选择适用的模式。**

**（2）再根据选定的模式起草与之配套的技术入股协议。**

由于技术入股既涉及专业的技术又涉及专业的法律问题，建议找懂技术和懂法律的人共同参与方案设计和起草协议。

**（3）采用与选定的模式和协议匹配的操作。**

任何一个环节出错都可能发生问题，深圳公司和九乌化工公司的股东都损失数千万元甚至上亿元，花百万元打官司也无力挽回。如果觉得项目重要，建议还是请专业人士参与，不要为了省小钱而丢了大钱。

门窗公司的两位合伙人各怀心思，将股权结构从 7∶3 调成 51∶49，还是没能挽回小股东的心。小股东懂技术，大股东不懂技术，大股东踩坑了，技术入股给股权只拿到过期的专利。股权关系是长期关系，如果不能真诚合作，怎能把公司做好？

## 4.5 资源股 3 种模式，又一个 200 亿元的上市公司踩坑了

虽然按照《公司法》规定无法直接用资源入股，但挡不住一些人用股权换资源的热情，资源对一些公司有重要意义，但操作不当很容易踩坑，又一个市值超过 200 亿元的上市公司踩坑了。

下面介绍资源入股的 5 种坑，以及资源入股的 3 种操作模式。

### 一、25 亿元项目的资源股

煤老板有矿，上市公司有钱，市值超过 5000 亿元的上市公司投资的 W 公司与煤老板达成 25 亿元的合作，由 W 公司投资 13 亿元开发煤老板的矿，W 公司作为大股东持股 51%，煤老板的 K 公司作为小股东持股 49%。

**1. K、W 两家公司在 2007 年同一天签 3 份合作协议**

为成立新公司，签订协议 1 约定

K、W 公司签订协议 1，约定共同成立九煤公司，注册资本 1000 万元，煤老板的 K 公司认缴出资 950 万元持股 95%；W 公司认缴出资 50 万元持股 5%。

为股权转让，签订协议 2 约定

K 公司把新公司 46% 股权转让给 W 公司，股权转让完成后，K 公司持股 49%，W 公司持股 51%。股权转让价为 6.4 亿元，扣除应由 K 公司承担的 1.54 亿元投资款，W 公司应向 K 公司支付 1 亿元。

你可以思考：

（1）一家刚成立的新公司，46% 股权为何能值 6.4 亿元？

（2）如此巨额的股权转让款需要交多少税？

（3）从买方应向卖方支付的股权转让款中扣除卖方应向目标公司支付的投资款，这样的操作有什么问题？

为增资扩股，签订协议 3 约定

（1）公司注册资本从 1000 万元增资到 1.3 亿元，两股东的股权比例仍为 51：49，其中 W 公司以现金增加投资 6120 万元，K 公司以现金增加投资 5880

万元。

（2）K、W 两家公司另行成立植物园公司，作为配套项目履行与政府签订的协议，植物园公司是九煤公司的全资子公司，植物园公司的股权比例也是 W 公司持股 51%、K 公司持股 49%。

（3）W 公司投入 13 亿元，包含资源价款，享有新公司采矿权 51% 的无形资产权益，由 W 公司全面负责矿井及配套项目建设。

你可以思考：

（1）公司还没成立就签订 3 份协议，内容包括成立新公司、股权转让、增资扩股，这是为何？一方出资源、另一方出钱的合作，应该如何设计交易方案？

（2）协议 3 约定植物园公司是九煤公司的全资子公司，又说 W 公司持股 51%、K 公司持股 49%，这是什么意思？如果是全资子公司不是应该由九煤公司对植物园公司 100% 持股吗？

（3）协议 3 还约定，W 公司享有新公司采矿权 51% 的无形资产权益，这样的操作对吗？

### 2. 新公司成立后的实际操作

九煤公司在 2008 年成立，成立当月 W 公司与政府签订协议，约定由九煤公司投资建设植物园等配套项目，建成后移交给政府管理，产权归 W 公司所有。

你可以思考：九煤公司已经成立，为何由股东 W 公司与政府签订协议？到底是哪家公司与政府合作？W 公司与政府签订协议却写由九煤公司投资，产权归 W 公司所有？这账应该怎么算？

比如老爸与别人签合作协议，约定由大儿子出钱投资，产权归老爸所有。但老爸有老婆，还有很多儿女，这账该怎么算？

之后九煤公司按照 3 份协议完成了公司注册、股权转让、增资扩股的手续，公司注册资本也从 1000 万元增资到 1.3 亿元。

**2009 年签订第二次增资扩股的协议 4 约定**

（1）协议 3 约定 W 公司投入 13 亿元，包含应付给 K 公司的 6.4 亿元和 W 公司投入公司的 6.6 亿元，W 公司分期注入。【注：这几个字后来起了决定性作用。】

（2）W 公司按照协议约定向 K 公司支付 1 亿元和注册资本 460 万元，于完成增资手续后 5 天内退回 W 公司。

之后九煤公司注册资本从 1.3 亿元增资到 1.5 亿元，两家股东的股权比例保持不变。

你可以思考：协议 2 约定股权转让款为 6.4 亿元，但实际只支付 1 亿元，而且还要将已支付的 1 亿元退还给 W 公司，为何要这么操作？会多交税吗？

曾有公司在 2017 年卖股权，到 2022 年打官司引发税务局关注被要求补税。

项目在 2011 年发生变故，政府发函停建植物园，并向 W 公司出具 3.5 亿元欠条，但直到 2020 年股东打官司时还没收到欠款。

你可以思考：政府的欠条是写给 W 公司的，3.5 亿元欠款应付给哪家公司？

这些问题在股东合作顺利时不一定有人关注，但在股东发生矛盾后就可能成为关键影响因素了。

### 3. 股东发生矛盾打官司

2015 年 7 月，九煤公司项目竣工，按照协议约定，W 公司共投资 13 亿元，但此时还差 2.6 亿元没有支付，经过两年扯皮没解决后开始打官司。

九煤公司在建设期由大股东 W 公司管理和派人担任法定代表人，项目建成后改由 K 公司派人担任法定代表人，而法定代表人就能代表九煤公司起诉大股东。

2017 年，K 公司和九煤公司起诉 W 公司。

（1）要求 W 公司支付 2.6 亿元出资款和违约金 2300 万元。

W 公司说自己已经投入 10 多亿元，剩余部分不是《公司法》意义上的出资款，而且协议并没有约定 13 亿元的出资时间，不能认定 W 公司逾期出资。

法院认为 13 亿元属于 W 公司应付的出资款，应在判决书生效后 10 天内支付 2.6 亿元。但由于协议约定分期注入，没有约定具体期限和违约责任，所以不支持要求 W 公司支付违约金。

所以，协议 4 的"分期注入"几个字起了决定性作用。

（2）K 公司说植物园由 W 公司与政府签协议，属于 W 公司的项目，而政府也把 3.5 亿元欠条开给了 W 公司；但却由九煤公司出钱投资，应视为 W 公司抽逃出资，W 公司应返还抽逃出资的 3.5 亿元和违约金 1.14 亿元。

W 公司则说政府把欠条开给 W 公司是政府搞错了，可以配合向政府申请更改欠条。

植物园项目投资 3 亿多元拿回一张欠条，谁也不想要欠条，只想要钱。

法院审理认为，K、W 两家公司签订的协议约定，植物园公司是九煤公司的全资子公司，是九煤矿的配套项目，还约定 W 公司全面负责矿井及配套项目建设，并向 W 公司出具《委托书》。虽然与政府签订协议的开头只写 W 公司，但后面有 W、K 两家公司共同盖章，可理解为由 W 公司作为控股股东代表九煤公司与政府签订协议。

所以植物园项目属于九煤公司，不能因为政府给 W 公司出具欠条就认定 W 公司抽逃出资。

（3）W 公司则要求 K 公司返还 1 亿元 +460 万元 + 利息 5000 多万元。

法院认为，K 公司应按照协议约定向 W 公司退还 1 亿多元。

这起官司就这样结束了，上市公司投资 13 亿元持股 51%，相当于整个项目金额高达 25 亿元，而一起官司的诉讼费就达 660 万元，双方的律师费还没计算，加起来可能达上千万元。

打完官司并没有彻底解决问题，比如持股 49% 的股东实缴注册资本了吗？如果没有实缴则仍可能被外部债权人追责或者被踢出局，将在第 6 章介绍资源股东被踢出局的案例。

资源入股到底应该怎么操作？下面介绍另一种操作模式。

## 二、资源入股 0 元出资成为大股东

有人用资源入股 0 元出资成为大股东，但股东才合作一年就闹翻了，之后花 15 年时间打官司争股权。

E 拥有教育资源与管理团队等，在花费 500 多万元开展前期工作后，终于获得与知名大学合办工程学院的批复。由于缺乏后续资金，在 X 的引荐下与 F 达成合作，并先后签署了多份合作协议。

### 1. 以个人名义签署协议 1

2006 年 9 月，E、F 两人以个人名义签订协议 1，约定：双方合作成立工程

学院公司，E以教育资本入股占70%，F投入7000万元资金占股30%。

你可以思考：教育资本可以用来入股吗？

### 2. 将个人持股改为公司持股的协议2

他们在一个月后做了方案调整，由个人合作改为公司合作，不再显示教育资本入股，并把部分股权分给引荐投资人的X。

E、F签订协议2，约定由丙公司和X公司代表E方、丁公司代表F方合作成立新公司。

### 3. 签署协议3和公司章程

2006年10月，丙、丁、X这3家公司共同签署股东协议（简称协议3），约定如下。

（1）工程学院公司注册资本1000万元，丙公司以现金出资550万元占股55%，丁公司以现金出资300万元占股30%，X公司以现金出资150万元占股15%。

（2）1000万元注册资本和6000万元投资款全部由丁公司负责筹集投入。

（3）在丁公司投入的7000万元资金没有回收完毕之前，利润分配比例为丁公司80%，丙公司16%，X公司4%。在丁公司投入的7000万元资金回收完毕后，按照股权比例分配利润，即丁公司30%，丙公司55%，X公司15%。

（4）由丁公司的F出任董事长和法定代表人，公章及证件则由丙公司保管。

（5）丁公司将500万元转入工程学院公司作为保证金。

**在同一天通过公司章程：**

（1）股东会会议由三方股东按照每方1/3的比例行使表决权。

（2）股东决议应有代表2/3表决权的股东表决通过，但增加或者减少注册资本、股权转让、公司合并、分立、解散或者变更公司的决议必须经全体股东通过。

为了完成1000万元注册资本的实缴，丁公司将150万元转给X公司用于完成验资手续；丁公司另将50万元转给丙公司，丙公司将此50万元和丁公司之前转给工程学院公司的500万元保证金一起用于完成验资手续，但这步操作却给自己挖坑了。

你可以思考：

（1）协议1和协议2由个人签署，协议3和公司章程等由公司签署，相互之间是什么关系？

（2）3家股东的出资全部由资金股东提供，资源股东不出一分钱却持股70%，这样可以吗？

（3）他们在17年前就已经采用同股不同权的设计：

3家股东不按资金投入比例分配股权，而是由资金股东投入全部资金，资源股东不用投钱拿走70%股权，股权结构为55∶30∶15。

不按照股权比例行使表决权，而是按照股东数量表决，每个股东有1/3投票权。

也不按照股权比例分红，而是采用分段调整的动态分配机制，这样可以吗？

（4）他们规定普通事项经2/3票数通过，重大事项经全体股东同意通过，这样规定之下，谁对公司有控制权？

（5）一个股东派人担任法定代表人，另一个股东管公章和证件，这样意味着什么？

工程学院公司成立后，2006年与大学签订合作协议并支付2500万元，约定剩下的4000万元在2007年8月底前支付。

### 4. 股东发生矛盾争股权

一年后的2007年7月，丁公司共投入了2750万元，其中2500万元已经付给大学，一个月后还要给大学支付剩下的4000万元。可这时丁公司不想干了，就以法定代表人身份给大学发函解除合作，但另外两个股东知道后不同意解除合作。

十多天后，丁公司去法院起诉，要求确认工程学院公司的全部股权归丁公司所有，提出丙公司以"货币出资"形式掩盖"教育资本出资"之实质，以合法形式掩盖非法目的，用教育资本出资违反规定，应认定无效。

法院审理认为，丙公司名义上以现金出资，实质是以教育资源出资，通过签订协议规避法律的禁止性规定。而且丙公司将丁公司转入工程学院公司作为保证金的 500 万元先转入丙公司账户再转回工程学院公司用来验资，这种资金倒流再流回的做法有悖诚信，这 500 万元应该被认定为丁公司的出资。

二审法院在 2010 年 3 月作出终审判决，丁公司出资 800 万元占股 80%，X 公司出资 150 万元占股 15%，丙公司出资 50 万元占股 5%。

二审判决就生效了，但丙公司不服向最高法院申请再审。

在前面的官司中，X 公司与丙公司是站在同一战线的。可是再审时 X 公司却改变立场了，说丁公司才是实际出资人，丙公司和 X 公司都没有向工程学院公司出资，X 公司不愿意享有股权，也不愿意为工程学院公司承担债务责任。

你可以思考：

（1）法院已经判 X 公司享有 15% 的股权了，X 公司为何说自己不愿意享有股权？

（2）X 公司与丙公司之间为何从盟友变成对立？

原来在二审判决生效后，丁公司紧锣密鼓地进行了一系列动作，并按照判决书办理了工商变更登记手续，丁公司持股 80%，X 公司持股 15%，丙公司持股 5%。

**丁公司和 X 公司通过股东决议：**

（1）补办营业执照。

（2）由 F 代表工程学院公司与大学签署解除协议。

大学向工程学院公司返还 2500 万元投资款和 650 万元补偿款。收到钱后丁公司就转走了，丙公司虽反对也未能阻止。

### 5. 争股权的官司反转

另一边，丙公司就股权官司的再审申请获得受理，最高法院在 2011 年 6 月作出终审判决。

（1）协议是否有效？

虽然协议 1 约定 E 用教育资源出资，但协议 1 是由 E、F 两人签订的，而协议 3 是 3 家股东公司签订的，两个协议的签约方不同，不能因为协议 1 无效就否定协议 3 的效力。

**（2）货币出资还是教育资源出资？**

协议 3 约定公司注册资本 1000 万元，3 家股东都是货币出资，实际上 3 家股东也都是用货币出资的，符合《公司法》规定，有效。

**（3）股权怎么计算？**

股东认缴的注册资本是构成公司资本的基础，但公司的有效经营有时还需要其他条件或资源。因此，在注册资本符合法定要求的情况下，法律并未禁止股东内部对各自的实际出资数额和占有股权比例作出约定，这样的约定并不影响公司资本对公司债权担保等对外基本功能的实现，并非规避法律的行为，属于公司股东意思自治的范畴。

协议 3 约定 1000 万元注册资本全部由丁公司投入，另两家股东不出钱，分别持股 55% 和 15%；同时约定在丁公司收回投资之前享有 80% 利润，在丁公司收回全部投资后才按照股权比例分配。这是各方对各自掌握的经营资源、投入成本及预期收入进行综合判断的结果，是各方当事人的真实意思表示，并未损害他人的利益，不违反法律规定，属于有效约定，应该按照约定履行。

最高法院在 2011 年 6 月判决撤销一二审判决。

就是丙公司虽然没出资一分钱，但按照协议约定获得 55% 股权。

## 6. 继续打官司争与大学的合作

虽然丙公司终于赢了官司，但 F 早就代表工程学院公司解除了与大学的合作，并拿到退款和补偿款共 3150 万元后转走了，工程学院公司成为空壳公司，此时拿到股权还有何意义？

为此，双方又拉扯三年还没解决，2014 年丙公司去法院起诉，要求确认由 F 代表工程学院公司与大学签订的解除协议行为无效，要求恢复与大学的合作，并由丁公司和 F 赔偿 300 万元。

一审法院认为：解除与大学合作属于涉及公司解散的重大事项，F 无权代表工程学院公司与大学签订解除协议。大学明知 F 越权签署解除协议，不是善意相对人，协议解除后学校取得了独自享有未来 30 多年办学收益的权利，本来解除协议只能退回 1800 万元，但却愿意多退 1350 万元。协议解除后，丙公司前期的投资和收益无法得到合理补偿，造成巨大损失。解除协议因损害国家利益、社会公共利益和第三人的重大利益而无效。

一审判决后，各方不服上诉。二审法院认为，公司纠纷与合同纠纷不能在同一个官司中解决，丙公司作为持股55%的股东可以先通过股东决议解决，还可以通过更换法定代表人来决定谁能代表公司与学校签协议，所以二审判决撤销一审判决，驳回了丙公司的起诉。

二审判决已经生效，但丙公司不服，又换律师申请再审，说丁公司把3150万元转走属于抽逃出资。

**再审法院认为：**

虽然二审法院适用法律不当，但结果并无不当。

工程学院公司通过股东决议解除与大学的合作等属于公司经营和投资计划的决议，按照公司章程规定需要2/3以上票数通过；虽然丙公司是持股55%的大股东，但公司章程规定3家股东各有1/3表决权，股东决议获得丁公司和X公司同意，已经达到2/3票数通过。

所以F有权代表工程学院公司与大学签订解除协议，驳回了丙公司的再审申请。

之后丁公司在2021年起诉解散公司，2022年又撤诉改为申请强制清算，直到2023年还没解决。

### 7. 案例启示

一方出钱、另一方出资源的合作，才合作一年就发生矛盾，从2007年开始，打官司打到2023年，历时16年还没解决。而丁公司早已先下手为强，不经丙公司同意就解除与大学的合作并把拿到的钱转走了。

所以创业的第一步，要选对合伙人。

第二步，签好协议定规则。

虽然《公司法》规定不能用资源入股，但他们在17年前就已经采用变通方式处理资源入股问题，还采用了同股不同权、动态分配等特殊设计，远超大多数公司的水平，但却因协议1写用"教育资本"出资、500万元资金的流转而被误判。

我们无法要求别人按照自己的意思理解，但可以在协议和操作中尽量做得足够到位，减小被误判的概率。

因为公司章程规定每个股东都有 1/3 表决权，所以持股 55% 的丙公司不敌另外两家股东联手。

第三步，发生纠纷后应对得当。

虽然争股权的官司在 2011 年获得最高法院改判，但钱已经被转走，过了 10 多年仍没解决。如果可以重来，丙公司是否可以有更有效的策略去应对？

很多人觉得容易被出资源的股东所坑，但本案例却是出资源的股东踩坑了。下面介绍资源股东踩坑的另一种摔法。

### 三、品牌入股踩坑了

生物科技公司有品牌和技术，但缺乏资金，H 老板有钱，双方达成合作，成立化肥公司。

#### 1. 一方出品牌、另一方出钱的合作

生物科技公司与 H 老板签订股东协议，约定如下。

（1）化肥公司投资总额 2500 万元，H 以现金 1500 万元入股持股 60%，生物科技公司以知识产权折价 1000 万元入股持股 40%。

（2）化肥公司注册资金 1000 万元，H 用货币出资 600 万元，生物科技公司用注册商标和专利等知识产权折价入股 400 万元。

（3）生物科技公司将知识产权过户给化肥公司，而生物科技公司的 400 万元出资暂由 H 垫付。

（4）H 在 1500 万元额度内承担生物科技公司的债权债务，并替生物科技公司偿还 900 万元高息借款，生物科技公司将资产转让至化肥公司名下。

化肥公司成立后，H 提供 1000 万元用于完成验资手续；生物科技公司则与化肥公司签订协议，约定生物科技公司的知识产权等许可使用费为 400 万元。

你可以思考：

（1）H 帮生物科技公司垫付 400 万元注册资本，需要还吗？

（2）H 帮生物科技公司承担债权债务，偿还借款等共计 2400 万元，这些钱需要还吗？

（3）化肥公司与生物科技公司签订 400 万元的知识产权使用协议，化肥公

司需要支付 400 万元吗？

### 2. 知识产权入股被要求付钱

双方合作才半年就发生矛盾，H 去法院起诉，要求生物科技公司归还自己垫付的 400 万元注册资本。

生物科技公司说自己已经将知识产权折价 400 万元交给化肥公司使用，化肥公司没有向生物科技公司支付 400 万元使用费，生物科技公司也不应该向 H 支付 400 万元出资垫款。

但法院审理认为，股东协议约定由 H 替生物科技公司垫付 400 万元注册资本，生物科技公司与化肥公司签协议约定以 400 万元的价格将知识产权交给化肥公司使用，两者是不同的法律关系，化肥公司与生物科技公司签订的协议对 H 没有约束力，生物科技公司应向 H 返还垫付的 400 万元。

### 3. 案例启示

本案例的资源股东出了品牌和技术还要付钱，资源股东踩坑了。

（1）在工程学院公司的案例中，股东协议写 1000 万元注册资本都由资金方"投入"，所以资金方提供 550 万元注册资本对应的股权归资源股东所有，资源股东不用向资金股东还款；但化肥公司的股东协议写资源股东的 400 万元出资款由资金方"垫付"，垫付款就是要还的，两字之差导致完全不一样的结果。

（2）生物科技公司与化肥公司签订 400 万元的知识产权使用合同，签约方是生物科技公司 + 化肥公司；生物科技公司与 H 签股东协议约定由 H 垫付 400 万元出资，签约方是生物科技公司 +H，两个协议的签订主体不同，不能混为一谈或相互替代。

协议并不是有就可以，需要先搞清楚应该与谁签约，再把协议内容写清楚。

下面的案例也签了类似的协议，但却是资金股东踩坑了。

## 四、资金股东踩坑了

研究所有品牌，G 老板有钱，双方决定合作做茶叶，但最后却是花钱打造品牌，为他人作嫁衣。

### 1. 一方出钱、另一方出品牌的合作

2012 年双方签订股东协议，约定：G 出钱持股 64%，研究所持股 36%（其

中商标使用权作价入股10%），并由茶叶公司与研究所签订《商标使用授权合同》。

之后茶叶公司与研究所签订《商标使用授权合同》，约定：如果协议签订第三年起，茶叶公司连续两年不能盈利分红，《商标使用授权合同》终止。

此合同虽然由茶叶公司与研究所签订，但G作为茶叶公司法定代表人也在合同上签字，这也成为后来资金股东踩坑的重要把柄。

之后双方签署公司章程1，规定茶叶公司注册资本200万元，G现金出资128万元持股64%，研究所现金出资72万元持股36%。

3个月后又签署公司章程2，规定茶叶公司注册资本200万元，G现金出资128万元持股64%，研究所用现金和品牌出资72万元持股36%。

你可以思考：

（1）股东协议约定研究所用品牌和现金出资，公司章程1规定研究所用现金出资，公司章程2又规定研究所用现金和品牌出资，研究所到底用什么出资？

（2）如果茶叶公司5年不赚钱就不能再使用品牌了？岂不是花钱帮别人打造品牌，为他人作嫁衣？

**2. 股东发生纠纷打官司**

果不其然，双方合作3年就发生矛盾了，2015年由大股东G控制的茶叶公司起诉研究所，要求把商标权转让到茶叶公司名下，但在2019年被法院驳回。

此时已经过了5年，茶叶公司还没能实现盈利分红，研究所按照协议要求撤回品牌；但茶叶公司不同意，在2017年向法院起诉提出，研究所的商标已经用于作价入股，研究所要求撤回品牌就是抽逃出资，要求确认茶叶公司继续享有商标的独家使用权。

研究所则反驳说，自己不是以商标使用权出资，而是以商标的许可使用费出资，公司章程1也规定研究所全部都是用现金出资。

法院审理认为，股东协议约定研究所用商标使用权作价入股，并由茶叶公司与研究所签订《商标使用授权合同》；而《商标使用授权合同》约定了终止条件，而且两方股东都已经在《商标使用授权合同》上签署，就是股东事先约定研究所的退股条件。有限责任公司全体股东事先约定一方股东退股的条件，并不违反《公司法》的相关规定，所以研究所通过减资退出事宜已经事先获得

100%股东同意。

法院判决支持研究所可以撤回品牌，但直到2023年并没办理减资手续。

3. 案例启示

有的公司规模小的时候想借用他人品牌，但投入资金打造品牌后可能为他人作嫁衣。开始想挑容易的事情做，后面可能是要付出代价的。

化肥公司和茶叶公司都是一方出品牌，另一方出资金，化肥公司是品牌方踩坑了，茶叶公司却是资金方踩坑了。

在化肥公司的案例中，两个股东签署的股东协议、目标公司与品牌方签署的品牌使用协议，被认定为两个独立的协议，不能相互抵销相关款项。但在茶叶公司的案例中，目标公司与品牌方签的品牌使用协议却被认定为提前约定股东的退股条件，已获得全体股东同意。两个案例都签了类似的协议，但结果却完全不同，原因如下。

（1）茶叶公司的股东协议约定了由目标公司与品牌方签订《商标使用授权合同》，就是《商标使用授权合同》成了股东协议的一部分。

（2）在茶叶公司与品牌方签订《商标使用授权合同》时，一方是目标公司，另一方是品牌方，而资金方股东作为目标公司的法定代表人也在合同上签字，就被视为资金股东也同意，已经获得全体股东同意了。

两个案例的协议虽然从表面上看差不多，但却有本质的区别，导致完全不同的结果，这就是传说的"外行看热闹，内行看门道"吧！

踩坑的并不是只有小公司，还有200亿元上市公司用品牌入股踩坑的，比如下面的案例。

## 五、上市公司用品牌入股也踩坑了

Y老板与3位合伙人共同创立九麻公司后，与市值超200亿元的上市公司达成品牌合作。

1. 迷人的协议

九麻公司与上市公司子公司（以下简称上市公司）签订协议，约定如下。

（1）上市公司用品牌作为参股资本，收购九麻公司10%股权，九麻公司将 10% 股权转让给上市公司，转让价格为 200 万元。

（2）九麻公司注册资本 2000 万元，股权转让前九麻公司 100% 持股；股权转让后九麻公司持股 90%，上市公司持股 10%。

九麻公司通过股东决议：公司注册资本由 2000 万元增加到 5000 万元，Y 老板增资 2500 万元，上市公司增资 500 万元。

你可以思考：

（1）前面介绍了股权的 3 种来源，上市公司的股权从哪里来？

（2）九麻公司的股东是 Y 等 4 人，上市公司与九麻公司签协议约定收购九麻公司 10% 股权，这个协议有什么问题？

比如深圳地铁想购买万科的股票，而恒大手上有万科的股票，深圳地铁与万科签协议约定购买万科的股票，这样能买到万科的股票吗？

（3）协议写上市公司花 200 万元购买 10% 股权，但股东决议却写上市公司增资 500 万元，到底按照哪个计算？

### 2. 莫名其妙的操作

签完协议后，上市公司把品牌给九麻公司使用，并进行了下列操作。

（1）九麻公司办理工商变更登记手续，公司章程规定注册资本从 2000 万元增资到 5000 万元，上市公司用现金实缴出资 500 万元持股 10%。

（2）上市公司将 500 万元转入，完成验资手续后，就以借款方式转走了。

（3）3 个月后，上市公司以投资款的名义再把 300 万元转入九麻公司。

你可以思考：300 万元与增资的 500 万元或协议约定的 200 万元股权转让款之间是什么关系？

（4）又过了 3 个月，九麻公司通过股东决议，公司注册资本从 5000 万元增资到 9864 万元，Y 老板将 4864 万元的房子投入公司，其中 10% 作为上市公司的出资，上市公司持股比例仍为 10%，保持不变。

难道是 Y 老板将价值近 500 万元的资产送给上市公司？

### 3. 收回上市公司的股权

过了还不到一个月后就闹翻了。

九麻公司通过股东决议 1：

（1）上市公司转走 500 万元一直作为借款挂在公司账上隐患巨大，这 500 万元借款由 Y 老板承担，如上市公司不能缴纳出资，则由 Y 老板承担这 500 万元股权。

（2）股权利益从决议日起生效，公司应给 Y 老板发放出资证明书，并记载于股东名册，待上市公司出资到位后办理工商变更。

你可以思考：这股东决议 1 是什么意思？

### 4. 想把上市公司踢出局

又过了一年半，事情并没有解决，他们决定把上市公司踢出局。

九麻公司没有通知上市公司就通过了股东决议 2：

上市公司在两年前认购 500 万股（每股 1 元），到期没有实缴出资。对应方 Y 老板申请放弃转让权，收回上市公司的受让权（认购权），即日起停止上市公司此前享有的虚拟股东权。

你可以思考：

（1）这股东决议 2 是什么意思？之前上市公司享有的是虚拟股东权吗？但工商登记中上市公司已经是九麻公司的股东？

（2）Y 老板申请放弃转让权？上市公司获得的股权是从 Y 老板手上购买来的吗？又说上市公司认购 500 万股？

之后双方都去法院起诉，上市公司起诉要求查账；九麻公司起诉要求确认上市公司的股权失效，被法院驳回。

### 5. 打官司争股权

又过了两年事情还是没解决，九麻公司发通知召开股东会会议，议题是复议两年前对上市公司认股资格停权的决议。上市公司提出议题违反《公司法》和公司章程的规定，要求删除议题。但九麻公司并没有删除议题，而是照常开会，上市公司不参加会议。

其他股东通过股东决议 3：

维持股东决议 2 对上市公司停权处理的决定，终止上市公司的认缴出资资格（包括转让模式）。

之后上市公司向法院起诉，要求确认3次股东决议都无效，但一二审都被驳回，上市公司不服申请再审，获得提审。

九麻公司提出：

（1）上市公司认缴出资500万元，因没有在规定时间出资，认缴资格已被终止。

（2）上市公司收购200万元股权的约定因违反法律而无效。

法院再审认为：

（1）上市公司已实缴300万元，股东决议1将属于上市公司的股权划给Y老板，侵犯了上市公司的合法权益，应认定无效。

（2）上市公司不属于"未出资"和"抽逃全部出资"的情形，股东决议2和股东决议3解除上市公司的股东资格侵犯了其合法权益而无效。

所以3次股东决议都被判决无效。

### 6. 案例启示

前面介绍了股权的3种来源，本案例的上市公司是通过哪种方式获得股权的？

市值超过200亿元的上市公司也踩坑了，说好的上市公司用品牌入股持股10%，但最后上市公司给了品牌还要付300万元才能保住股权。

九麻公司想把上市公司踢出局，但最终并没能操作成功。

## 六、资源入股的3种模式

前面介绍了资源入股的5个案例，有资源股东踩坑的，也有资金股东踩坑的。

按照《公司法》规定不能直接用资源入股，但可以"曲线救国"，采用变通方式处理，前面5个案例包含了3种操作模式。

### 第1种模式，股权转让

九煤公司就是通过股权转让方式操作的，但股权转让可能会涉及税的问题。

### 第2种模式，用资金股变通处理

工程学院公司就是用资金入股变通处理，从而实现资源入股的。

化肥公司也是采用类似的方式，但却因为协议没约定清楚，资源股东被判给了资源还要付钱。

**第 3 种模式，直接用品牌入股**

比如茶叶公司就是用品牌入股的，但却只给使用权，没有转移所有权，还约定了终止条件，最后公司花钱为他人打造品牌。

**资源入股有两类：**

**第一类是没有有形载体的资源，可以采用类似于人力股的操作。**

**第二类是如品牌等有商标作为有形载体的资源，可以采用类似于技术股的操作。**

选择的操作模式不同，协议也会不同，需要先选择合适的模式，再起草与之配套的股东协议，并配合与之对应的专业操作。不专业的操作在股东合作良好时不一定发生问题，但在发生矛盾时就可能成为致命伤。

## 4.6 四种股权进入机制小结

第 3 章介绍过，股权分配的原则是股东投入越多就应该获得更多股权，而股东的投入可以是钱、人力、技术、资源等。

### 一、股权进入机制三要素

股权进入机制需要考虑以下三要素：

（1）愿意接受股东以什么形式的投入换取股权，应该结合企业发展目标和需求等考虑。

（2）如何对股东的投入进行定价？结合企业情况、股东情况、行业发展状况和市场行情考虑。

（3）不同类型的投入应该如何操作？

按照《公司法》规定，资金或技术可以直接入股，人力或无形资源不能直接入股，有人因此而埋怨法律。但前面介绍的资金股、人力股、技术股、资源股等全都有人踩坑了，就连大家都熟知的资金股也有人踩坑，可是有人踩坑就不走路了吗？岂不是因噎废食，把自己饿死？

想创业成功就需要能解决别人解决不了的困难，这也正是体现成功人士与普通人不一样的价值所在，有困难要想办法解决。

### 二、资金股

资金股主要考虑价格和投入时间两方面。

当公司估值＝注册资本，就是投资额＝注册资本，而且是一次交钱一手交股权时，可以不需要签协议。

如果投资额≠注册资本，则需要签协议约定价格如何计算、投资额是多少、股权是多少等。

如果先给股权后付款，则需要签协议约定何时付款及退出机制。

如果先付款后给股权，则需要签协议约定何时给股权。

## 三、人力股

由于按照《公司法》规定无法直接用人力入股,所以人力股只能采用变通方式处理,可以有四种模式。

第 1 种模式是股权转让,比如华谊兄弟与冯小刚的合作。

第 2 种模式是不等比例出资,比如北京文化与明星的合作。

第 3 种模式是分两步操作,先等比例出资,后溢价增资。

第 4 种模式是用资金股变通处理,类似于工程学院公司的模式。

由于人力无法像资金一样一次性投入,人力投入是长期持续的过程,如果先给股权后干活,容易发生给了股权不干活等问题,需要考虑如何投入及何时给股权的关系。

## 四、技术股

按照《公司法》规定可以直接用技术入股,所以技术入股除了与人力股一样有四种模式,还可以增加两种模式。

第 5 种模式是直接采用技术入股,需要严格按照法律的规定操作。

第 6 种模式是通过技术转让操作。

技术入股因为既涉及技术又涉及法律,最好由懂技术和懂法律的人共同起草协议。

## 五、资源股

资源股有两类。

第一类是有有形载体的,如用品牌入股,品牌有商标作为载体,可以采用类似技术股的操作模式。

第二类是没有有形载体的,可以采用类似人力股的操作模式。

## 六、四种股权进入机制

资金股、人力股、技术股、资源股可用的操作模式有所不同,只有资金股的第一种情况可以不签股东协议,其他都需要签订协议,实际操作可以分三步。

```
四种股权进入机制
├─ 资金股
│   ├─ 投资金额=注册资本 一次交钱一手交股权 —— 可以不签股东协议
│   ├─ 投资金额≠注册资本 —— 计算估值+股东协议 ┐
│   └─ 先给股权后分期付款 —— 股东协议约定退出机制 │
├─ 人力股                                      │
│   ① 股权转让                                  │
│   ② 不等比例出资                               │ 需要签订协议
│   ③ 先等比例出资后溢价增资                      │
│   ④ 用资金股变通处理 ─── 可适用 ─┐             │
├─ 技术股                         │             │
│   ① ② ③ ④ 均可                  │             │
│   ⑤ 直接采用技术入股              │             │
│   ⑥ 通过技术转让操作 ─── 可适用 ─┤             │
└─ 资源股                         │             │
    ├─ 有形载体 ←─────────────────┘             │
    └─ 无形载体 ←───────────────────────────────┘
```

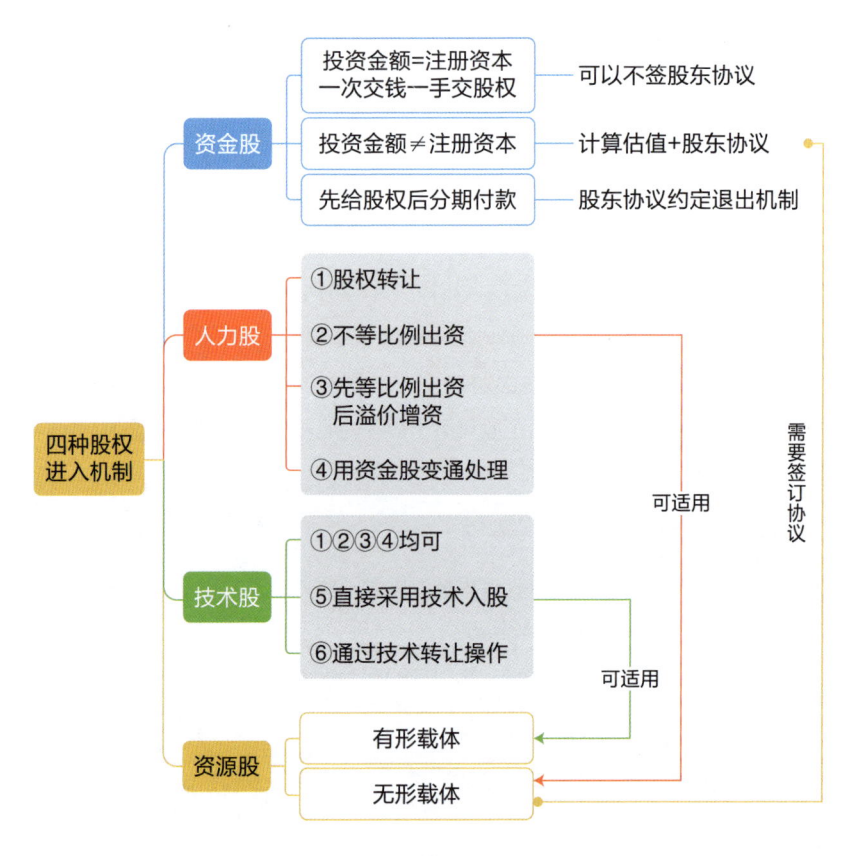

第一步,设计交易方案,选择适用的操作模式。

第二步,根据选好的操作模式,起草与之相匹配的协议。

第三步,根据选定的操作模式和协议约定,进行与之匹配的操作。

选错模式,或者协议与模式不匹配,或者实际操作与模式或协议不匹配,都可能发生问题。

# 第5章

# 股权调整机制三种模式

股权设计应随企业发展而调整。

## 5.1 股权调整机制之一,回转模式

人应该随着身体成长、需求变化等换不同的衣服,不应该从一出生买了一件衣服后就穿一辈子不换。如果身体成长了不换衣服,可能会影响小孩的身体发育,比如让1.5米的孩子穿两岁小朋友的衣服,撑破衣服事小,勒坏身体事大。如果一件衣服能穿一辈子而不换,说明没有成长,并不是好事。

股权设计的道理也是如此。企业不断发展,股权设计也应随之调整;如果企业发展了,股权设计没有跟上,就可能会妨碍企业发展。

**股权调整需要考虑以下两方面因素。**

一方面是股权数量问题,遵循第3章介绍的股权分配原则,让投入多的人获得更多股权。

另一方面是操作方法问题,可以有三种操作模式,本章将分别介绍。

第一种是回转模式,比如海底捞在1994年成立时,张勇夫妻持股50%,施永宏夫妻持股50%。10多年后,施永宏夫妻将18%股权以原始股价格转给张勇,因为张勇投入的劳动价值更高,为公司投入更多,应该获得更多股权。

比如投资海康威视巨赚3万多倍的龚虹嘉,在2007年将价值不菲的股权以600万元价格转给管理团队,这部分股权按照2010年上市时340亿元市值计算价值为46.5亿元。

他们都是通过股权转让方式实现股权调整的,我把这种模式叫作"回转模式"。

股权转让看似简单,但有的公司已经得到法院判决确认却没能拿回股权,办了工商变更登记手续五年后还有反转。下面介绍具体案例。

### 一、获法院判决确认却收不回股权

三波通信公司成立时注册资本500万元,大股东持股57.5%,二股东持股32.5%,三股东持股10%。大股东持股超过51%,还担任法定代表人,是不是就能控制公司呢?

公司成立时,股东们只实缴一部分出资,六年后公司急需资金运作,大股东先带头缴清全部出资,后通过股东决议。

（1）股东在两个月内缴足全部出资，否则视为自动放弃没有实缴的股权，该股权由其他股东按意愿平价优先认缴。

（2）未实缴全部注册资本的股东无权认缴新增注册资本。

（3）股东按照实缴出资比例行使表决权，不再按照认缴出资比例行使表决权。

对于这次股东会会议，大股东和三股东都投同意票，但二股东投反对票，获得67.5%表决权的股东同意，是不是就能通过了呢？

开完会后，大股东和三股东都已经完成实缴，但二股东并没有按照股东决议付钱，而是去法院起诉，要求确认股东决议无效。

**法院审理认为：**

> 《公司法》第二十五条规定：公司股东会、董事会的决议内容违反法律、行政法规的无效。
>
> 第二十六条第一款规定：公司股东会、董事会的会议召集程序、表决方式违反法律、行政法规或者公司章程，或者决议内容违反公司章程的，股东自决议作出之日起六十日内，可以请求人民法院撤销。但是，股东会、董事会的会议召集程序或者表决方式仅有轻微瑕疵，对决议未产生实质影响的除外。

三波通信公司的股东决议第（1）、（3）项违反公司章程规定，属于股东可以在60天内起诉撤销的情况；但不违反法律及行政法规的强制性规定，不能据此认定股东决议无效；而股东决议第（2）项不存在无效情形。

而二股东起诉股东决议无效，并不是起诉撤销股东决议，所以被法院驳回起诉了。

**你可以思考**：股东决议被确认有效后，是不是就能把登记在二股东名下没有实缴的股权转给大股东呢？

大股东去法院起诉，要求将二股东名下没实缴的25.5%股权划给大股东实缴，就是公司的股权结构变成：大股东持股83%，三股东持股10%，二股东的持股比例减少到7%。

可是法院审理认为，虽然股东决议已经被确认有效，但股东决议属于公司内部决议，解决公司与股东间的关系，主体重在公司本身；而股东决议中的"该股权由其他股东按意愿平价优先认缴"涉及股权转让，作为卖方的二股东不同意卖股权，就无法达成股权买卖的交易，所以法院判决驳回了大股东的起诉。

## 二、回转模式操作不成功的案例启示

三波通信公司的股东决议已经获得 67% 以上票数通过，而且已经法院确认有效，为何还是无法调整股权？

本书一直强调先理解股权的底层逻辑，如果底层逻辑都错了，就如在基础不稳的大楼上做装修，把房子装修得再漂亮，楼也可能会倒塌。

**股东决议是通过表决机制将部分股东的意志上升为公司的集体意志，采用少数服从多数的机制实现对公司内部的统一决策。但股权是股东自己的财产，不是目标公司的财产，不能用股东会表决机制代替股东意志处置股东自己的财产，股东会无权决定股东财产（股权）如何处置，不能通过股东决议强迫股东卖股权。**

比如某小区的张三不交物业费、乱扔垃圾等，经小区业主表决同意，张三的房子按照成本价卖给李四，张三退出小区。这样是不可以的，张三的房子是其个人的财产，其他人无权处置。

在 2023 年修订后，于 2024 年 7 月 1 日开始施行的新公司法，对股东实缴出资等问题做了修改：

> 《公司法》第四十七条规定：有限责任公司的注册资本为在公司登记机关登记的全体股东认缴的出资额。全体股东认缴的出资额由股东按照公司章程的规定**自公司成立之日起五年内缴足**。
>
> 第五十二条规定：股东未按照公司章程规定的出资日期缴纳出资，公司依照前条第一款规定发出书面催缴书催缴出资的，可以载明缴纳出资的宽限期；宽限期自公司发出催缴书之日起，不得少于六十日。宽限期届满，股东仍未履行出资义务的，公司经董事会决议可以向该股东发出失权通知，通知应当以书面形式发出。**自通知发出之日起，该股东丧失其未缴纳出资的股权。**

> 依照前款规定丧失的股权应当依法转让，或者相应减少注册资本并注销该股权；六个月内未转让或者注销的，由公司其他股东按照其出资比例足额缴纳相应出资。

所以，**对于没有按期实缴出资的股东，将可能丧失没实缴出资对应的股权。但需要严格按照法律规定的程序操作，否则可能操作不成功。**

公司法做如此修改的底层逻辑是，股东对公司的投入是其获得股权的前提，股东的主要责任就是实缴出资，如果不实缴出资将可能丧失股权。

这与本书在第3章介绍的股权分配的底层逻辑是一致的，不能在公司一成立就划定地盘后坐等公司自己长成参天大树；股权分配应与股东的投入相匹配，公司才可能获得良性发展，股东持有的股权也才可能增值。

**给出去的股权很难收回来，除特殊情况外，通过股权转让方式调整股权，须经卖方股东同意**。而在发生纠纷后才处理，通常是很难获得卖方同意的。

**可以通过提前签协议的方式达到卖方提前同意的效果**，比如人力股的成熟期其实就是提前约定不符合条件时把股权收回。

但也有公司已经签了股权转让协议，办理了工商变更手续5年后还反转的，比如下面的案例。

### 三、股权调整五年后还反转

两位合伙人一方出资源，另一方出钱，成立四金公司。外地大股东有特殊身份，可以享受政策优惠。

公司在2010年成立，注册资本600万元，大股东认缴注册资本480万元，持股80%。小股东认缴注册资本120万元，持股20%。外地大股东有特殊身份，可以享受政策优惠。大股东实缴的200万元在完成验资手续后就被转走了，公司主要靠小股东的资金运作。

#### 1. 大小股东互换位置

利用大股东的特殊身份，他们很快拿到厂房建设补助资金和土地使用权。4个月后，两人签订股权转让协议，约定大股东将60%股权转让给小股东，股权转让完成后，大小股东互换位置。

可是签订股权转让协议后，还没办理工商变更登记手续，两位股东就发生矛盾了，大股东拿着公章和营业执照等离开公司回老家了。

2011年3月，小股东去法院起诉要求确认股权转让协议合法有效，大股东交回公章和营业执照等。这起官司很顺利，法院在两个月后判决股权转让协议合法有效，并于2011年6月办理了工商变更登记手续，原小股东变更为持股80%的大股东。

可是因为股权转让协议里的一句话，后来又反转了，小股东花5年时间打官司，最终也没拿到股权。

### 2. 股权变更被推翻

原大股东去法院起诉工商局，因为办理工商变更登记手续中的大股东签名是他人代签的，所以2012年被法院判决撤销工商变更登记手续，恢复为原大股东持股80%。

同时，原大股东找检察院申诉提出，股权转让协议约定"双方履行完本次出让的所有股资手续后经双方签字生效"，小股东并没有向大股东支付股资，也就是股权转让协议没有生效。

经检察院抗诉后，法院再审判决撤销了2011年的判决。

小股东不服，又向上一级法院申请再审，提出：

（1）在签订股权转让协议后，小股东已经垫款200万元用于公司的运作。

（2）大股东认缴的480万元出资并没有实缴，虽然实缴200万元，但在完成验资手续后就把钱抽走了。大股东把60%股权（对应360万元出资）转让给小股东后，小股东已帮大股东完成实缴，小股东无须再向大股东支付股权转让款。

小股东的律师还说了许多理由，比如合同规定"双方履行完本次出让的所有股资手续后经双方签字生效"条款与法律的基本理论相悖，不符合逻辑，应认定这是无效条款等，但最后都被法院驳回了。

小股东打多年官司却没拿到股权，做了工商变更登记也要把股权还回去。而同样理由是不能再起诉的，小股东又举报大股东挪用资金，大股东曾被公安机关采取强制措施，后在2015年被公安机关以不应当追究刑事责任撤销案件。

你可以思考：签了股权转让协议，办了工商变更登记手续5年后还反转，小股东说得有道理吗？到底哪里出错了？

小股东不服继续战斗，最后把大股东彻底踢出局了，这部分内容将在下一章的退出机制中介绍。

### 四、案例启示

大小股东之间虽然签了股权转让协议，还办了工商变更登记手续，而且已经前面的法院判决确认，可最后却因为协议里的一句话"双方履行完本次出让的所有股资手续后经双方签字生效"被彻底推翻了，小股东花 5 年时间打官司，还用了刑事手段也没能拿到股权。

协议并不是签了就生效，而是按照协议约定的条款生效，不符合协议约定的生效条件就是没有生效，就算办了工商变更登记手续也会反转。

就如已预约去办理结婚登记手续，但后来有一方没去而没办成，不能因为办了婚礼就认为两人已经结婚了。

小股东说为公司垫款几百万元，不用再向大股东付款了。就如购买儿子名下的房子，却把钱付给了老爸，这样是不能拿到房子的。

先搞清楚股权的底层逻辑，才知道应该怎么操作。

**股权转让有买卖双方，买方应该把股权转让款付给卖方股东，而不是付给目标公司，除非协议另有约定。**

## 5.2 股权调整机制之二,波浪模式

对于不上市的公司而言,股东的主要收益是分红,这种情况下分红比例比股权比例更重要,股权调整也可以只调整分红比例而不改变股权比例。有投资 26 亿元的项目,在 20 多年前就设计了这样的调整机制,但在 18 年后却为当年的设计扯皮打官司。

### 一、3 套协议约定股权调整机制

五黄高速公路项目投资 26 亿元,由某省甲部门主管,并打算引入外资进行经营,先后签订了 3 套内容不同的协议。

1. 甲部门与外资签合作协议

2002 年,甲部门与香港乙公司签订高速公路收费权转让协议和合作经营协议(以下简称"协议 1"),约定如下。

(1)甲部门和乙公司共同成立五黄高速公路公司,经营期限为 20 年。

(2)甲部门把高速公路 49% 收费权按照 13.5 亿元价格转让给乙公司。

你可以思考:由五黄高速公路公司负责高速公路的经营,为何甲部门又可以以 13.5 亿元价格把 49% 收费权卖给乙公司?高速公路的收费权到底属于甲部门还是五黄高速公路公司?上一章介绍过一方出资源、另一方出钱的合作,这样的操作有什么问题?

2. 甲公司与乙公司签协议 A

半年后,某省国企甲公司与乙公司签订投资协议(简称"协议 2A")和公司章程(以下简称"章程 2A")【统称"协议 A"】,约定如下。

(1)双方共同成立五黄高速公路公司,公司注册资本 2.48 亿元,甲公司以高速公路部分收费经营权投入,乙公司现金出资 2.48 亿元。

(2)五黄高速公路公司采用分段分配利润模式,前 13 年甲公司占 10%,乙公司占 90%;中间 5 年各占 50%;最后两年甲公司占 100%。合作期满,将公路设施无偿移交给甲公司或甲部门。

你可以思考:

（1）协议1由有关部门签署，约定乙公司花13.5亿元购买高速公路49%收费权；协议A由国企甲公司签署，乙公司用现金出资2.48亿元，占注册资本100%，这是何意？

（2）他们在20多年前已经设计了不按照股权比例调整收益的机制，这样约定有效吗？

### 3. 甲公司与乙公司签协议B

在同一天，甲公司与乙公司又另签订内容不同的投资协议（以下简称"协议2B"）和公司章程（以下简称"章程2B"）【统称"协议B"】，约定如下。

（1）五黄高速公路公司注册资本2.48亿元，乙公司出资1.22亿元，占注册资本总额的49%；甲公司出资1.26亿元，占注册资本总额的51%。

（2）除注册资本外，双方再向新公司额外投资23.79亿元，其中乙公司额外投资11.66亿元，甲公司额外投资12.13亿元，由五黄高速公路公司无息使用，列为公司的负债，并由两家股东按照合同约定回收。

甲公司以高速公路51%收费权作价13.39亿元投入，其中1.26亿元作为注册资本，另12.13亿元作为额外投资。乙公司以高速公路49%收费权作价12.88亿元投入，其中1.22亿元作为注册资本，其余11.66亿元作为额外投资。

（3）五黄高速公路公司采用分段分利润模式，与协议A的约定相同。

（4）额外投资的返还，前13年甲公司和乙公司分别按照固定资产折旧总额的10%、90%比例收回额外投资，中间5年按照固定资产折旧总额各50%的比例收回额外投资，最后两年甲公司按照固定资产折旧总额的100%比例收回额外投资。

（5）根据当年度财务决算报告确定利润分配方案和额外投资返还方案。

（6）董事会是新公司的最高权力机关，决定公司财务预算和决算、利润分配和亏损弥补办法。

签完协议后，乙公司向五黄高速公路公司转账共13.5亿元，而验资报告显示，五黄高速公路公司收到乙公司现金出资2.48亿元，占注册资本的100%。

你可以思考：

（1）协议A约定新公司注册资本2.48亿元全部由乙公司出资，新公司成立后也显示乙公司100%持股；但协议B约定2.48亿元由乙公司出资49%、甲公司出资51%，为何要签订两套不同的协议？到底应该怎么计算？

（2）协议1约定乙公司把13.5亿元转给甲部门，但实际上乙公司却把13.5亿元转给了五黄高速公路公司，这样会有什么问题吗？

（4）额外投资23.79亿元列为负债，由五黄高速公路公司无息使用，这笔钱是什么性质？属于股东借款还是股权投资？

（5）额外投资的返还按照固定资产折旧总额计算，这到底应该怎么计算？

## 二、神奇的合作

新公司在2003年成立后，工商登记的股权比例为乙公司100%持股，这样的股权到底应该怎么计算呢？

虽然他们的协议和实际操作都有点儿神奇，但从2003年到2012年的9年时间里，双方合作良好。

9年间，五黄高速公路公司共向两家股东分配红利12.7亿元、额外投资返还款13.4亿元，两项合计26.1亿元。其中乙公司分到23.5亿元，与其13.5亿元的投入相比，收益率为174%；而甲公司或甲部门共分到2.6亿元。

对于额外投资返还款的计算，2003年至2006年表述为额外投资返还，折旧费采用车流量法计算；2007年至2011年表述为折旧返还款，折旧费采用直线法计算。

可是在换股东后，9年的默契被打破了。

## 三、股东闹翻争股权

2012年5月，甲部门把五黄高速公路公司的股权划转给另一家国企丙公司。

2013年3月，董事会表决2012年度收益分配。

（1）2012年的利润分配为乙公司1.54亿元，丙公司1700万元。

（2）2012年度的额外投资返还1.49亿元暂不决算，乙公司已预支的1.23亿元未经董事会决算，待双方协商达成共识后再调整。

就是董事会决议暂停了大额的分钱，而此时双方还没闹翻，乙公司在这次董事会决议中也投了同意票，可这种维护表面和谐的操作却给自己挖坑了。

经过几个月磋商，双方并没能就额外投资返还问题达成共识，乙公司在 2013 年 7 月申请仲裁，要求确认协议 B 中的"利润分配"条款、"额外投资返还"条款有效，丙公司依照约定向五黄高速公路公司补缴投资款 984 万元。

丙公司则要求确认：

（1）协议 B 中的"额外投资返还"的法律属性为"债"，否则在未经有关部门批准的情况下，乙公司无权先行收回投资。

（2）乙公司向五黄高速公路公司返还 1.59 亿元和利息。

（3）丙公司与乙公司对五黄高速公路公司的出资比例为 51∶49。

（4）将协议 B 约定的利润分配比例变更为：自 2013 年 1 月起，丙公司 92%、乙公司 8%。

仲裁机构在 2015 年 8 月作出裁决，确认协议合法有效，丙公司在五黄高速公路公司的出资比例为 51%，乙公司的出资比例为 49%。

虽然仲裁确认了两方的股权比例为 51∶49，但在股东不卖股权时，持有股权的主要收益是分红和投资返还款。而按照协议约定，分红和投资返还款都是分段计算的，与股权比例并无关联。两家股东到底应该怎么分钱呢？

## 四、继续打官司争利益

从 2012 年开始，五黄高速公路公司只向股东分配红利，暂停了支付投资返还款，而前面的第一次仲裁并没能解决此问题。

2016 年 9 月，乙公司向法院起诉，要求五黄高速公路公司向乙公司支付从 2012 年 12 月至 2016 年 8 月的额外投资返还款项 4.82 亿元和利息 5300 万元，并按照共计 5.35 亿元计付利息。

五黄高速公路公司有两个股东，一个股东要求支付投资返还款，另一个股东不同意，目标公司会支持谁？

前面介绍过，《民事诉讼法》规定法人由其法定代表人进行诉讼，谁担任法定代表人谁就能代表公司应诉，而五黄高速公路公司的法定代表人由丙公司派人担任，所以目标公司当然支持丙公司。

### 1. 五黄高速公路公司和丙公司提出

（1）协议约定"额外投资"列为公司的负债，无息，而五黄高速公路公司一直将股东双方的"额外投资"列为"其他应付款"，乙公司从未就此提出过异议，"其他应付款"属于《资产负债表》中"长期负债"项下的科目，所以"额外投资"属于对股东的"债务"，就是无息借款。

既然是无息借款，乙公司已经收回超过本金了，无权再要求超过本金的利益。如果乙公司收回的股利和"额外投资返还"超过投资款，丙公司的额外投资将无法收回，造成国有资产流失。

现在五黄高速公路公司已向乙公司多支付 1.6 亿多元，属于不当得利，丙公司保留追偿的权力。

（2）就算"额外投资返还"属于股权类投资分配，也应该根据法律规定通过股权回购或者公司清算方式解决。

而且合同约定额外投资返还方案属于董事会决议事项，乙公司无权向法院起诉要求付款。

### 2. 法院审理认为

本案例因为涉及金额较高，二审已经去到最高法院。法院审理认为：

（1）协议 A 与协议 B 应按哪个计算？

两家股东在同一天签订协议 A 与协议 B，协议 A 只约定新公司的注册资本为 2.48 亿元，而协议 B 还约定"额外投资"23.79 亿元，并按照一定比例提取折旧用于返还双方的"额外投资"。

丙公司提供的协议 A 是从工商局复印来的，自己并不持有原件。

对于外资企业，当时规定省级审批权限为 3000 万美元以下，按当时汇率计算，2.48 亿人民币注册资本刚好折合 3000 万美元。

在实际操作中，2.48 亿元注册资本全部由乙公司缴付，丙公司的前任股东并未按照约定履行缴纳注册资本和"额外投资"的现金出资义务，而是将五黄高速公路的收费权无偿划转给新公司。

从 2003 年至 2011 年，双方都按照协议 B 约定的比例分配股利和"额外投资返还"，每年的审计报告和董事会决议也都确认。

结合相关情况判断，协议 B 是双方实际履行的协议，而协议 A 只是为了履行审批手续而签订的；就算当时协议 B 没经过审批，但当年的规定已经被废止，按照现在规定不需要报批。

从 2003 年至 2011 年,双方都按照协议 B 履行,在将近 10 年后,丙公司才提出协议 B 没经过审批而效力待定,属于恶意抗辩,违反诚信原则。

(2)"额外投资"属于股东借款还是股权投资?

协议 B 约定"额外投资"是注册资本以外的"投资"而非"借贷",虽然约定有写"额外投资列为公司的负债",但这只是公司在财务方面的处理方式,并不是确认"额外投资"是公司的负债,而且负债与无息借款不是同一概念,合同另行约定了负债的回收办法。

乙公司始终否认"额外投资"是向五黄高速公路公司提供的借款,在 2012 年之前五黄高速公路公司也从没提出"额外投资"属于股东提供的无息借款,而且每年都按照协议 B 的约定向两家股东分配股利和以提取折旧的方式支付"额外投资返还"。

从 2003 年 5 月至 2012 年 11 月,已经以提取折旧的方式向乙公司支付"额外投资返还"款项 13 亿多元,远远超过协议 B 约定乙公司支付的"额外投资"11.66 亿元;在 2012 年之后审计报告还记载"额外投资返还"项目,比如审计报告写 2016 年应付股东固定资产折旧返还款中乙公司应得金额为 5.066 亿元,可见额外投资并不是股东提供的无息借款,否则不应该超额返还。

"额外投资"具有类似股权投资的性质,股权投资风险和收益并存,收益不以本金为限,也不保证一定能收回本金,否则股权投资就变成借款了。协议没有约定乙公司可以取得"额外投资返还"的具体金额,如果公司发生亏损,乙公司将有可能无法收回投资本金。

乙公司向五黄高速公路公司投入 13.5 亿元,而丙公司并无实际资金投入。合作期间丙公司按照约定获取经营收益,而且协议约定在 20 年期满后五黄高速公路无偿归丙公司,不存在所谓的"国有资产流失"。

(3)"额外投资返还"是否属于利润分配?

乙公司认为"额外投资返还"属于"折旧",而不是利润分配。因为一般情况下利润分配由股东决定,而不由法院判决。

但法院认为,会计上的"折旧"指将固定资本的价值按照耗损程度逐渐转移到新产品上去,通过销售收入得到补偿,折旧会使成本增加而应交所得税减少,但不产生实际的现金流;而五黄高速公路公司 2003 年至 2011 年向股东支付的"额外投资返还"都是直接支付现金。

2003 年至 2006 年折旧费按照车流量法计算,实质上是将"额外投资返还"与经营收入挂钩,并不是按照会计上的"折旧"计入成本并通过销售收入得到补偿。虽然从 2007 年起,按照直线法计算折旧费用为固定金额,但如果公司亏损,则"额外投资返还"将不能实现,而会计上的"折旧"是不受公司是否亏损影响的。

额外投资的资金没有计入注册资本,也没做工商登记,与普通股权有区别。五黄高速公路公司也将"额外投资返还"和股利分两项单独计算,从 2003 年 5 月至 2012 年 11 月一直按照合同约定标准以提取折旧方式向股东支付"额外投资返还"款项;虽然从 2012 年 12 月开始董事会决议暂停向股东支付"额外投资返还"款项,但 2013 年至 2016 年的审计报告都按照股利分配和"额外投资返还"(折旧)分别列明向股东支付的金额,即五黄高速公路公司同意在 2013 年以后仍按年份向股东支付"额外投资返还"款项,只因产生纠纷未实际支付。所以"额外投资返还"属于类似股权投资性质的公司盈余分配。

(4)五黄高速公路公司应向乙公司付款吗?

关于五黄高速公路公司是否应向乙公司付款的问题,一二审法院存在不同意见。

一审法院认为,协议 B 约定董事会决定公司财务预算和决算,并根据当年度财务决算报告确定利润分配方案和"额外投资返还"方案。可见"额外投资返还"需要董事会决定,而不是直接根据协议 B 确定,而且从 2003 年至 2011 年每年都是通过董事会决定每年分配的股利和"额外投资返还"的。

乙公司没提供证据证明公司已经作出利润分配的决议,而且在 2013 年和 2017 年董事会决议暂停分配"额外投资返还"的表决中,乙公司委托的 3 名董事都在决议上签字同意了,所以不能认定丙公司滥用股东权利导致乙公司无法取得利润分配。一审法院经法院审判委员会讨论后判决驳回了乙公司关于付款的请求。

乙公司不服上诉提出,"额外投资返还"不是利润分配,合同和公司章程都对"额外投资返还"和利润分配分别进行约定,对"额外投资返还"的分配方案十分明确。"额外投资金额"取决于企业真实的财务数据，并不依赖董事会决议。在2013年发生分歧后，五黄高速公路公司从2012年至今的审计报告也都将"额外投资返还"款项明确列支，并逐年提取，作为"应付股东固定资产折旧返还款"一直留存在公司账户上，准备随时支付。董事会决议的作用仅在于对折旧费的年度决算，据此作为财务部门办理付款的内部审批依据，而不是对支付股东"额外投资返还"款分配方案具有最终决定权，当董事会通过年度审计报告时，折旧费决算方案随即确定，"额外投资返还"款项也随之明确。

法院二审认为，虽然公司章程规定"额外投资返还"属于董事会决议事项，但**董事会对"额外投资返还"的决议需要根据公司章程的规定作出，董事会没有正当理由无权否定"额外投资返还"**。而公司章程对"额外投资返还"有约定，2003年至2011年也是按照公司章程规定履行的，2012年丙公司成为新股东后，公司章程的相关条款也没有发生变化。

乙公司在2016年9月起诉，计算至2016年8月，应向乙公司支付"额外投资返还"款4.82亿元。因为在起诉前的董事会决议中，乙公司也同意暂停分配，所以利息从2016年9月起计算。

二审法院判决后已经生效，但丙公司不服，换律师后申请再审，最高法院在2020年9月驳回了丙公司的再审申请，并指出，双方从2013年发生争议至今未达成一致意见，经过仲裁仍没解决乙公司才起诉，如果起诉不能得到解决，乙公司只能提起公司清算寻求解决了。

### 五、案例启示

他们在2002年签订合作协议，约定了分段调整模式，前10年双方合作良好。但在2012年换股东后开始发生矛盾，从2013年到2020年花7年时间打官司。

股权关系伴随企业终身，在股东有默契时不一定发生问题，但在换股东后却发生纷争了。比如万科与华润前10多年合作良好，换人后就不一样了。**靠默契就如靠运气，靠规则才能长久。**

#### 1. 关于协议

按照乙公司投资13.5亿元占49%股权计算，本项目投资高达26亿元。发生纠纷时其中一起官司的诉讼费就达540万元，仲裁费和多位律师费还没计算，加起来可能过千万元。

18年后还要为18年前签的协议打官司,对协议中"额外投资返还""负债"等词的理解影响的利益高达5亿元,而本项目协议涉及业务、法律、财务等多方面知识,可能会出现多种不同的理解,幸好法官足够负责任,综合考虑这么多因素后作出判决。

涉及如此重大项目,建议让相关专业人员共同参与起草或审核协议,尽量把内容写得清楚明确,减少让别人有不同理解的空间,让法官能更容易作出判断,降低别人工作的难度,也更有利于得到自己想要的结果。

### 2. 关于股权调整机制

对于不上市、不卖股权的公司或股东而言,股东的收益主要体现为分红相关。本项目在不改变股权比例的情况下,只改变分红或收益分配比例,也达到了类似调整股权的效果,而且还是分段变化,所以我把这种模式叫作"波浪模式"。

本案例工商登记的股权比例为0∶100,经仲裁确认的股权比例为51∶49,但协议又约定了复杂的分段计算调整机制。

股权比例与工商登记的比例不同,分红比例与股权比例也不同,而且分红比例还分段调整,这些都是法律允许的,在20多年前就已经有公司这么做。

但这样的设计涉及较为复杂的问题,一般公司不建议采用这样的模式,下一节将介绍更为通用的股权调整模式。

## 5.3 股权调整机制之三,渐进模式

股权设计不是一成不变的,应该随着股东的投入发生变化而调整股权,我把这种模式叫作"渐进模式",也是更为通用的股权调整模式,但却有人因为操作不当而踩坑了,下面介绍具体案例。

### 一、设立股权调整机制

丁公司在 2007 年成立,股东包括 R 的父亲 P 等 3 人,以新材料项目之名拿到村里的 10 亩土地,并在 2009 年获得市里同意备案。

2009 年 11 月,新股东 W 与 P 签订丁公司章程,约定 W 出资 100 万元现金占实际进资的 27%。但签完公司章程后并没有办理工商登记手续,W 也没成为丁公司的股东。

你可以思考:丁公司有 3 位老股东,但新股东 W 只与其中一个股东 P 签订公司章程,新股东 W 能拿到股权吗?如果新股东出资 100 万元获得 27% 股权,3 位老股东的股权应该怎么算?

在同一天,W 又与 R 及另一位股东签订九星公司章程,而且同时签了两份不同的公司章程,公司章程 1 约定实际进资 300 万元,每人出资 100 万元,各持股 1/3;公司章程 2 约定进资 600 万元,每人出资 200 万元,各持股 1/3。

在签订公司章程的同一天,九星公司又与 R 签订补充协议 1,约定 R 出资股金 100 万元,其中技术股 50 万元。

你可以思考:

(1)丁公司和九星公司都是 3 位股东,但股东不同,R 的父亲 P 是丁公司的股东,而 R 自己是九星公司的股东。W 与 P 签丁公司章程,W 又与 R 等 3 人作为创始股东签订九星公司章程,W 能取得哪家公司的股权?

(2)九星公司有两份公司章程,一份写每人实际进资 100 万元,另一份写每人实际进资 200 万元,到底按哪个计算?

(3)九星公司与股东之一的 R 签订补充协议 1,约定 R 出资股金 100 万元,其中技术股 50 万元,R 的股权到底是多少?需要出多少钱? 3 位股东的股权应

该怎么计算？

之后，九星公司在 2010 年 3 月成立，由 W 担任法定代表人。

为了扶持新材料项目发展，镇上不仅提供过桥资金帮助股东完成验资手续，还在报有关部门备案的材料上注明丁公司改名为九星公司，从而将丁公司原申请的新材料项目转移到九星公司。

在九星公司成立后，3 位股东又签订补充协议 2，约定：**以投产时间为准对投资比例进行调整**。

这是不是传说的"动态股权调整机制"？

## 二、股东发生矛盾争股权

补充协议 1 约定 R 技术入股 50 万元，可是他很快就因为白血病入院治疗了，还能继续提供技术吗？

股东在 2013 年开始发生矛盾，为争股权和控制权打了多场官司，公司也处于歇业状态。

2013 年，W 去法院起诉另外两位股东，要求归还垫款 90 万元和利息，W 还以法定代表人身份代表九星公司起诉另两位股东归还公章和车辆等财物。

但官司还没有结束，其中一位股东 R 就在 2013 年 11 月去世了，由父亲 P 继续打官司。

两起官司 W 都赢了，法院判决两位股东归还 W 的垫款，并把公章和车辆等财物归还公司。但两位股东并没有按照判决书执行，已经被法院列入失信被执行人名单。

2014 年 12 月，W 又去法院起诉，要求按照补充协议 2 约定调整股权比例，W 出资 263 万元，股权比例为 66.54%，另两位股东出资 132 万元，股权比例为 33.46%，W 还说自己已经为九星公司投入 400 多万元。

但另两位股东却说，九星公司的土地、厂房、机器设备等都是丁公司的资产，W 并没有投入新资金，W 既担任法定代表人又兼出纳，股东的投资款都由 W 掌控，不能将公司所有开支都算成是 W 的个人投资款。

你可以思考：补充协议 2 约定的股权调整机制能有效吗？ 3 位股东的股权

比例到底应该怎么计算?

这起官司曾被发回重审,重审一审判决后两边股东都不服而再上诉,二审判决和一审相反。

第一次一审法院认为:

(1)九星公司是不是从丁公司变更而来的?

工商登记资料显示,九星公司是重新注册的新公司,并不是由丁公司更名而来的,应以工商登记为准。镇政府出具的文件只是给有关部门出具的证明,不能因此而认定九星公司由丁公司更名而来。

(2)九星公司以哪份公司章程为准?

九星公司的股东先后签订内容不同的公司章程,以最后签订的公司章程为准,最后一份公司章程约定每人出资200万元,各持股1/3。

(3)公司章程与补充协议以哪个为准?

在公司章程之后,3位股东又签订补充协议2,约定"以投产时间为准对投资比例进行调整",补充协议2的签署时间在公司章程之后,属于对公司章程做了变更,应以补充协议2为准。

(4)股权怎么计算?

W提交的投资明细有另两位股东签字,可以作为W为九星公司支出费用的凭证,确认W的出资额为263万元,股权比例为66.54%;另两位股东出资额为132万元,股权比例为33.46%。

就是第一次一审判决支持W的请求,其他股东不服上诉被发回重审,并提醒一审法院,前面的官司已经确认用丁公司名义购买的土地已经登记在九星公司名下,应查清楚丁公司的资产是否投入九星公司,两家公司资产是否重合。

第二次一审法院认为:

根据司法鉴定意见,W出资263万元,另两位股东出资132万元,但补充协议1约定R有50万元技术股,所以三方的股权比例为:W出资263万元,股权比例为59.10%;另两位股东出资182万元(132+50),股权比例为40.90%。

你可以思考:法院这样的判决有道理吗?

第二次一审判决后，两边股东都不服而上诉。

二审法院审理认为：

（1）按照什么标准计算股权？

按照《公司法》的相关规定，认定股东出资额及出资比例的依据是公司章程、出资证明书或者股东名册，现在没有出资证明书，也没有股东名册，公司章程就是认定股东出资及出资比例的依据。

（2）股权调整机制有效吗？

在签订公司章程后又签订补充协议2，约定股权调整机制为"**以投产时间为准对投资比例进行调整**"，但此约定简单、模糊，没有具体的调整办法，主要内容有待各方进一步协商确定，不能据此以实际垫资来调整股东的认缴出资额。

W既有出资又有垫资，难以分清垫资中有多少资金可以被认定是股东出资；而且W在公司身兼数职，个人财务与公司账目有混同迹象，对公司运营管理不规范，致使各股东对股东垫资性质、垫资多少等问题出现难以调和的分歧，现在各股东没能就如何调整股权比例达成一致意见。

二审法院在2017年8月作出终审判决，按照公司章程规定确定股权比例。

就是3位股东每人持股1/3，股权不作调整，协议约定的股权调整机制并没能发挥作用。

法院判决后，他们又发生法定代表人和公司财产之争，P办理了儿子的股权继承手续后继续打官司；而W和妻子也分别起诉公司和P等还款，冻结了公司财产和P的股权。

因为公司名下有房屋等，他们花10年时间打官司还不愿罢手，直到2023年还在打官司。

动态股权看起来很美好，20多年前已经有公司在用，但知道与做到、做好之间，就如看着星星很美却摘不到一般遥远。

九星公司的股权调整机制并没能真正起作用，因为协议逻辑不清，法官也被搞糊涂了，就出现了一二审判决相反的结果。

我们无法决定别人怎么理解，但可以尽量把事情做到位，减小被别人误判的概率。

上一章介绍过股权的 3 种来源，想调整股权首先要知道股权从哪里来，才知道应该如何处理。

### 三、渐进式股权调整机制

渐进式股权调整机制是最通用的模式。

比如公司原注册资本 100 万元，投资人第一笔投资 1000 万元拿走 10% 股权，创始人的股权比例降为 90%。

投资人通过增资获得股权，股权来自增量，具体操作方法如下：

公司注册资本从 100 万元增资到 111.11 万元（100 万元 /90%），投资人投资 1000 万元认缴增资 11.11 万元而获得 10% 的股权，超过 11.11 万元的部分计入资本公积。

投资人第二笔投资 2000 万元再拿走 15% 股权，投资人的股权比例共为 23.5%，投资人随着投资增加而拿到更多股权。

为什么投资人第二笔投资后的股权比例共为 23.5% 而不是 25%？

因为投资人第二笔投资 2000 万元获得 15% 股权时，之前的 100% 股权将变成 85%，而投资人之前的 10% 股权 ×85%=8.5%，两项相加，15%+8.5%=23.5%。

股东随着投入增加而获得更多股权，并通过增资的方式进行股权调整，调整的是出资额而不是股权比例，这就是渐进式的股权调整机制，当股东的投入不是资金而是人力、技术、资源等时也是同样的道理。

## 5.4　三种股权调整机制小结

股权调整机制的三种模式。

第一种回转模式，通过股权转让方式实现股权调整。

第二种波浪模式，不调整股权比例，只改变收益分配比例。

第三种渐进模式，随股东的投入增加而调整股权，并通过增资的方式调整。

但三种模式应该如何操作？首先要弄清楚股权调整的底层逻辑。

### 一、股权调整的底层逻辑

股权调整有两种方式：存量调整或增量调整，分别对应股权转让或增资。

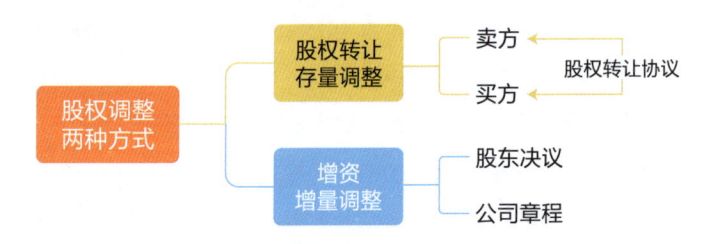

```
                    ┌─ 股权转让      ─ 卖方 ┐
                    │  存量调整             │ 股权转让协议
股权调整             │                ─ 买方 ┘
两种方式   ─────────┤
                    │                ─ 股东决议
                    └─ 增资
                       增量调整       ─ 公司章程
```

存量调整通过股权转让的方式实现，比如海底捞的施永宏把股权转让给张勇，海康威视的龚虹嘉把股权转让给管理团队，由卖方和买方签订股权转让协议的方式实现。

前面介绍的三波通信公司采用股权转让方式调整不成功，是因为卖方不同意卖股权；而四金公司采用股权转让方式也调整不成功，卖方本来一开始已经同意卖股权并签了股权转让协议，但股权转让协议却约定了生效条件，后来卖方改变主意不同意卖股权了，因为没有符合协议约定的生效条件，就算办了工商变更登记手续 5 年后还是反转了。

增量调整通过增资的方式实现，增资需要通过股东决议并修改公司章程。

在九星公司案例中，虽然补充协议约定按照投资比例调整股权，但没说清楚是存量调整还是增量调整？如果是存量调整，需要有买方和卖方；如果是增量调整又没说清楚出多少钱获得多少股权，也没有相应的股东决议或公司章程等，最后并没能实现股权的调整。

## 二、三种股权调整模式的特点

股权的调整，需要确定调整股权的数量是多少，以及采用哪种模式操作。

### 第一种，回转模式

回转模式通过股权转让方式进行股权调整，需要有卖方、买方，并由买卖双方签订股权转让协议。只有买方没有卖方不行，买卖双方任一方不同意也不行，双方都同意了但签的股权转让协议没有生效也不行。

给出去的股权是很难收回来的，股东不干活、股东跟不上公司的发展等都不是收回股权的理由。如果想收回股权，最好提前签订协议约定，比如股权成熟期就是提前约定收回股权的条件。

### 第二种，波浪模式

一般情况下，股东的分红比例＝股权比例，但前面介绍的工程学院公司、五黄高速公路公司等都采用了分红比例≠股权比例的模式，五黄高速公路公司不只是分红比例≠股权比例，实际股权比例也不等于工商登记的股权比例，而且分红还是按几个阶段分别计算的。

在股权比例保持不变的情况下只改变收益分配比例，这种模式只适用于以分红为主的企业，不适用于打算上市的公司；而且只适用于股东固定不变、长期合作的企业。如果股东发生变化，就容易发生问题。

### 第三种，渐进模式

**股东投入是获得股权的前提条件，股东投入增加，获得的股权也应该增加，这就是渐进模式的底层逻辑。**

渐进模式通过增资的方式操作，而增资需要有股东决议和签署的公司章程。

渐进模式适用于所有企业，但需要注意的是，股东多投入就多拿股权，调整的是注册资本，而不是股权比例，关于股权比例如何计算的内容将在第 7 章介绍。

```
                              ┌─ 股东决议
              ┌─ 渐进模式 ─ 增资，适用所有企业 ─┤
              │                              └─ 公司章程
              │
股权调整       │              ┌ 不调股权比例    ┌─ 协议约定
三种模式   ────┼─ 波浪模式 ─┤                ─┤
              │              └ 只调整收益分配比例 └─ 股东不变
              │
              │                              ┌─ 卖方 ◄─┐
              └─ 回转模式 ─ 股权转让，特殊情况 ─┤         股权转让协议
                                              └─ 买方 ◄─┘
```

# 第6章

# 股权退出机制三种方法

选错合伙人,股东拿了股权却不投入,怎么办?
这些都需要通过退出机制来解决。

## 6.1 股权退出机制之一,持股 80% 的大股东被踢出局

罗辑思维的前合伙人分手后,罗振宇与脱不花等人一起做了得到。脱不花曾说,创业最重要的是谈好怎么拆伙,而 2015 年吴声离开时,罗振宇以 1500 万元价格回购他的股权。

可是退出机制怎么设计?有持股 80% 的大股东都被小股东踢出局了。下面介绍具体案例。

### 一、股东发生矛盾

上一章介绍的四金公司,公司注册资本 600 万元,大股东认缴注册资本 480 万元持股 80%,小股东认缴注册资本 120 万元持股 20%。

大股东实缴第一期出资 200 万元,在完成验资手续后就把钱转走了,只留下小股东的钱在公司运作。两人是一方出资源、另一方出钱的合作,大股东有特殊身份可以享受特殊优惠政策,不出钱成为大股东本无可厚非,但却因为不专业的操作给自己挖了个大大的坑。

公司成立 4 个月后,很快利用大股东的特殊身份享受优惠政策拿到了厂房建设补助资金和土地使用权,之后签协议约定大股东把 60% 股权转给小股东,但还没办理工商变更登记手续就发生矛盾了。经刑事举报,大股东被公安机关采取强制措施,小股东则通过假冒签名办理股权变更登记手续,可是 5 年后还是反转了,小股东并没能拿到股权,这部分内容可以回看上一章的股权调整机制。

一计不成,又生一计,小股东请来专业人士继续战斗,决定把大股东踢出局。

### 二、小股东四步踢掉持股 80% 的大股东

小股东想把大股东踢出局,但并没有提前设计退出机制,怎么办?

与前一次假冒签名办变更不同,这次小股东请专业人士出谋划策,找到大股东犯下的致命错误后,进行一系列专业操作,最后把大股东彻底踢出局了。

**第一步,要求大股东组织开会,催大股东返还抽逃出资款**

小股东想通过股东决议把大股东踢出局,《公司控制权》一书介绍过,召开股东会会议是有程序要求的,程序错了可能会前功尽弃。而股东会会议的第

一顺序召集人是执行董事，执行董事由大股东担任，所以小股东的第一步是催大股东组织开会。

小股东催大股东组织开会批斗自己，大股东自然不干。但大股东干不干不重要，重要的是小股东完成了催大股东组织开会的程序，大股东不干就轮到小股东出马了。

**第二步，小股东组织开会，催大股东返还抽逃出资款**

2016 年，小股东以监事身份召集股东会会议，催大股东返还抽逃的 200 万元出资和认缴未实缴的 280 万元出资，但大股东根本不搭理小股东。

你可以思考：小股东想开会踢掉大股东，但大股东根本不参加会议，小股东是不是在说梦话？接下来会发生什么？

**第三步，小股东组织开会踢大股东**

前面小股东组织的多次会议大股东都不参加，看似小股东玩了一场自娱自乐的无聊游戏，但这就是传说的"外行看热闹，内行看门道"吧。前面这么多步作秀都是秀给法律看的，大股东参不参加根本不重要，重要的是小股东完成了法律规定的程序，就可以进入最重要的一步了。

2016 年 10 月，小股东通过股东决议：因大股东抽逃全部出资，经催告后在合理期间内仍未返还，依法解除大股东的股东资格。

开完股东会会议之后，小股东拿着股东决议去办工商变更登记手续，但却办不了，又进行下一步操作。

**第四步，打官司彻底踢掉大股东**

2017 年 3 月，小股东向法院起诉，要求确认 2016 年 10 月把大股东踢出局的股东决议有效。

你可以思考：从 2015 年到 2017 年召开多次股东会会议，都是只有持股 20% 的小股东自己唱独角戏，大股东根本不参加，这样的股东决议能有效吗？

**法院审理认为：**

（1）在大股东不组织开会的情况下，小股东已经履行开会的前置程序要求，尽到了对拟被除名股东权利的保护。

（2）会议议题是解除大股东的股东资格，大股东作为利害关系人没有表决权,股东决议已经获得其他股东(持股20%的小股东)100%表决权同意通过。

> (3)《公司法司法解释(三)》第十七条第一款规定:有限责任公司的**股东未履行出资义务或者抽逃全部出资,经公司催告缴纳或者返还,其在合理期间内仍未缴纳或者返还出资**,公司以股东决议解除该股东的股东资格,该股东请求确认该解除行为无效的,人民法院不予支持。

大股东抽逃全部出资后经催告不返还,股东决议解除大股东的股东资格符合上述规定,股东决议合法有效。大股东被解除股东资格后,应当及时办理法定减资程序或者由其他股东或第三人缴纳相应的出资。

就这样,持股80%的大股东被彻底踢出局了,公司在2018年1月办理了工商变更登记手续,大股东不服申请再审也被驳回。

大股东还另行起诉股东决议、公司纠纷等,并查封了公司名下的房产,但多起官司已撤诉或被驳回,浪费了不少金钱和时间后终无果,法院在2021年解除了对房产的查封。

### 三、大股东被踢出局的案例启示

两个股东合作不到一年就闹翻,从2011年到2021年花10年时间用多种手段打多场官司争股权,直到2021年仍没结束。他们愿意花这么多时间和金钱去打官司争股权,是因为公司名下有土地和房产,随着房价上涨已经价值不菲。

(1)两位股东之间本质上是一方出资源、另一方出钱的合作,第4章股权进入机制介绍了资源股的3种操作模式,他们因为不懂资源入股的变通操作方法,而采用欺瞒法律、用过桥资金验资后抽逃出资的方式操作,双方闹翻后大股东最终被踢出局,利用大股东的特殊身份拿到的土地等最终与大股东无缘了。

(2)大股东被踢出局的根本原因在于2010年的抽逃出资,在10多年后仍然被翻出来算旧账,股权问题是伴随企业终身的,比如申请上市时财务资料只需要核查3年,但股权需要从公司成立第一天开始核查。

如果你们干过用过桥资金完成验资手续后把钱转走的事,趁着股东还没闹翻赶紧补救,有些问题在股东合作顺利时不一定会发作,但当股东发生矛盾时就可能致命。**暂时没发生问题不等于不存在问题,有句话说:不是不报,只**

是时候未到。

一些人教所谓的高招，用挂名法定代表人、过桥资金等方式欺瞒法律，但法律是经过严密设计、层层审核后才最后通过的，岂能是一些连"法人"和"法定代表人"都分不清楚的人可以随便玩弄的？

（3）因为出资问题被踢出局是本书介绍的第一种退出机制，这是法律自带的，不需要提前设计，所以我把这种模式叫作"靠天吃饭"。

新修改的公司法第五十二条还增加了股东失权制度。

这种模式需要符合两个条件。

（1）需要被踢出局的股东自己犯严重错误，催了还不履行出资义务。

（2）配合专业的操作。

两个条件缺一不可，就算别人犯了严重错误，如果自己操作不专业也会操作不成功。比如下面的案例，四轮踢股东都反转了。

### 四、一方出地、另一方出钱的合作

A 老板创立的三凯公司拿了一块地，找到 B、C 两人出钱开发，A、B、C 三位老板都各自成立了 A、B、C 公司。

#### 1. 三家公司签订合作协议

2007 年 8 月，A、B、C 三家公司签订合作协议，约定如下。

（1）A 公司负责投入土地，并负责拆迁和承担有关费用，负责办理开工至竣工验收的手续。

（2）B、C 两家公司负责投入建设资金，完成设计、施工、竣工验收等工作，B、C 两家公司各负责 50% 的资金。

（3）项目建成后按照建筑面积分配，A 公司占 30%，B、C 两家公司各占 35%。

你可以思考：

（1）土地已经在三凯公司名下了，但协议却约定 A 公司用土地投入，这样会有什么问题？

（2）这样的合作该如何办理工商手续？

## 2. 连续三次增资

在签订合作协议 4 个月后，三凯公司在一个星期内连续进行了三次增资。

第一次增资，三凯公司注册资本从 1000 万元增资到 3000 万元，股东由 8 个减少为 7 个。

第二次增资，发生在第一次增资后第二天，三凯公司注册资本又从 3000 万元增加到 6500 万元，由新股东 B 个人增资 3500 万元。

第三次增资，发生在第二次增资后又过了五天，三凯公司注册资本再次从 6500 万元增资到 1 亿元，由新股东 C 个人增资 3500 万元。

完成三次增资后，三凯公司股权结构变成 A 以土地出资持股 20.11%，B、C 都以现金出资各持股 35%，另有其他小股东。

B、C 两人把增资的钱转入公司完成验资手续后就转走了。

你可以思考：

（1）由 A、B、C 三家公司签订合作协议，但却由 A、B、C 三位个人作为三凯公司的股东，这样会有什么问题？

（2）为何在一个星期里连续增资三次？

（3）增资完成后，创始人 A 出土地只持股 20.11%，B、C 两人出 7000 万元持股 70%，但 7000 万元只是走过场，完成验资手续就转走了，就是 A 掏钱拿回来的土地，B、C 两人不花钱就可分走 70%？

（4）B、C 两人的钱在验资完成后就转走了，公司靠什么运作？土地能自己变成房子吗？

## 五、股东闹翻打官司

合作三年后，到 2010 年 12 月项目才只是挖了坑，并没有建成房子。

因为地块容纳率提高需要补缴土地出让金，可是需补缴的土地出让金不是小钱，为了谁出钱的问题三方开始发生矛盾：A 公司认为协议约定 B、C 公司负责建设资金，应由 B、C 补缴土地出让金；B、C 公司则认为土地是 A 公司提供的，应由 A 补缴土地出让金。三方争执不下，项目已停工，被列入闲置用地，面临被无偿收回的风险。

之后花三年时间扯皮还没解决，而花钱买地的创始人 A 着急了，2014 年起诉 B、C 两家公司，要求解除合作协议，由两家公司支付 5400 万元违约金。

但 B、C 两家公司反驳说，协议约定由 A 公司投入土地，但 A 公司根本没有土地，土地是三凯公司的，A 公司已违约，应由 A 公司承担违约责任。

当时签协议连签约主体都没搞清楚，打官司时被对方律师抓住把柄了。

法院审理认为，各方就谁承担补缴土地出让金问题未能协商一致，无法继续履行合同，判决解除合作协议，各方都存在违约行为，各自承担相应的责任，诉讼费 63 万元各承担一半。

你可以思考：三家公司签订的合作协议就这样被法院判决解除了，A 赢这场官司到底是赚了还是亏了？

三凯公司的股东是 A、B、C 三位个人，并不是签协议的三家公司，所以协议解除后问题并没能解决，他们还要继续战斗。

## 六、踢股东的五轮战斗

创始人花钱拿地与他人共享，过了 7 年还没开发，土地面临被无偿收回的风险，A 老板开始想办法把 B、C 两人踢出局。

### 第一轮踢股东

2014 年 5 月，三凯公司通过股东决议解除 B、C 两人的股东资格，并将股权转给 A，但 B、C 两人并没有参加会议。

你可以思考：

（1）在四金公司的案例中，持股 20% 的小股东能把持股 80% 的大股东踢出局，A 能把持股 70% 的 B、C 踢出局吗？

（2）股东决议是 B、C 把股权转让给 A，这样能成吗？可以回看上一章介绍的股权调整方式。

作出股东决议后，他们通过假冒 B、C 签名的方式办理了工商变更登记手续。

但 B、C 两人发现后起诉到法院，被法院判决股权转让协议无效。

就是第一轮踢 B、C 股东不成功，前面的四金公司也曾干过假冒签名办变更的事，5 年后还是反转了。

**违背法律的操作就如靠做小偷致富，一时没被抓是运气，但被抓是必然。**

第二轮踢股东

第一轮假冒签名操作被推翻后，A老板决定换一种方式，把三凯公司从市里迁移到省里，这样工商登记就归省管了，之后再办理股权变更登记手续，2014年9月，B、C两人已经消失在工商登记的股东名单里。

你可以思考：这样真的能把两位股东踢出局吗？

B、C两人自然不服，分别起诉要求确认把B、C踢出局的股东决议无效，还起诉工商局，三方涉及多起官司。

2016年11月，三凯公司又从省里迁回市里，恢复了B、C两人的股东身份，就是第二轮踢B、C股东的操作也不成功。

你可以思考：A老板两次踢B、C股东都反转了，操作失败的原因是什么？

第三轮踢股东

两次踢B、C股东都已经办理了工商变更登记手续，但后来都反转了，第三轮A老板换了更专业的操作。

2015年10月，先发函催B、C两人返还各自抽逃出资的3500万元并赔偿利息，两位股东没有返还出资，随后在2015年11月通过股东决议。

（1）解除C的股东资格。

（2）解除B的股东资格。

（3）两人共持股70%的股权转由A按规定增资。

还请了公证处进行公证。

你可以思考：

四金公司持股80%的大股东因为抽逃出资被踢出了局，B、C两人也抽逃出资，能成功把他们踢出局吗？

作出股东决议后，他们去工商局办理将B、C两人的股权变更登记到A名下的手续，但工商局认为没有提供股权转让协议无法办理。随后起诉工商局，法院认为股权转让应提交买卖双方签署的股权转让协议或者股权交割证明，没有提供则工商局无法办理，在2017年11月驳回起诉，即第三轮踢B、C股东也不成功。

为什么不成功？可以回看第5章介绍的股权调整方式。

**第四轮踢股东**

换了三条路都没能成功把B、C两人踢出局，此时离A拿地时间已经过去9年了，A继续开展第四轮战斗。

2016年，A再换种方式去法院起诉，要求确认在2015年11月解除B、C两人股东资格的股东决议有效，C抽逃出资，C对于解除其股东资格的股东决议不享有表决权。【注：B、C情况类似，在此只以C为例，没查到B的判决书。】

法院审理认为，虽然C说将3500万元转走是借款，但这么大额资金没有签订借款合同不符合常理，构成抽逃出资。经催告后未能在限期内返还，公司依法有权解除其股东资格，抽逃出资的股东对解除其股东资格的事项没有表决权。

所以法院判决2015年11月解除B、C两位股东资格的股东决议有效，C被解除股东资格后，应根据《公司法》和公司章程规定及时办理减资程序或由其他人缴纳相应出资。

二审法院判决后已经就生效了，没想到后来又反转了。

**第五轮又反转了**

C被判踢出局后不服，向最高法院申请再审。经最高法院再审后，踢股东的操作再次反转，法院审理认为：

（1）C转走3500万元没有借款合同，而且10多年时间（2007—2020年）没有归还，既没有约定利息，也没有董事会或股东决议，不能认定为借款，属于抽逃出资。

（2）2015年的股东决议包括解除B、C股东资格和增资，增资需要2/3以上有表决权的股东通过。

C抽逃出资后，被除名的股东C不享有表决权；但此时B还没被除名，属于有表决权的股东。B没有参加会议，仅有代表30%的股东同意未达到法定的表决权比例，所以股东决议不成立。

法院在2020年3月判决撤销一二审判决，驳回A的起诉，由A承担43万元诉讼费。

A 从 2014 年到 2020 年花 6 年时间打官司，用过假冒签名办变更、换公司注册地办变更、股东决议、打官司等多种手段，换过多批律师，但最终也没能成功把 B、C 两人踢出局。

## 七、雪上加霜

花 6 年时间绕了这么多圈，不仅没能成功把 B、C 两人踢出局，A 方还与律师打起了律师费官司。

2017 年，B 公司起诉三凯公司和 A 公司，要求返还投资款本金 1600 万元和收益 1400 万元，三凯公司和 A 公司共同委托律师应诉。

### 1. A 方与律所签服务协议约定

（1）律师代理期限至受托事务处理终结之日止（法院作出终审生效判决、调解、案外和解及对方撤诉等）。

（2）前期律师费 6000 元；如经律师工作，法院判决三凯公司方应支付的款项低于 B 公司诉讼标的（就是 3000 万元？），律师费按照差额的 7% 计取；如经律师工作促使法院判决驳回 B 公司全部诉请或 B 公司撤诉的，按照 B 公司诉讼标的 10% 计取律师费。

### 2. 签订协议后，官司还没正式审理，B 公司在 2018 年 9 月撤诉

律师认为 A 公司等应按协议约定支付 300 万元律师费，但 A 公司觉得不合理，不同意支付，律师起诉到法院。

### 3. A 公司方提出

（1）B 公司撤诉并不是律师的功劳，而且 B 公司撤诉后还可以再起诉，并非结案。

（2）协议约定终结案件方式包括判决、调解、案外和解及对方撤诉 3 种方式，"案外和解及对方撤诉"是"因和解而达成撤诉"的意思，而不是 B 公司直接撤诉。

律师服务协议是律师利用自身优势与 A 公司方缺乏专业知识签订显失公平的条款，应予撤销。

### 4. 律师提出

协议约定是判决、调解、案外和解（即和解后撤诉）、对方撤诉（即对方

自行撤诉）4 种结案方式，不是 3 种方式。

5. 法院审理认为

没有发现协议存在权利义务不对等或加重 A 公司方义务问题，A 方是房地产公司，而且打过多次官司，并不缺乏经验。

在法院调解过程中，律师同意打折收费，但 A 公司方觉得太贵不同意。

法院最后判决按照 70% 计算，就是支付 210 万元律师费和利息。

"判决、调解、案外和解及对方撤诉"，"及"字是二选一还是两个同时符合的意思？在本案中合同的一个"及"字价值 210 万元。

很多人都是打官司才愿意支付律师费，打官司之前只想找免费合同模板或免费咨询。

打官司就如已经掉进坑里了，双方请帮手在坑下打斗，当双方力量接近时，胜负取决于打斗技巧；但如果双方力量对比悬殊，比如两岁婴儿与强壮男士打斗，不需要任何技术，强壮男士也能胜出。而双方力量强弱与否在掉进坑里之前就已经决定了，并不是掉到坑里后可以改变的。

**法官判案需要以事实为依据，以法律为准绳。法律是我们无法改变的，我们可以决定的是事实，而白纸黑字的合同就是最难以撼动的事实，打官司时花再多钱请高水平的律师也无法改变签过的合同。打输官司不一定是律师水平不行，也可能是之前的操作不当。**

起草合同犹如规划去西天取经的路线，需要判断哪个是正确的方向，了解地形地貌并预判哪里有坑及如何避开，预判路上可能发生什么情况，提前设计处理预案，有任何一种情况没预判到都可能掉进坑里。

比如本案例的律师服务合同就没预判到 B 会撤诉，后来 B 真的撤诉了，就要按照合同约定向律师支付 300 万元，这时 A 方却不愿意了。

怎么才能在规划路线时预判到各种情况并避开坑呢？

可以通过技术手段分析地形地貌 + 利用自己走过多条路线的经验 + 分析别人踩坑的案例，所以本书介绍的 100 多个案例，多数是别人踩过坑的案例，知道别人从哪里踩坑的，自己可以提前避开。

起草合同如设计防火机制，需要预判多种可能性，并预设解决方案；打官司如救火，需要博弈技巧，设计防火机制与救火需要的能力不同。

比如扁鹊三兄弟，长兄医术最好，中兄次之，扁鹊最差，但却是扁鹊最出名，也最能赚钱。起草合同与打官司的道理与此类似，只有极少数有眼光和追求的人，才会在还没发生问题时愿意付费，而大部分人都是打官司时才愿意付费，所以市场上大部分律师都以打官司为主，因为不打官司客户不愿意付费。

有人觉得合同是文字游戏看不起它，比如有人在我写的《公司控制权》一书后评论：误人之作，作者对《公司法》的理解仅限于字面意思，如果这样就不需要律师了。

**其实法律都是文字，看不起合同也是看不起法律，最终要为自己的行为买单。**

任正非说，他的最大爱好就是改文件。

文件就是在定规则、定标准。有句话说：一流企业做标准、二流企业做品牌、三流企业做产品。

## 八、四轮踢股东都反转的案例启示

合作协议约定 A 公司出地、B 和 C 两家公司出钱，三年后因为补缴土地出让金由谁出的问题发生矛盾，A 方起诉把合作协议解除了。

但公司签的协议解除后，B、C 两个人依然是股东，再换四种方式踢股东，两次办理了工商变更登记手续都反转了。同样是抽逃出资，四金公司的小股东两轮操作失败后换方法，终于成功把持股 80% 的大股东踢出局，但三凯公司换四种方式也没能操作成功。

一起官司的律师费就花了 210 万元，这么多官司的律师费和诉讼费可能已达数百万上千万元，但直到 2023 年 B、C 两人还是工商登记的股东，从 2014 年到 2023 年花了 9 年时间也没有解决问题。本来合作协议约定 B、C 公司负责出钱的，可是 A 方起诉把合作协议解除后又没能把 B、C 两人踢出局，难道 B、C 两人不出一分钱可分走 70% 的财产？就算他们要出钱，最多也只需出 7000 万元就能分走 70%。

你可以思考：花 9 年时间打了这么多官司后，A 到底是赚了还是又掉进更大的坑里了？赢了官司就是赚了吗？

**找对问题是解决问题的起点，如果连问题都找错了，怎么可能解决问题？**

**相信潜规则是很难发现问题的，相信专业才能找对问题并有效解决问题。**

比如有人得了某种病，花 500 万元住院做 6 年手术还没治好，如果有人用针灸 6 个月解决，他愿意付 500 万元吗？也许有人觉得一根针才几分钱，连付 500 元都觉得贵，更不要说付 500 万元了。宁愿花 500 万元痛苦地做 6 年手术，也不愿意同样花 500 万元做针灸，这样将永远不会遇到那个会用针灸解决问题的人。

第一种退出机制"靠天吃饭"，需要出局的股东自己犯严重错误，还要加上专业的操作，两个条件缺一不可。

可是如果股东没有犯严重错误怎么办？下一节将介绍第二种退出机制。

## 6.2 股权退出机制之二，把投 20 亿元的投资人踢了

第 4 章股权进入机制介绍过，贾老板的 FF 拿投资人 20 亿美元融资，一次性给 45% 股权却是分期付款，可是给了股权却没能拿到后续款项，就连想找其他人融资的路也被堵上了。公司面临资金链断裂的风险，只好打官司要求解除与投资人的合作，但没有提前设计退出机制，想把投资人踢出局是很难的。

退出机制应该怎么设计？

下面介绍第二种退出机制，大公司融资 20 多亿元，投资人也是分期付款，但投资人支付了第一期款项后不同意支付后续款项，他们成功把两家投资人都踢出局了。

### 一、大公司融资 20 多亿元

六色公司是由甲机构创立的大公司，公司净资产已达 21.7 亿元，对外融资 20.5 亿元出让 42.18% 的股权，有 L、M、N 三家大机构参与投资。

新旧四方股东与目标公司签订增资协议，约定如下。

1. 六色公司注册资本从 6.17 亿元增加至 12 亿元，三家新股东共投资 20.5 亿元。

2. M 基金投资 10 亿元持股 23.68%，N 资本投资 5.1 亿元持股 12.14%，L 集团投资 5.4 亿元持股 12.78%，原股东甲机构的股权稀释至 51.4%。

3. 考虑到 20.5 亿元这么大额融资一下子也用不完，投资款分三期支付，三期的比例为：20%、40%、40%，第一期在签订协议后支付，第二期在 6 个月内到账，第三期在年前到账。

4. 如果逾期付款超过 30 个工作日，守约方有权且应当在 10 个工作日内选择如下处置方式。

（1）按违约方实缴出资重新调整认缴出资及出资比例。

（2）取消违约方在协议项下的出资资格。

（3）要求违约方继续支付欠缴的增资款。

选择哪种方式由守约方协商确定，如无法达成一致，则根据守约方中按实

缴出资比例过半的意见决定。

5. 董事会共 9 人，创始股东甲机构提名 5 人，M 基金提名 2 人，L、N 两家股东各提名 1 人，由甲机构的人担任董事长和法定代表人，其他股东可推荐人担任副董事长。

签署公司章程规定：

普通决议需经代表 1/2 以上表决权的股东通过，特别决议需经代表 2/3 以上表决权的股东通过，重大决议需经代表 3/4 以上表决权的股东通过。重大决议包括修改公司章程的特定条款、董事会和监事会成员的选举和更换、减资及其他特别事项。

三家投资人支付了第一期共 4 亿多元投资款，但却一次性做了股权登记。

你可以思考：

（1）分期付款却一次性给股权，会发生 FF 的故事吗？

（2）在这样的规定下，持股多少能有控制权？创始股东持股 51.4% 能控制公司吗？

## 二、股东发生矛盾

第一期付款很顺利，但第二期付款时却发生意外了，最大投资人 M 基金说六色公司没有完成改制，要求第二、三期付款延期；如无法按要求完成改制，则 M 基金要求按照评估价回购股权。

创始股东不同意延期付款，为此甲机构、N、L 三家股东达成会议纪要：同意授权 N 资本与 M 基金谈判，如果 M 基金同意按本金退出，则不追究其违约责任；如不同意，则按超过 50% 股东的意见处理；如果引发诉讼，N 资本也保留退出全部投资的权利。

在与投资人发生争议的同时，创始股东内部也在换领导，创始股东是事业单位，原领导辞职，并辞去了六色公司董事和董事长职务，需要换成甲机构的新领导担任六色公司董事长。但甲机构的新领导不是六色公司的董事，想做董事长需要先经股东决议选为董事，再由董事会选为董事长。

《公司控制权》一书里介绍过，召开会议是有程序要求的，第一顺序召集人是董事会或董事长。现在没有了董事长，轮到副董事长当家，但副董事长是

M 基金的人。M 基金不同意开会，想开会都开不了，甲机构的新领导怎么能坐上董事长之位呢？

与 M 基金的问题还没解决，第三期付款时间到了，N 资本也表示将不按期支付第三期投资款，三家投资人中只剩下 L 集团一家支付第三期投资款了。

你可以思考：股权给出去却拿不到钱，能用前面介绍的第一种退出机制吗？如果不能，该怎么办？

### 三、专业操作踢投资人

M 基金已经支付第一期投资款，也没有抽逃出资，不符合第一种退出机制的条件。如果你遇到这种情况该怎么办？贾老板的 FF 就遇到过类似的情况。

创始股东是实力雄厚的大机构，请了专业法律顾问参与，开始一系列踢投资人的专业操作。

#### 第一步，监事会推动开会

副董事长不肯召集会议，监事会站出来推动开会，副董事长终于同意组织召开董事会会议，但却因反对职工董事和法律顾问参会，开了会却并没能形成董事会决议，副董事长发文终止了会议，这可怎么办？

这时轮到监事会上场了，监事会及时把握机会，发通知召集股东会会议。可副董事长却不乐意了，要抢回召集会议的权利，说上次通知只是休会，并不是结束，现在继续开会。但部分董事说此前已发函终止会议，不同意再接受副董事长主持的董事会会议。

"终止"是结束的意思，"中止"是暂停的意思，法律上差一个字可以相差千万里，副董事长后悔已经来不及了。

#### 第二步，监事会组织开会踢投资人

此时，M 基金没有付第二、三期款，N 资本没有付第三期款，两家投资人都提出异议，并拒绝参加会议，只有创始股东和 L 集团两家股东参加会议，股东决议如下。

（1）选举甲机构的新领导为董事，替换之前辞职的董事。

（2）根据之前甲机构、N、L 这 3 家股东达成的会议纪要，M 基金的股东

资格已经发生变化，公司进行减资，按 3 家股东的认缴出资重新确定出资情况及持股比例。

（3）免去 M 基金推荐的两位董事和一位监事的职务。

但 4 家股东中只有两家股东参加会议，共获得持股 64% 的股东同意，这样能行吗？

而参会的两家股东认为，同意的股东已达到实缴注册资本的 84.23%，决议有效。

开完股东会会议换新董事后，新董事会通过董事会决议，选举甲机构领导担任董事长，这下终于有新董事长了。

### 四、投资人奋力抗争

M 基金不同意被踢出局了，向法院起诉，要求撤销上面的股东决议和董事会决议。

#### 1. 延期付款问题

M 基金提出，因为六色公司没有完成改制，自己才不支付后期款项的。

但法院认为，协议没约定需要完成改制才付款，第二、三期付款只规定了具体时间，并没附加其他先决条件。而足额付款是投资人的基本义务和最重要的义务，也是其获得股东权利的基础。

#### 2. 股东决议票数问题

M 基金提出，公司章程规定股东按出资比例表决，不是按实缴出资比例，甲机构和 L 集团两家股东同意的股权比例只有 64%，没有达到公司章程中减资需要 3/4 以上表决权的股东同意的规定，应属无效股东决议。

但法院认为，在 M 基金未全面履行出资义务的情况下，其权利的行使应当受到一定的限制，按照实缴出资比例行使表决权是对股东的权利与义务的平衡，也符合增资协议约定，甲机构和 L 集团两家股东的实缴资本比例已达 84.23%，符合 3/4 以上比例要求。

M 基金还提出开会程序方面的问题，但都没有得到法院的支持，就这样被踢出局了。

M 基金又换别的方式起诉另两家股东、公司高管、监事等要求赔偿过亿元，但有的撤诉，有的被法院驳回。

另一家付了两期款后也被踢出局的 N 资本，也起诉甲机构要求支付 5000 万元违约金，被法院驳回；还起诉原股东、高管、监事等要求赔偿 2 亿元，也被法院驳回。

多起官司的诉讼费和违约金接近 600 万元，律师费等没计算。

### 五、成功踢掉两家投资人的案例启示

两家投资人涉及多起官司，诉讼费+律师费+违约金可能高达上千万元，但还是被彻底踢出局了。

能成功把两家投资人踢出局，有两个因素很关键。

1. 提前设计了退出机制

他们的融资协议约定，逾期付款超过 30 个工作日的，可选择按照实缴资本比例调整股权比例，或者把逾期付款的股东踢出局等，并由守约方按照实缴资本比例过半的意见决定采用哪种方式。

2. 专业的开会操作

踢投资人的会议遇到诸多障碍，这里做了简化处理，实际要复杂得多。面对这么复杂的情况，需要非常专业的操作才能得到如此结果，换了别的公司未必能顺利走到这一步。

提前设计规则是本书介绍的第二种退出机制，但并不是有退出机制就一定能实现退出，比如下面的案例。

### 六、设立动态股权和退出机制

创始人创办三立科技公司，公司注册资本 100 万元，创始人自己 100% 持股。后来找到一位联合创始人加盟，还找了两位技术合伙人，4 人签订股东协议，约定如下。

1. 三立科技公司注册资本 100 万元，创始人和联合创始人各以现金出资 30 万元分别持股 30%，两位技术合伙人各以现金出资 20 万元分别持股 20%。但早期由创始人和联合创始人各出资 50 万元，两位技术合伙人出资 0 元。

2. 工商登记的比例为创始人持股51%，联合创始人持股49%，这只是为了方便对外开展业务和对内管理，不代表股东的实际持股比例。

3. 当公司盈利后，银行账户自有资金超过200万元时，创始人和联合创始人先从公司账上各取回50万元，共计100万元。即日起办理股权转让手续，使工商局登记的股权比例为：创始人持股31%，联合创始人持股29%，两位技术合伙人各持股20%，有效期三年。

4. 如果创始人和联合创始人投入的100万元用完后公司尚未盈利，在没有流动资金的情况下，两人再各追加投入50万元，等公司盈利后即将100万元追加款连本带息退回给两人。

5. 退出机制如下。

（1）三年内，任何人一年内不能履行职责累计超过30天的，必须无条件退出其所持股的至少60%股权，退出的股权由其他股东按比例分配。

（2）股东故意对公司造成经济或名誉等损失时，视情况严重性退出相应比例的股份。

（3）股东故意将公司商业秘密及相关保密技术泄露给第三方，损害公司利益的，则取消股东资格，退出其所持有股份。

（4）股东对外转让股权须经半数以上股东同意，没有半数以上股东同意的，由公司按照净资产价格回购。

你可以思考：

（1）协议约定的两个出资比例分别为3∶3∶2∶2和5∶5，到底按照哪个计算？

（2）协议还约定工商登记的股权比例为51∶49，与两个出资比例都不相同，按照哪个计算？

（3）还约定了动态调整机制，4人的股权比例到底是多少？

（4）约定了退出机制，到底什么情况下谁会退出？以什么方式退出？这样的退出机制能有效吗？

（5）约定创始人和联合创始人可以取回资金，取回的资金属于什么性质？

签完协议后，联合创始人支付了50万元，但并没有办理工商变更登记手续，工商登记的依然是创始人 100% 持股。

## 七、股东打官司争股权

两位技术合伙人半年后就离职了，没有要股权。而已经支付 50 万元的联合创始人在一年后向法院起诉，要求确认自己持股 50%，并要求办理工商变更登记。

创始人反驳说：

（1）4 人签订的股东协议只是项目的权益比例，不是公司的股权比例，4 人的权益比例是 3∶3∶2∶2，等公司账上自有资金超过 200 万元时才将股权变更登记为 31∶29∶20∶20，因为各方都不是法律专业人士，才在起草协议时错误地将项目的权益比例写成是公司的股权比例。

（2）公司成立时，创始人 100% 持股，股东协议没有体现股权转让或者股权代持的意思，所以联合创始人不是公司的股东。

（3）如果联合创始人是股东，他投入的 50 万元作为投资款是不能抽回的，但股东协议约定公司自有资金超过 200 万元时，两人可以取回 100 万元，说明联合创始人投入 50 万元并不是投资款，只是项目运作资金。

（4）因项目最后并没能研发成功，两位技术合伙人已经退出；之后联合创始人私下把客户介绍给竞争对手，被创始人发现后退出项目并离职。按协议约定，创始人有权决定联合创始人退出项目，后者已经不享有任何权益。

就算联合创始人仍享有项目权益，按照离职后至少退出 60% 股权的条款，联合创始人离职后的权益也只剩下 16.8%=（30%+20%×60%）×40%。

（5）就算认定联合创始人持有股权，因他起诉前已经离职而且把客户介绍给竞争对手，按照股东协议约定，创始人也可以决定联合创始人退出全部股权。

打官司时双方立场对立，以前签协议留下的漏洞就成为对方的把柄。

**法院审理认为：**

联合创始人已经按股东协议约定出资 50 万元，而两位技术合伙人已经退出，按照协议约定应持有 50% 的股权，没有做工商登记就是由创始人代持股权。在此后没有发生协议约定应进行股权转让与确认的情形，所以联合创始人仍应享有 50% 股权。

一审判决后，创始人不服上诉，但后来双方达成和解了。

本案例虽然约定了退出机制，但规则不清，并没有起到退出的作用。还约定了动态股权机制、多种不同的比例，股权比例还与工商登记不同。

没搞清楚股权的底层逻辑，却约定这么复杂的规则，不仅没解决问题，还可能把自己坑了。

**如果自己不专业，又不愿意花钱请专业的人，建议采用尽可能简化的方式处理。**

不只是小公司会踩坑，有两家股东合作超过 40 亿元的项目也踩坑了，一方想把另一方踢出局，另一方则要求解散公司，花费超过 2000 万元打 10 年官司还没解决。下面介绍具体案例。

## 八、40 亿元项目的合作

大承地产公司拿到旧城改造项目后，找来外资股东投资合作。

### 1. 2005 年双方签订协议 1

（1）公司注册资本从 1296 万元增资到 2.24 亿元，股权结构变成丁集团与外资股东 5∶5。

（2）除 2.24 亿元注册资本外，两方股东各提供 0.68 亿元借款；外资股东另在 8 个月内解决 3.1 亿元的融资问题。如果外资股东没有完成融资义务，则应向丁集团支付 1 亿元违约金，之后由丁集团和外资股东各承担 50% 融资义务。

你可以思考：

（1）1 亿元这么高的违约责任，真的能起作用吗？

（2）5∶5 的股权结构会出问题吗？

### 2. 同一天签署公司章程

（1）董事会共 7 人，外资股东派 4 人，丁集团派 3 人，对聘用总经理、利润分配等事项，经 2/3 以上董事同意通过。

（2）第一届董事长由外资股东委派，副董事长由丁集团委派；第一届总经理由丁集团委派，副总经理由外资股东委派。四年后轮换。

（3）一方没有缴纳增资款、没有汇入股东借款及没有完成融资义务的，另一方有权终止合营。

你可以思考：这样的条款能解决股东退出问题吗？

### 3. 签订协议 2 延期付款

因为外资股东没能按时付款，他们又签订协议 2，将外资股东的付款时间延后一个月。

可是又过了一年，外资股东 3.1 亿元的融资义务还只完成了 8000 万元。为此，外资股东按照协议约定向丁集团支付 1 亿元违约金。此后，由丁集团和外资股东各承担 3.1 亿元各 50% 的融资义务。

你可以思考：房地产是资金密集型行业，外资股东才开始合作就延期付款，后来为了减少 1.55 亿元的融资责任，宁愿支付 1 亿元违约金，这是图什么？以后还能顺利合作下去吗？

### 4. 2007 年签订协议 3 和公司章程

（1）公司注册资本从 2.24 亿元增资到 5.27 亿元，两方股东同比例增资。

（2）除注册资本和两家股东各提供 0.68 亿元借款外，还差 3.91 亿元由两家股东各承担 50% 的融资义务，具体融资安排根据项目开发进度及资金需求按董事会决议安排。

协议最后这句话，为后面的纠纷挖了大大的坑。

## 九、轮换位置后股东发生矛盾

2009 年 10 月，第一届任期届满，双方轮换位置，由丁集团的人担任董事长和法定代表人，外资股东的人担任总经理。

新董事长上任后，决定公司购买 1.08 亿元理财产品，4 个月获得 130 万元收益，可帮公司赚 130 万元的理财却成为后来打输官司的关键证据。

轮换位置才不到一年，双方就在 2010 年 7 月开始发生矛盾了，真功夫是不是也这样？

此时股东已经缴足 5.27 亿元出资，但还不足以完成项目，为此董事会在 2012 年 6 月讨论增资和融资安排等，丁集团希望进行下一步融资，但外资股东坚持要求丁集团按照协议和章程规定将公章、证照等移交给外资股东派的总经理，最终没能形成董事会决议。

之后双方矛盾进一步升级，丁集团先后申请四次仲裁，要求解除或终止双方签署的一系列协议等。

第一次仲裁，要求确认因外资股东逾期付款而终止协议2，获得支持，一方要求赔偿律师费120万元，另一方要求赔偿律师费160万元；第三个仲裁，要求确认协议1已解除，获得支持；第四个仲裁，要求解除协议3和取消外资股东的股东资格，仲裁支持解除协议3，但取消股东资格不属于仲裁受理范围。

第二次仲裁，要求确认外资股东已经退出大承地产公司，并赔偿丁集团2.6亿元损失。外资股东则去法院起诉，要求确认仲裁无权受理此案。丁集团后来撤回仲裁申请。

注：此处所说的仲裁与劳动仲裁不同，仲裁适用《中华人民共和国仲裁法》，而不适用《民事诉讼法》，仲裁委员会与行政机关没有隶属关系，仲裁委员会之间也没有隶属关系，仲裁员大多为兼职。仲裁只能处理协议或财产纠纷，股东资格等不属于仲裁受理范围。

仲裁与诉讼只能二选一，选择仲裁需要在协议中约定，选择了仲裁就不能再选择诉讼，而且仲裁是一局终审，没有机会上诉。

丁集团从2012年到2017年发起四个仲裁，输的一方又去法院起诉，还请专家论证等，但被法院驳回了。花费的律师费、仲裁费可能已达上千万元，最终双方签订的全部协议都已经被裁决终止或解除，但股东协议解除或终止后并没能解决股东退出问题。

你可以思考：打赢官司把全部合同都解除或终止了，但并没能解决股东退出问题，花上千万元打官司的意义是什么？

## 十、股东继续打官司争股权

轮换位置后，由丁集团的人担任法定代表人，法定代表人可以以大承地产公司的名义起诉外资股东。

### 1. 要求外资股东赔偿3.7亿元

因为外资股东没有按时完成1.66亿元融资义务导致项目延迟，拆迁成本增加 37 亿元，没及时补缴土地出让金多支付 24 亿多元，还面临被无偿收回土地和巨额罚款损失 8 亿元。考虑到对方履行能力有限，只按增加拆迁成本的 10% 索赔 3.7 亿元，保留继续追偿的权利。

法院审理认为：

（1）协议 3 约定"融资具体安排根据项目开发进度及资金需求按董事会决议安排"，现在并未能就此形成董事会决议，就是还没有到付款时间，所以外资股东没有逾期付款。

（2）大承地产公司有钱在 2010 年购买 1.08 亿元的理财产品，可见并没有因为外资股东没有支付融资款而导致资金匮乏。

在没有对项目现状和公司账目进行评估和审计的情况下，无法判定外资股东未履行 1.66 亿元融资义务对项目造成的影响。所以法院判决驳回起诉，诉讼费 400 万元。

### 2. 想踢掉外资股东

搞了这么多仲裁和官司都没能踢掉外资股东，丁集团继续奋战。

2017 年再向法院起诉提出，一系列股东协议已经被仲裁裁决终止或解除，要求确认外资股东不再享有股东资格，还请了专家提供意见。

法院审理认为：

股东协议终止或解除后，股东之间的合作关系终止适用《民法典》，而股东与目标公司之间的关系适用《公司法》。公司章程是规范公司与股东之间、股东与股东之间关系的准则，股东退出涉及的资本减少、股东持股比例变化等重大事项应通过内部治理程序解决；即使公司陷入僵局而无法通过内部治理程序解决，《公司法》也规定有相应的解决途径。

没有证据证明外资股东已经转让股权或因法定、约定等事由被剥夺股东资格，专家意见不能印证客观事实，不属于证据。

一审法院在 2018 年 12 月驳回起诉，诉讼费 136 万元。当时没有人上诉，但却在 2019 年换律师后申请再审，在 2019 年 9 月被驳回。

从 2012 年到 2019 年打了 7 年官司，全部协议已被解除或终止，但都没能踢掉外资股东，轮到外资股东反击了。

### 3. 外资股东反击

在应对官司的同时，外资股东也在 2016 年 7 月诉请解散公司。

一审法院认为，虽然股东矛盾发生多起官司，但解散公司是股东进行权利救济的最后一道防线，司法应最大限度地维护公司、股东等相关主体的整体利益，而不是个别股东的利益，解散公司还需符合是否穷尽其他途径不能解决的条件。

股东协议被终止或解除后，外资股东可以通过卖股权或减资等方式退出。

法院在 2019 年 6 月判决驳回外资股东的起诉，诉讼费 270 万元。

外资股东不服上诉，二审法院认为，股东长期矛盾和冲突导致项目进展迟缓，从 2005 年获得项目批复到现在已经 10 多年，拆迁工作只完成了 30%，公司经营管理机制不能正常运转，公司存续会导致股东权益继续受损。

股东协议已经全部终止或解除，股东合作的基础已经丧失。公司僵局持续且无法解决，法院尝试促成通过减资、收购等方式解决，但双方的诉求差距过大，无法达成一致。公司存续对原告已经失去意义，其作为持股 50% 的股东无法按照公司章程的规定参与决策、管理，正当行使股东权利，通过董事会会议、仲裁、诉讼等各种解决途径都不能解决。

法院在 2022 年 1 月判决解散公司，但高达 40 亿元的项目该如何处理？直到我写书的 2023 年仍没真正解决问题。

## 十一、第二种退出机制小结

大承地产公司股东从 2010 年开始发生矛盾，花 10 多年时间扯皮、打官司，花费的律师费、诉讼费、仲裁费、专家费等可能已超过两千万元，虽然协议已经全部解除或终止，公司也被判决解散了，但事情并没有解决，公司的财产就是一块地，应该如何处置？

高达 40 亿元的合作项目，虽然协议约定了退出机制，但并没能解决股东退出问题。

前面 3 个案例都在协议中约定了退出机制，但只有六色公司成功解决了股东退出问题。

股权退出可以有减资或股权转让两种方式，两种退出方式的操作方法不同。减资退出需要按照公司章程规定通过股东决议，股权转让退出需要买卖双方签订股权转让协议。

```
股权退出          ┌─ 减资 ──┬─ 股东决议
两种方式  ──────┤         └─ 公司章程
                 └─ 股权转让 ─┬─ 卖方  ┐
                              └─ 买方  ┘ 股权转让协议
```

退出机制并不是有就可以，先搞清楚股权的底层逻辑，确定通过哪种方式退出，再设计与之配套的退出机制。涉及大额资金的项目，建议还是请足够专业的人设计方案。

可如果没有提前设计退出机制又该怎么办？下一节将介绍第三种退出机制。

## 6.3 股权退出机制之三，斗智斗勇踢掉拖后腿的合伙人

前面介绍第一种退出机制"靠天吃饭"，需要被踢出局的股东自己犯严重错误，第二种退出机制需要"提前设计规则"；可是如果既不符合"靠天吃饭"的条件，也没有提前设计退出机制，怎么办？下面将介绍第三种退出机制"后天补救"。

### 一、芯片公司合伙人发生分歧

两位芯片行业资深人士共同创业。

CEO 是芯片行业从业 20 多年的前辈，CTO 是大型芯片公司技术高管，两人在 2017 年共同成立六芯公司，新公司注册资本 500 万元，CEO 全职创业持股 80%，CTO 兼职持股 20%，CEO 借给 CTO 共 40 万元用于实缴出资。

但两人才合作不到一年就发生分歧了，公司需要钱，CEO 希望 CTO 能履行出资责任，但 CTO 不愿意承担风险，只愿意为公司提供有息借款。

借款和股权出资有本质的区别，借款对公司是债务，不管公司赚不赚钱都需要偿还，当公司破产时需要先还债，剩下的钱才可以分给股东；而用于出资的钱是不可以取回来的，只能在卖股权或公司清算时才能收回。

CEO 说，新公司成立快一年，CTO 还没从大公司离职，兼职容易导致技术泄露或者造成侵权等风险，而且兼职也会因为精力不足而影响工作，2018 年对 CTO 进行停职处理，而 CTO 要求撤回自己投入的资金。

可是之前并没有设计退出机制，怎么办？

### 二、几经波折终于收回股权

道不同不相为谋，虽然两人都愿意分手，但却经历斗智斗勇后才最终解决。

#### 第一轮退出夭折

CEO 说，CTO 要求公司以 53 万元价格购买其一台设备，但公司没钱；CTO 愿意提供 30 万元借款，要求 CEO 免除 CTO 实缴 40 万元的还款义务，就同意以 1 元价格把 20% 股权转给 CEO。可是进行到一半后，CTO 却要求按照 200 万元价格转让 20% 股权。

CEO 还说，当时公司负债累累，20% 股权根本不值 200 万元，况且自己也没有 200 万元回购股权，干脆对公司进行破产清算好了。

**第二轮签退出协议**

说到破产清算，CTO 就不愿意了。因为如果破产清算，公司根本没有钱，CTO 的借款岂不是就拿不回来了？所以重新商谈退出事宜，并在 2019 年 4 月签署 7 份协议，约定如下。

（1）公司在 2019 年 4 月底还清 CTO 的欠款和利息。

（2）CTO 收款后，把 25 万元借给 CEO 使用 3 个月，如果 CTO 不给 CEO 借款，就按照 1 元价格把 20% 股权转让给 CEO。

（3）在 CEO 向 CTO 归还 25 万元借款后，CTO 按照 1 元价格把 20% 股权转让给 CEO。

签完协议后，公司比协议约定晚一个月向 CTO 还款，而 CTO 也没有按照协议约定向 CEO 提供 25 万元借款，也不配合办理股权变更登记手续。

**第三轮打官司退出**

双方僵持了快一年没有解决，2020 年 5 月，CEO 去法院起诉，要求 CTO 配合办理股权变更登记手续。

而 CTO 也去法院起诉，要求撤销 1 元卖股权的协议，说自己被迫签了 1 元卖股权的协议，既失公平也违反税法，公司注册资本 1000 万元，20% 股权的价值远远高于 1 元。法院审理认为 CTO 没有提供证据证明被迫签协议，驳回了 CTO 的请求。

CEO 则说，1 元卖股权的协议只是 7 份协议中的一份，7 份协议是一个整体，CTO 从 7 份协议中无偿获得了诸多利益。法院审理认为，双方约定 1 元转让股权并不违反法律的强制性规定，协议合法有效，判决支持了 CEO 的请求。

法院判决后，终于在 2021 年 8 月办理了股权变更登记手续，公司在 3 个月后获得知名芯片投资公司数千万元的融资。

**案例启示**

本案例的合伙人创业不到一年就发生分歧，根本原因在于 CTO 不愿意承担创业风险。

第 3 章介绍过，**不愿意承担风险的人适合做员工，不适合做合伙人。**

花三年时间斗智斗勇终于签了退出协议，最后通过打官司成功解决合伙人退出问题，算是幸运的。但如果对方不同意签退出协议怎么办？下面介绍不签协议退出的案例。

### 三、同床异梦的合伙人

八福矿业公司注册资本 1000 万元，共有 4 个股东，大股东持股 63%，二股东持股 19%，三股东持股 10%，四股东持股 8%。

矿业的投资逻辑与很多行业不同，比如觉得某个地方有矿，就付钱从有关部门拿到探矿权，再像寻宝一样去找矿，寻宝过程可能要投入很多钱。而探矿权是有期限的，如果时间到了还没找到矿，可以选择付费续期，如果不付费续期，以前寻宝的钱就打水漂了。

八福矿业公司把股东投资的 1000 万元花完后，还借了大股东 350 万元，但还没找到矿。有股东不想再投资了，就把探矿权承包给四股东三年，四股东又花 2000 多万元寻宝，还是没找到矿。探矿权将在三个月后到期，如果不投钱续期，以前的投资将因探矿权到期而归零。

几经讨论后，二股东和三股东不愿意再投钱，四股东愿意继续垫钱先申请将探矿权延期两年，可是不可能让四股东一个人投钱由大家共享收益吧？于是通过股东决议进行投票。

第一次股东决议：

（1）收回探矿权，由八福矿业公司自己继续寻宝。

（2）因为四股东前期投入较多，同意四股东享有 30% 的收益权。

（3）公司再投入 1000 万元，各股东按股权比例投入，9 月底前共投入 500 万元，在 12 月底前再投入 500 万元，**没有按时投入的被视为主动放弃股权。**

（4）股东会按股权比例表决，超过 2/3 票数为通过。

大股东和四股东投同意票占 71%，二股东和三股东投不同意票占 29%，这样能通过吗？

开完股东会后，大股东和四股东都付了第一期的钱，但二股东和三股东不付钱。

你可以思考：

（1）再不续期探矿权的投资就要归零了，怎么办？

（2）上一章介绍的三波通信公司，也是因为二股东不同意投钱而发生分歧，他们通过股东决议将二股东没出资的股权转给大股东，但最后并没能操作成功。现在八福矿业公司通过股东决议，如果股东不按时投入就被视为主动放弃股权，这样能把不投钱的两位股东踢出局吗？

### 四、踢掉拖后腿的股东

他们决定把二股东和三股东踢出局，并进行了一系列操作。

**第一步，开会修改规则**

通过第二次股东会会议：

（1）强调1000万元投资要按时到位，给二股东和三股东23天宽限期，到时还不付钱就视为自动放弃股权。

（2）修改公司章程：股东没按时出资（含增资），经催告还不出资的，经2/3以上表决权的股东同意，可以取消其股东资格；股东资格被取消后，由其他股东收购他的股权，收购价按照股东会作出决议之日的净资产计算。

这次会议还是大股东和四股东同意占71%，二股东和三股东不同意。

二股东和三股东还去法院申请解散公司，但被法院驳回了。

**第二步，开会把两位股东踢出局**

付款宽限期到后两位股东都没有付钱，公司又通过第三次股东决议：

根据公司章程规定，取消二股东和三股东的股东资格。

这次会议还是大股东和四股东同意占71%，二股东和三股东不同意。

二股东和三股东向法院起诉提出：

（1）自己已经履行出资义务，没有抽逃出逃。【注：就是不符合"靠天吃饭"的退出条件。】

（2）自己在股东会上投了反对票，不能以两位股东明确反对的股东决议作为踢两位股东的依据。

（3）两人不同意增资扩股，最多只是丧失增资的资格导致股权被稀释，但不能把两位股东踢出局。

（4）就算两位股东出局，退出价格也不能按照净资产计算。

**大股东和四股东则说：**

公司成立时投入的1000万元，在二股东做总经理期间早已花完，还负债350万元，如果不是四股东承包三年又投入2000多万元，探矿权早已经没有了，公司也会倒闭。现在两人既不出钱，也不提出解决办法，还去法院申请解散公司。

**法院审理认为：**

（1）经司法鉴定，公司的净资产是负325万元，股东的权益已经小于0，二股东和三股东已经没有经济利益了。

（2）公司的探矿权在起诉时已经到期了，如果当时股东都不出钱续期，公司也就不再持有探矿权的价值。而增加投资的第一次股东决议已得到法院确认有效，未履行股东决议继续投资的股东对增资后继续经营的权益不应再享有权利。

所以法院判决确认，二股东和三股东已经按照股东决议被踢出局了。

**案例启示：**

第5章介绍的三波通信公司，股东决议将不按时出资的股东的股权按照平价转给其他股东，股东决议已经被法院确认有效，但最后并没能操作成功，因为不能强迫股东卖股权。

八福矿业公司的情况类似，两位股东也不按照股东决议付款，两人既没有抽逃出资，也没有提前设计退出机制，为何却能被踢出局呢？

因为八福矿业公司的净资产已经是负数了，如果不继续投资，股权已经没有任何价值，这种属于非常特殊的情况。如果不符合如此特殊情况，不一定能把股东踢出局，有股东被踢出局18年后还反转的，比如下面的案例。

## 五、把拖后腿的股东踢出局

明天公司成立三年后没钱经营快要倒闭了，想让股东继续投钱续命。

**2005年5月，全体董事同意通过董事会决议：**

股东按照股权比例追加投资800万元，在5月底前把钱转到公司账上，如果没有按时付钱，则被视为自动放弃股权。

当时共有8个股东，D持股5%，D作为股东和董事在董事会决议上签了字。

你可以思考：通过董事会决议后，真的能把不按时付款的股东踢出局吗？

付款时间到了，D并没有付钱，其他股东决定把D踢出局。

**2005年9月通过第一次股东决议：**

按照董事会决议，D已经放弃股权，股东们同意把D的股权转给G。

7个股东都在股东决议上签字同意，只有D自己不同意，股东决议获得95%的票数通过，这样能把D踢出局吗？

股东决议通过后，当时并没有办理工商变更登记手续，直到2011年D仍然是工商登记的股东。

后来打官司时明天公司说，曾多次想给D退钱退股，但他一直不配合，D还去法院起诉冻结了公司的股权，后来就一直办不了减资手续。

你可以思考：

（1）第一次股东决议同意把D的股权转让给G，上一章介绍的三波通信公司是不是也采用过类似操作？这样能解决问题吗？

（2）股东决议同意把D的股权转让给G，但由公司把钱退给D，这样操作对吗？

过了6年后的2011年，D去法院起诉要求以股东身份查账，因为工商登记资料显示D依然是股东，所以法院判决支持了D的请求。

**为此，明天公司又在2012年6月通过第二次股东决议：**

落实执行2005年5月的董事会决议，公司注册资本从1200万元减少至1140万元，减少D的60万元出资。

这次股东会会议，D没有参加，其他股东全部同意，这样能有效吗？

你可以思考：第一次股东决议说把D的股权转让给G，第二次股东决议说公司减资60万元，到底按照哪个计算？

虽然股东决议通过了，但因股权被冻结，一直没能办理手续，直到2014年股权冻结解封，他们才赶紧操作。

2014年10月又通过第三次股东决议，与第二次股东决议内容相同。

通过股东决议之后，他们很快办理了工商变更登记手续，把D从股东名单中去掉了。但因为D不肯配合退股，就将D的出资款提存到公证处。

从2005年到2014年历时9年，终于将D从工商登记名单中去掉，这样是不是就真的能把D踢出局呢？

### 六、股权战争又反转了

D不同意被踢出局，一边向工商局申请行政复议，另一边去法院起诉要求确认股东决议无效，两起官司都挺复杂的，经历多次反复。

**1. D起诉股东决议无效的官司**

一二审法院认为，D自己已经在2005年5月的董事会会议中签字，就是同意附条件放弃股权，后来D没有按时付款已经符合放弃股权的条件。

第二次股东决议就是按照2005年5月的董事会决议处理，而公司减资、解除D股东资格的股东决议已经获得2/3以上票数通过，不违反法律规定。

第三次股东决议时D已经不是股东，股东决议已经获得2/3以上票数通过，合法有效。

二审法院判决驳回D的起诉，判决已经生效，但D不服，去检察院申诉。

检察院向法院抗诉提出，2005年5月的董事会决议已经超出董事会的职权范围，应认定为无效；D明确反对就他个人出资进行减资，也没有表示过要卖股权，所以第二次股东决议对D的出资进行定向减资应当无效。

**法院再审认为：**

（1）股东资格是股东的基本权益，非经法定程序，任何组织及个人不得非法剥夺。

（2）D不符合"靠天吃饭"退出机制的条件，股东如果自愿放弃股权，应做出明确且有效的意思表示，经股东会表决后按照《公司法》及章程规定的退出机制和程序进行。现在D自己不同意减资，也没有与其他人签过出卖股权的协议，D以什么方式、什么价格、何种程序退出，都没有协商一致。

（3）虽然股东会有权决定减资，但不等于有权决定对D进行定向减资而直接取消他的股东资格。

法院再审认为，把D踢出局的股东决议违反《公司法》和公司章程的规定，并且严重侵害了D的股东权利，股东决议无效。在2018年判决撤销一二审判决，就是2005年把D踢出局的事在13年后被推翻了。

### 2. D起诉工商局的官司

D起诉工商局的官司更曲折，申请行政复议被驳回后去法院起诉，一二审都被驳回。但D在赢了股东决议的官司后申请再审，被法院发回重审。

而在此期间，D拿走了之前提存在公证处的出资款，这一操作又节外生枝了。

一审法院认为，2014年工商局依据当时的资料办理工商变更登记手续，虽然经法院再审后在2018年判决把D踢出局的股东决议无效，但2019年D已经把提存的出资款取回，基础事实再次发生变化。D取回出资款被视为通过行为默示认可了原股东决议撤销其股东资格的事实，所以驳回D的起诉。

一审法院判决后，D不服上诉，二审法院虽然认为一审对D提取出资款的行为予以定性超出案件审理范围，但认为办理工商变更登记时工商局只做形式审查，无权审查股东纠纷等，工商局依据当时的资料办理变更登记手续是合法的，所以在2020年10月判决驳回了D的起诉。

就是反转后又再次反转，负负得正，又回到原点。

### 3. 起诉公司办股权变更登记

输了工商局的官司后，D再按照前面赢了的股东决议官司，在2020年12月又去法院起诉，要求公司办理工商登记手续恢复其股东身份。

而公司认为D已经取回投资款，视为通过行为默示股东决议撤销其股东资格的事实，D已经丧失股东资格了。

D则说，因为出资款的提存期限即将满5年，担心逾期不提取将归国家所有才提取，并不是要放弃股东资格，自己可以随时将这笔出资款缴回公司。

一审法院认为，在法院判决股东决议无效后D的股东身份已经恢复，公司应当申请撤销之前的工商变更登记手续。

一审法院判决后，公司已经在办理注销手续，并没有上诉。

但经过法院院长提交审判委员会讨论认为原判决有错，在 2021 年 1 月裁定再审。到我写书时的 2023 年还没查到进一步的判决，工商登记也没有恢复。

**案例启示：**

在 2005 年通过董事会决议，之后的股东决议根据 2005 年的董事会决议踢股东，可是 18 年后还反转，主要原因是操作不当。本来 2005 年 D 自己已经签字同意不出钱就退股了，如果 2005 年的董事会决议不是董事会决议，而是让各股东签字确认，结局就不一样了。

**股东是公司的所有权人，就是公司的老板，而董事是老板请回来做事的，董事会无权决定股东的去留。**

还有股东拿钱退出 12 年后还反转的，比如下面的案例。

## 七、股东退股 12 年后还反转

七正公司注册资本 100 万元，共有 4 位股东，X 认缴出资 20 万元持股 20%，但公司成立时，4 位股东共 100 万元出资都是由 X 垫付的。

2006 年 X 提出退股，公司把 100 万元（含 X 的 20 万元出资和替其他股东垫付的 80 万元）和利息 56 万元退还给 X，可是一直没有办理工商变更登记手续。

直到 7 年后的 2013 年，七正公司才去法院起诉，要求确认 X 不再是公司的股东。

可是此时 X 只承认自己收到钱，却不承认已经退股。

这起官司从 2013 年打到 2018 年，法院审理认为：

（1）X 说自己收到的是借款而不是退股的投资款，X 签字的收条也写收到还款或利息，而且公司的支票存根也注明用途为还款，所以不能证明 X 已经收回退股的投资款。

（2）公司说 X 在 2006 年 6 月已经退股，但此后发生两次工商登记变更和修改公司章程，都还是写明 X 的出资额仍为 20 万元，没有发生变化。

所以法院再审后，于 2018 年 5 月判决驳回了七正公司的起诉，就是 X 没有退股。

七正公司输了官司后，从 2018 年到 2022 年又换了多种办法，一个股东在 2020 年去法院起诉要求解散公司，但两个月后撤诉了；两年后又通过股东决议解散公司，2022 年 6 月注销公告的清算组不包含 X，但这样就能把 X 甩掉吗？直到 2023 年，X 仍然是工商登记中持股 20% 的股东。

明天公司和七正公司都是本来股东已经同意退出，但却因为当年操作不当，过了 10 多年后又反转了。

当年股权不值钱没人要，但公司名下有房产，10 多年后可能已经价值不菲，当年同意退出的股东，在股权价值飞涨后还会同意吗？

## 6.4 三种股权退出机制小结

本章介绍了三种股权退出机制，有的公司成功解决股东退出问题，但有的公司在退出 18 年后还反转了，根本原因在于没搞清楚股权的底层逻辑，以及操作不当。

### 一、股权退出机制的底层逻辑

股东的退出有两种方式：通过减资或股权转让退出，两种退出方式的退出路径和操作方法不同。

通过减资退出的，需要有符合《公司法》和公司章程规定的股东决议，而股东决议需要专业的操作，比如六色公司，如果没有专业的操作，可能连股东会都开不了，更不要说通过股东决议了。

通过股权转让方式退出的，需要有卖方和买方，以及交易价格、股权转让协议等，并按照股权转让协议约定操作。

设计股权的退出机制，首先要搞清楚股权的底层逻辑。

### 二、三种股权退出机制

**第一种退出机制，"靠天吃饭"**

"靠天吃饭"的退出机制是法律自带的，不需要提前设计，但需要被踢出局的股东自己犯严重错误，还需要加上专业的操作。

如果对方没有犯严重错误，则不符合第一种退出机制的条件；就算对方犯了严重错误，操作不专业也会导致退出不成功，比如三凯公司换四轮操作都不成功，花数百万元打官司也没能把抽逃出资的股东踢出局。

**第二种退出机制，"提前设计"**

设计股权退出机制时，需要先搞清楚是通过减资还是股权转让退出，再设计与之相匹配的退出机制。

如果连股权的底层逻辑都没搞清楚，有退出机制也是没用的。比如三立科技设计了动态股权和退出机制，但都没起作用；比如大承地产公司，虽然有退出机制，但 10 多年时间花 2000 万元打官司，所有的协议都已解除或终止，却依然无法解决股东退出问题。

**第三种退出机制，"后天补救"**

如果不符合第一种"靠天吃饭"的条件，也没有提前设计退出机制，就只能"后天补救"了。"后天补救"需要天时、地利、人和，还需要配合操作得当，操作稍有不当都可能不成功。

比如六芯公司，斗智斗勇才终于签了股权退出协议，最后还需要通过打官司才能实现退出。

比如八福矿业公司没有提前设计股权退出机制，在被踢出局股东反对的情况下实现退出需要符合非常特殊的情况，公司净资产为负数，股权已经没有价值，还要加上专业的操作。

明天公司和七正公司，本来当时股东已经同意退出条件，但却没搞清楚用减资或股权转让方式退出，也没有与之相匹配的专业操作方案，导致一个18年后还反转，另一个12年后还反转。

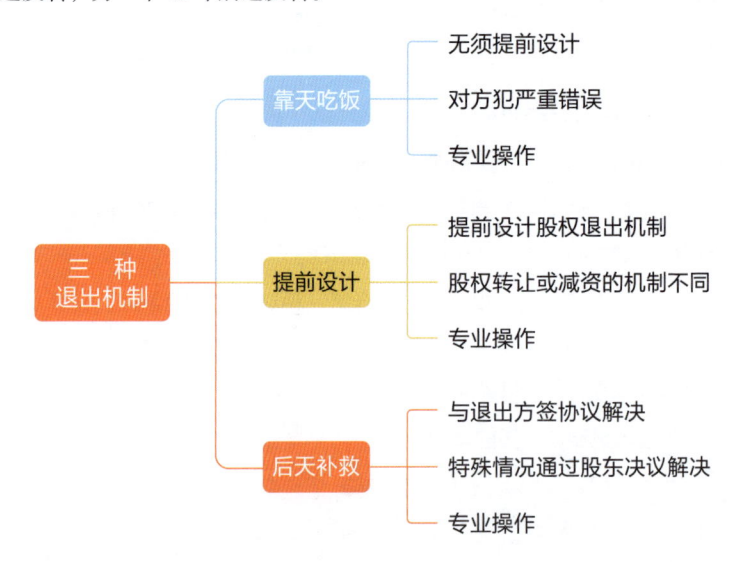

```
                    ┌── 无须提前设计
          ┌─靠天吃饭─┼── 对方犯严重错误
          │         └── 专业操作
          │
          │         ┌── 提前设计股权退出机制
三种退出机制─┼─提前设计─┼── 股权转让或减资的机制不同
          │         └── 专业操作
          │
          │         ┌── 与退出方签协议解决
          └─后天补救─┼── 特殊情况通过股东决议解决
                    └── 专业操作
```

## 三、股权退出的操作思路

```
                    ┌─────────────────────┐
                    │  股权退出的操作思路  │
                    └─────────────────────┘

                         ╱╲           ── 提前设计
                        ╱退出╲
                       ╱机制  ╲        ── 靠天吃饭
                       ╲三选一╱
                        ╲    ╱         ── 后天补救
                         ╲╱
                         │
                         ▼
                         ╱╲           ── 股权转让 ◄─┐
                        ╱退出╲                      │
                       ╱方式  ╲                     │
                       ╲二选一╱       ── 减资退出 ◄─┤
                        ╲    ╱                      │
                         ╲╱                         │
                         │                          │
                         ▼                          │
                  ┌──────────────┐                  │
                  │ 专业的操作    │──────────────────┘
                  │ 与退出方式对应│
                  └──────────────┘
```

### 1. 选择哪一种股权退出机制

如果提前设计了股权退出机制，就按照设计的股权退出机制操作。

如果没有提前设计股权退出机制，是否符合"靠天吃饭"的退出条件？

如果前两个都不符合，只能"后天补救"了。

### 2. 通过哪种方式退出

如果通过股权转让方式退出，需要有买方、卖方、交易价格等。

如果通过减资退出，需要有符合要求的股东决议。

### 3. 专业的操作

不管通过哪种方式退出都需要操作得当，前面介绍的明天公司和七正公司都是"后天补救"。

明天公司通过减资方式退出，但因为操作不当，18年后还反转。

七正公司自己都没搞清楚是通过减资方式退出还是股权转让方式退出，自然没能操作成功，退钱 12 年后还反转了。

第 2 章介绍的大园公司，采用假签名办变更，15 年后也反转了。

类似这样的案例现实中并不少，只是没有媒体报道，大家不一定知道而已。

# 第7章

# 股权设计的三种工具

用好工具可以大幅提高质量和效率。
股权设计的工具包括公司章程、注册资本、股东协议。

## 7.1 用好股权分配抓手，牢牢锁住股权抢不走

在第 2 章介绍的案例中，有股东用隐名身份投资入股而没有做工商登记，后来公司亏损了，隐名股东就说是借款，要求公司还本付息，还获得了法院支持。

那么是不是一定要做工商登记才能获得股权呢？下面介绍另一个案例，没有做工商登记也能获得股权，别人花 7 年时间打官司也抢不走。

### 一、股东合作种摇钱树

投资建电站就如种摇钱树，建好后可以源源不断地产出金子，正因为如此，有人愿意花 10 多年时间打官司争股权，而打这么多年官司公司还没死掉。

两个本地老板 E 和 F 有资源，找到投资人两兄弟 M 和 N 投资建电站，4 人在 2004 年共同成立八瑞水电公司，公司注册资本为 1200 万元，两个本地老板共持股 46%，投资人两兄弟共持股 54%，由投资人 M 担任法定代表人并负责公司的管理。但 4 年过去了电站还没建好，公司已经没钱了。

2008 年找到本地大老板 T 投资，T、E、M 这 3 人签署了公司章程并规定：公司注册资本增资到 1700 万元，T 认缴出资 510 万元，股权比例为 30%。

随后 T 向银行贷款 510 万元并转入八瑞水电公司，借款用途写"电站投资"，而公司收款后在会计凭证记"实收资本"。

但此后多年 T 并没有成为工商登记的股东，后来为了争股权打多年官司。

你可以思考：创始股东共有 4 人，但 T 只与两人签署公司章程，而且 T 付款后并没能成为工商登记的股东，T 能要到股权吗？

### 二、在筹钱风波中摇摆

拿到 T 老板 510 万元投资后又过了两年，电站还没建好，公司又没钱了，他们已经不打算再投入，决定把公司卖掉，并通过股东决议 1：

股权转让金按照出资比例分配，T 老板出资 510 万元，股权比例为 53%；4 个创始股东的股权比例共为 47%。

你可以思考：公司章程写的股权比例与股东决议写的比例不一样，应该怎么计算？

但作出股东决议后并没有找到买家，只好又由股东继续筹钱，2010年8月形成股东决议2：股东按照股权比例筹资推进工程建设。

M和N两兄弟申明自己筹不到钱，愿意按照股东决议1卖股权退出。E则找银行贷款准备投入建电站。

在这紧要关头公司拿到国家补贴，M和N不再退出，而由M担任法定代表人的八瑞水电公司决定不要股东们投的钱了，却另找债权人按照24%年利率借款3600万元，还决定把T投资的510万元退还，M给T补写借条：

借到T的510万元，借款期限为一年半，若到期未能偿还作为资本债转为公司股金。

之后在2011年把510万元全部退还给了T。

你可以思考：

（1）T投入的510万元到底算借款还是股权投资？

（2）在第6章介绍的七正公司的案例中，给股东退钱12年后却被法院判决股东并没有退股，但本案例中的T一直没有成为工商登记的股东，把510万元退给T之后，T是不是就拿不到股权了？

（3）为何宁愿找债权人高息借款，也不要股东们的钱？

不知股东之间曾发生什么故事，但公司在2011年因涉嫌虚报注册资本被调查，在由4个创始股东签署的账务自查结论中注明：T的实收资本金为510万元，4个创始股东至2007年的总实收资本金为365万元。

你可以思考：T不是工商登记的股东，而且已经把510万元退还给T了，却又写T实收资本金510万元，这是什么意思？为了摆脱虚报注册资本被处罚的责任，把已经退还给T的510万元认定为实收资本金，这是否就是传说中的头痛砍脚？

### 三、股东打官司争股权

签完账务自查结论的当月，T就向法院起诉要求确认自己持股53%。

一二审法院审理后判决：

（1）T能获得股东资格吗？

虽然2008年修改公司章程后，T通过增资成为股东，但并没有就此办理工商变更登记手续，T也就没有成为工商登记的股东。

（2）T投入的510万元属于什么性质？

借条写明510万元为借款，还约定到期不还才转为公司股金，现在公司已经把510万元全部退还给T，并没有转为股金，所以510万元不是股权投资款。

虽然2011年的账务自查结论写"T实收资本金510万元"，但T自己并没在账务自查结论上签字，表明T已经认可自己投资的510万元转化为借款。

法院判决T不是股东。二审判决就生效了，可是T不服，向最高法院申请再审，此案由最高法院再审判决。

投资人兄弟不承认T是股东，但本地老板却承认T是股东。

**法院再审认为：**

（1）T是否获得了股东身份？

2008年3人共同签署修订版公司章程，确认T认缴出资510万元持股30%。虽然4个创始股东中只有两人签字，但兄弟两人委托一人为代表，公司章程的修改获得了代表2/3以上表决权的股东同意，符合法律规定。而且另一位没签字的本地老板股东也明确表示认可修订后的公司章程，承认T是股东，所以公司章程合法有效。

之后T也以董事长身份出席电站的复工典礼，并多次参加股东会讨论公司经营管理事宜，实际行使了股东权利。

T的股东身份已经记载于公司章程，T也以股东身份实际参与了公司的经营管理，所以T是公司的股东。

（2）公司章程是否生效？

虽然公司章程有条款写"本章程经公司登记机关登记后生效"，而公司章程并没有经有关部门登记，但还有另一条款写"本章程于2008年8月订立生效"，两个条款相互矛盾，根据公司章程本身已经无法确定生效时间，只能根据相关法律规定和法理作出判断。

公司章程是股东在协商一致的基础上所签订的法律文件，具有合同的某些属性。在公司章程约定不明，《公司法》又无明确规定的情况下，可以参照《合同法》（已被《民法典》取代）的相关规定来认定公司章程的生效问题。

经法定程序修改的章程，自股东达成修改章程的合意后即发生法律效力，工商登记并非章程的生效要件，这与公司设立时制定的初始章程应报经有关部门登记后才能生效有所不同。

公司章程自 2008 年 8 月修订后开始生效，公司章程的修改涉及公司股东的变更，公司应依法向有关部门办理变更登记。公司股东变更后未办理变更登记的，变更事项并非无效，而仅是不具有对抗第三人的法律效力。

> 《公司法》第三十四条规定：公司登记事项发生变更的，应当依法办理变更登记。
>
> 公司登记事项未经登记或者未经变更登记，不得对抗善意相对人。

（3）510 万元是借款还是股权投资？

2008 年 T 向银行贷款，贷款用途明确约定为"电站投资"，之后将 510 万元转入公司账户实缴出资，公司的会计凭证也将 510 万元记载为"实收资本"，直至 2011 年签署账务自查结论时创始股东也承认 T 实收资本 510 万元，可见 T 已经向公司实缴出资，T 支付的 510 万元是出资款而不是借款。

就算认可借条所写"借款期限一年半，若到期未能偿还作为资本债转为公司股金"，但借款 510 万元从 2008 年 8 月至 2010 年 2 月到期并没有全部归还，而是直到 2011 年 3 月才把全部资金退还给 T。T 向银行贷款帮助公司渡过难关并没有获得任何对价，还要承担 92 万元贷款利息，这违背常理，也有失公平。

（4）T 的股权比例是多少？

虽然股东决议 1 约定按照当时到账的出资款分配股权转让款，T 的比例为 53%，但这只是为了卖股权而作出的股东决议，并没有修改公司章程中各股东的出资额和持股比例，也不涉及减资事项，后来也因没找到买方而并没有付诸实施。

2008 年的公司章程依然合法有效，各股东仍应按照公司章程中所认缴的出资数额继续履行出资义务，公司章程规定 T 的股权比例为 30% 而不是 53%。

（5）T 已经取回 510 万元怎么算？

股东不得抽逃出资是《公司法》的一项基本制度和原则，股东抽逃出资会动摇公司的独立法人地位，侵害公司、其他股东和公司债权人的利益，因而为法律所严禁。

T将510万元转入公司出资后,这510万元就成为公司的资产,无论出于什么原因将510万元退还给T,都属于抽逃出资而无效。公司可以向T主张返还510万元,而不是将出资款转为借款。

T在2008年签署公司章程并付款,到7年后的2015年,终于通过强制执行办理了工商变更登记手续,T成为工商登记的股东,并补缴510万元注册资本。

虽然T争股权的官司尘埃落定了,但股东的争斗还没结束。

### 四、股东继续干架

2017年,债权人起诉公司偿还3600万元借款、1100多万元利息及30万元律师费。

股东E说当年自己向银行贷款给公司用,但作为法定代表人的M却不要,害自己付出110多万元利息;而M不经股东同意找债权人高息借款,而且钱转入公司后又被转走,并没有实际用于生产经营。

但法院还是判决支持债权人的请求,因为**经法定代表人签字借款,公司就是要承担责任的。**

为此他们几人又开始争抢法定代表人之位。

#### 1. 争抢法定代表人之位

2018年7月通过股东决议3:法定代表人由M换成大股东T担任。

3个本地股东同意,共持股62%;投资人兄弟反对,共持股38%。

开完会后3个本地股东起诉要求确认股东决议合法有效,但因为开会程序不当被驳回了。在《公司控制权》一书里介绍过,如果开会程序不当,就算决议通过也有可能被法院判决撤销决议。

#### 2. 公司起诉本地股东补缴出资款和违约金

2018年8月,M代表公司分别起诉3个本地股东,要求支付出资款共270万元,利息或损失共920万元,还要求限制3个股东的股东权利。

法院认为:

(1)T抽逃出资是经公司同意并将出资款返还,利率应折半计算,T应向公司支付利息 88 万元。

F 提出自己用价值 700 万元电站资产 +30 万元现金出资，已经超额出资；而投资人兄弟违反约定，资金不到位，利用职权谋私利，借工程发财，进行了职务侵占等。

但法院认为，2011 年签署的账务自查结论显示 F 没有实缴全部出资款，两个本地老板还应缴纳出资款 280 万元；但不支持要求其承担违约责任，因为当时的《公司法》规定没足额出资的股东对足额出资的股东承担违约责任，而不是对目标公司承担违约责任。

> 《公司法》第四十九条第三款规定：股东未按期足额缴纳出资的，除应当向公司足额缴纳外，还应当对给公司造成的损失承担赔偿责任。

对未履行或未全面履行出资义务或者抽逃出资的股东进行权利限制是公司的法定权利，无须起诉要求明确，应由公司根据公司章程或股东决议作出限制股东某项具体权利的决定。股东认为限制其权利的决定无效的，可以起诉。

就是想限制股东权利的，需要先作出股东决议或者在公司章程中规定，而不是直接向法院起诉。股东的权利由股东自己决定，而不是由有关部门决定。

### 3. 投资人股东起诉本地股东承担违约责任

公司起诉完后，投资人兄弟又分别以股东名义起诉要求 3 个本地股东承担共 370 万元的违约责任。

法院审理认为，投资人兄弟自己也没有足额缴纳出资，判决驳回起诉。

原《公司法》规定，没有按期足额缴纳出资的股东，应向已按期足额缴纳出资的股东承担违约责任。但现《公司法》删除了该规定，意味着法律不再过多干预股东之间的问题，而更多关注公司与股东之间、公司与外部债权人之间、股东与外部债权人之间的关系。股东之间的内部关系，股东可以通过签订股东协议等进行约定。

> 《公司法》第四十三条规定：有限责任公司设立时的股东可以签订设立协议，明确各自在公司设立过程中的权利和义务。

> 第五十条规定：有限责任公司设立时，股东未按照公司章程规定实际缴纳出资，或者实际出资的非货币财产的实际价额显著低于所认缴的出资额的，设立时的其他股东与该股东在出资不足的范围内承担连带责任。

## 五、案例启示

投资建电站就如种摇钱树，前期投入完成，后期等着摘金子。前期投入时不想要股权，后期可以摘金子时都想争股权。

从2011年开始打官司到2021年历时10年，直到2021年还在打官司，以后还能好好合作吗？所以创业选对合伙人还是挺重要的。

T争股权的官司曾被误判，一二审法院认为没有做工商登记T就没有获得股东资格。但是谁能获得股权是由股东们决定的，而不是由有关部门决定的。

另外，按照借条和账务自查结论认定，T自己并没在账务自查结论上签字，表明T已经认可自己投资的510万元转化为借款。就如A与B签协议约定，C住的房子产权属于C，因为C自己没有在A与B签的协议上签字，就表明C认可自己住的房子不是C自己的。这逻辑对吗？

我们无法决定别人如何理解，但可以尽量把事情做得足够到位，减少被误判的概率。

## 六、股东获得股权的3种方式

股东获得股权有3种方式：

（1）创始股东通过参与公司成立获得股权。

（2）公司成立后，通过参与增资获得股权，股权来自增量。

（3）公司成立后，通过股权转让获得股权，股权来自存量。

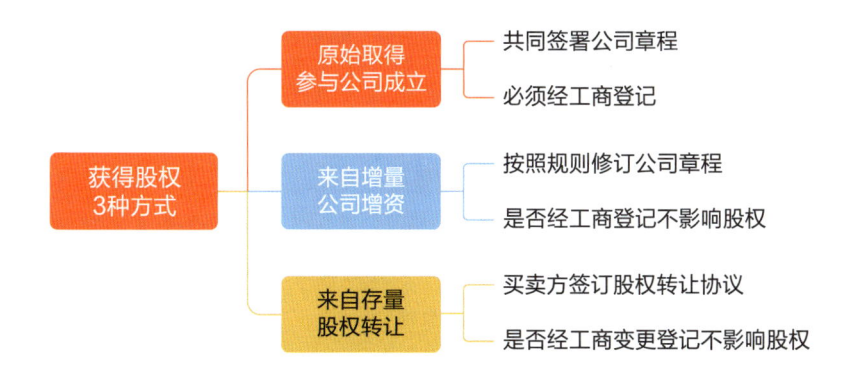

```
获得股权          原始取得        — 共同签署公司章程
3种方式          参与公司成立     — 必须经工商登记

                  来自增量        — 按照规则修订公司章程
                  公司增资        — 是否经工商登记不影响股权

                  来自存量        — 买卖方签订股权转让协议
                  股权转让        — 是否经工商变更登记不影响股权
```

获得股权的方式不同对应的操作方法不同，先理解股权的底层逻辑，再用对方法，才能获得股权。

1. 参与公司成立获得股权

通过参与公司成立获得股权的，需要符合两个重要条件：股东共同签署公司章程＋公司章程经有关部门备案登记。

> 《公司法》第五条规定：设立公司应当依法制定公司章程。公司章程对公司、股东、董事、监事、高级管理人员具有约束力。
>
> 第四十五条规定：设立有限责任公司，应当由股东共同制定公司章程。
>
> 第九十四条规定：设立股份有限公司，应当由发起人共同制订公司章程。

因为公司成立必须经工商登记注册，而办理公司成立注册手续必须有公司章程，所以**公司成立时的第一份公司章程必须经有关部门备案才会生效，股东也按照此份公司章程规定获得股权。**

没有进行工商登记意味着公司没有成立，自然就不会存在股权。

2. 通过增资获得股权

在公司成立之后，可以通过增资或股权转让的方式获得股东身份和股权。

通过增资方式获得股权的，股权来自增量。因为注册资本写在公司章程里，增资改变注册资本，所以需要修改原公司章程，而修改公司章程需要获得规定的票数才能通过。

由于增资会稀释原股东的股权比例，所以《公司法》规定增资需要获得代

表 2/3 以上（可规定大于该比例）表决权的股东同意。

**所以通过增资获得股权，需要经股东决议同意增资和修改公司章程，而办理工商变更登记手续不是必要条件。**

在八瑞水电公司案例中，T 通过增资获得股权，按照公司章程规定已获得代表 2/3 以上表决权的股东同意，并以此修改公司章程，不管是否办理工商登记，T 都已经获得股权。

**公司成立之后，公司是属于股东的，并不属于有关部门，把股权给谁由股东自己决定，而不由有关部门决定。**

公司成立之后的工商变更登记不是确权登记，而是起到公示作用，工商变更登记就如办婚礼，通过工商变更登记的方式公告天下，让外部人知道，公告后就要对外部承担责任了；但对股东内部而言，仍以股东之间的约定为准，工商变更登记不是生效的条件。

有人理解反了，以为工商变更登记就如结婚登记，却把签署公司章程或股东协议等理解为用来糊弄有关部门的废纸，自然就踩了坑。

3. 通过股权转让获得股权

**通过股权转让获得股权，股权来自存量，需要有卖方、买方，以及股权转让协议，是否办理工商变更登记手续不是必要条件；相反，如果不符合此条件，就算办理了工商变更登记也是不保险的。**

比如第 2 章介绍的大园公司的案例，通过代签名办理工商变更登记手续，15 年后还能翻盘。因为后来卖方不认可，也就是卖方不同意卖股权了。

4. 小结

获得股权的 3 种方式中，有两种方式都与公司章程有关，所以公司章程是股权分配的重要工具。

公司章程还有另一个作用是分权，下一节将介绍相关案例。

## 7.2 股权设计工具之一，小股东也能控制公司

传说持股 67% 就有绝对控制权，持股 51% 有相对控制权。但如果你看过《公司控制权》一书，想必已经知道，通过公司章程的设计，持股 0.02% 的小股东也能控制公司，也有持股 99% 的大股东被判没有公司控制权的。

下面介绍另一个案例，持股 51% 的大股东发动 3 轮 "战斗抢位" 都不成功。

### 一、一方出资源另一方出钱的合作

创始人在 2015 年成立九华能源公司，并取得有关部门项目登记备案和电网的接入批复，2016 年找到一家大集团投资，达成一方出资源另一方出钱的合作。

双方签订协议并约定：

（1）九华能源公司注册资本 1000 万元，目前无资产，创始人把 100% 股权转让给投资人，价格为 2600 万元。

（2）项目并网发电后 5 天内，投资人再把 49% 的股权转回给创始人，价格为 1274 万元（公司整体估值 2600 万元 ×49%），股权结构将变成投资人持股 51%，创始人持股 49%。

（3）项目初期投资 666 万元，由投资人与创始人按照 51∶49 的比例出资。

（4）在签订协议后，公司的表决权、收益等按照投资人与创始人 51∶49 的比例确定。

公司章程规定：由创始人担任法定代表人。

你可以思考：

（1）公司 1000 万元注册资本没有实缴，由谁承担缴付注册资本的责任？

（2）先以 2600 万元价格把 100% 股权转给投资人，在项目并网发电后再以 1274 万元价格把 49% 股权还给创始人，为何要这么做？会多交税吗？

（3）公司注册资本 1000 万元，项目初期投资额 666 万元，公司整体估值 2600 万元，这 3 个数字之间是什么关系？为何弄出这么多不相关的数字？

（4）项目建设过程中投资人成为持股 100% 的股东，但却约定表决权、收益等按照 51∶49 计算，也就是创始人 0 持股却拥有 49% 的表决权和收益，这

样能行吗?

他们的交易本质上是投资人支付 1326 万元（2600 万元 ×51%）购买 51% 的股权，但为了解决 1000 万元注册资本与 2600 万元股权转让款等的资金流向问题进行了一系列转账操作。

股东闹翻后，投资人起诉创始人要求归还 1000 万元，起诉九华能源公司要求归还 1600 多万元，都被法院驳回。

### 二、股东争夺股权

按照协议约定，投资人很快成为持股 100% 的股东，可是才过两个月股东间就发生了矛盾，创始人在 2016 年 4 月离职，此后公司完全由投资人掌管。

2016 年 12 月项目完成并网发电，投资人却不同意按协议约定把 49% 股权转回给创始人，创始人在 2017 年 1 月向法院起诉，要求办理 49% 股权的变更登记手续。

法院审理认为，项目已经实现并网发电售电，创始人已经支付股权转让款，判决投资人按协议约定把 49% 的股权转回给创始人，并在 2018 年 3 月通过强制执行办理了股权变更登记手续。

### 三、争夺法定代表人之位

虽然公司已经由投资人掌管，但工商登记的执行董事、经理、法定代表人还是创始人，创始人拿回 49% 股权后要求投资人交出公章、营业执照等不成功，便以法定代表人身份通过挂失后补领了公章、营业执照等。

投资人去公安局举报创始人伪造公章，但检察院作出不起诉决定。打过官司后知道了法定代表人的重要性，他们开展 3 轮争夺法定代表人之位的战斗。

1. 第一轮战斗

在创始人拿回 49% 股权之前，投资人曾以 100% 持股的股东身份要求变更法定代表人，但当时正在打股权官司，被市场监督管理部门以涉及诉讼为由未予办理。

2. 第二轮战斗

在股权结构变更为 51 ∶ 49 之后，投资人在 2018 年 6 月召集股东会会议，还请了公证处现场公证并全程录像，股东决议免除创始人的法定代表人及执行董事、经理职务，投资人自己投票同意，创始人没有参加会议。

你可以思考：获得持股 51% 的大股东同意，就能免去创始人的职务吗？

创始人兵分两路维权，一路给市场监督管理部门发声明，另一路向法院起诉要求撤销股东决议，并提出：

（1）公司章程规定由创始人担任执行董事，投资人无权自行召集和主持股东会会议。

（2）公司章程写明由创始人担任法定代表人，变更法定代表人需要修改公司章程，修改公司章程必须经代表 2/3 以上表决权的股东同意，现在只有持股 51% 的投资人同意，没有获得通过。

投资人反驳说，变更法定代表人不属于对公司章程的修改，不需要代表 2/3 以上表决权的股东同意，只需要代表 1/2 以上表决权的股东同意就可以。

**法院审理认为**：按照《公司法》和公司章程规定，应先由执行董事召集和主持股东会会议，在执行董事和监事都不召集会议的情况下，才能由代表 1/10 以上表决权的股东自行召集和主持会议。而执行董事由创始人担任，会议的第一顺序召集人是创始人，所以法院判决撤销了这次股东决议。

作为持股 51% 的大股东也没能抢到法定代表人之位，公证只能证明真的开了会，但无法解决股东决议是否有效的问题。

**3. 第三轮战斗**

两次争夺法定代表人之位不成功后，投资人策划第三轮抢位之战。吸取前面失败的教训，这轮经过前置程序后，在 2019 年 6 月由监事主持股东会会议并通过股东决议：免除创始人的法定代表人和执行董事、经理职务。

开完会后办理变更登记手续，股东决议上写着两个股东一致通过，但创始人并没有在股东决议上签名，被工作人员要求补签名。

第二次提交的股东决议改为投资人同意持股 51%，创始人不同意持股 49%，股东决议事项通过。

但市场监督管理部门发现前后两次提交的股东决议完全不同，作出不予受理的决定。

投资人不服去法院起诉市场监督管理部门。

**创始人提出：**

公司章程写明由创始人担任法定代表人，变更法定代表人需要修改公司章程，修改公司章程必须经代表 2/3 以上表决权的股东同意，在持股 49% 的股东不同意的情况下，投资人无权变更法定代表人和执行董事。投资人利用控股股东地位，图谋变更法定代表人以达到恶意侵占公司财产的目的，已经发起多起虚假诉讼，若成功变更法定代表人势必严重损害公司利益，也会改变之前法院的判决。

**投资人反驳说：**

法定代表人作为公司章程的记载事项，其形式大于实质，变更法定代表人不属于修改公司章程，只需经代表 1/2 以上表决权的股东同意即可。

**法院审理认为：**

公司章程写明创始人担任法定代表人、执行董事和经理，更换法定代表人需要修改公司章程，而修改公司章程必须经代表 2/3 以上表决权的股东同意。现在只有持股 51% 的投资人同意，不符合公司章程的规定，2020 年 9 月判决驳回了投资人的起诉。

## 四、案例启示

两个股东合作才两个月就发生矛盾，为了争股权、争钱、争控制权先后请多位律师打了 20 多场官司，后面还怎么合作下去？股权是长期合作，建议慎重选择合作方。

因为公司章程写明由小股东担任法定代表人，想变更法定代表人就需要修改公司章程，而修改公司章程需要经代表 2/3 以上表决权的股东同意，所以持股 51% 的大股东发动三轮战斗也抢不到法定代表人之位。

并不是做大股东就一定能控制公司，通过持股比例控制公司只是最基础的操作，可以通过公司章程设计出无限的可能性。比如第 4 章介绍的工程学院公司，公司章程规定 3 个股东各有 1/3 投票权，持股 55% 的大股东并没有所谓的相对控制权。比如第 6 章介绍的六色公司，公司章程规定重大决议须经代表 3/4 以上表决权的股东同意，并不是持股 67% 就有绝对控制权。

**公司章程是掌握公司控制权最重要的工具，没有之一**，比如阿里合伙人制度、AB 股等都是通过公司章程设计实现的，《公司控制权》一书里还介绍过其他案例，通过公司章程的设计，持股 0.02% 的小股东也能控制公司。

## 五、公司章程的 3 个作用

公司章程作为股权设计的 3 种工具之一，有 3 个重要作用：

（1）公司成立的第一份公司章程是必需的，第一份公司章程是创始股东分配股权的重要工具。

（2）公司成立后需要增资扩股的，股权分配需要通过公司章程这一工具去落实。

（3）股东有什么权力由公司章程规定，公司章程是掌握公司控制权最重要的工具，通过公司章程的设计，不管持股多少都有可能控制公司。

```
                          ┌── 初始股权分配 ──┬── 第一份公司章程
                          │                  └── 必须经工商登记
       公司章程            │
       3个作用  ───────────┼── 增资增加股权 ──┬── 与注册资本结合画出增量
                          │                  └── 公司章程未经工商备案也有效
                          │
                          └── 给股东分权力 ──── 公司章程决定谁能控制公司
```

## 7.3 用好股权分配标尺，有限股权可以无限分配

股权的总比例是 100%，股权不够分怎么办？

理解股权的底层逻辑，用好股权工具就可以实现股权的无限分配，下面先看具体案例。

### 一、CEO 与 CTO 的股权纠纷

知名创始人创立五九游戏公司，请技术大牛担任 CTO，当时 CTO 提出拿 3% 股权。但一年多后 CTO 离职，离职时相关方同意以 200 万元回购 CTO 的一部分股权，CTO 保留一部分股权。

3 年后有人爆料称 CTO 被创始人骗股了，CTO 的股权只剩下万分之七。此事公开后引发轩然大波，外界纷纷指责创始人，说程序员败给资本家，宁可花几千万元公关费也不愿意分给为他打拼的下属。

有人猜测 CTO 有 3% 股权，离职时被回购 1% 后，还剩下 2%。但创始人觉得 CTO 工作时间不长，股权只能算 1.5% 而不是 3%，以 200 万元回购 1% 后只剩下 0.5% 了。

在 CTO 离职后公司进行过增资，CTO 的股权比例随增资而被稀释。假设 CTO 离职时持股 0.5%，当时公司注册资本为 1000 万元，则 CTO 的注册资本为 5 万元。假设公司几轮融资后注册资本增资到 7143 万元，这时 CTO 持有 5 万元注册资本的股权比例为 5/7143=0.07%。

**CTO 持有 5 万元注册资本固定不变，可以理解为 5 万股固定不变，而不是 0.5% 股权比例固定不变，股权比例会随增资而被稀释。**虽然 CTO 的股权比例被稀释了，但钱并没减少，因为公司增资是有股东增加对公司的投资，饼变大了，股东的利益并没有受损。

由于注册资本变化关系到股东的重大利益，所以《公司法》规定增资或减资作为重大事项应当经代表 2/3 以上表决权的股东同意才可以改变。公司章程可以规定高于 2/3 但不可以低于 2/3。

后来 CTO 发文称，因为双方不同理解而产生分歧，经过协调已经达成一致。

虽然他们之间的误会消除了,但现实中这样的误会大量存在,可以让你们的股东、合伙人来看本书,理解股权的底层逻辑,才能具有共同的沟通基础,避免因误会而发生矛盾。

### 二、股权分配的操作原理

股权怎么计算？先搞清楚股权的底层逻辑。

1. 分股份还是分股比

关于股权比例（简称股比）如何计算的问题，**整部《公司法》中并没有"股权比例"一词，没有规定股权比例如何计算**。对于有限责任公司而言,《公司法》用的是"出资比例"；对于股份有限公司而言,《公司法》用的是"股份比例"。

**注册资本是股权分配的重要标尺,有限责任公司股权分配默认是分出资额（类似于分股份）,而不是分股权比例,股权比例默认通过注册资本计算得来。**

2. 有限的股权无限分配

**虽然一家公司的总股权比例只有100%,但公司的注册资本可以无限增加,所以股权是可以无限分配的。**

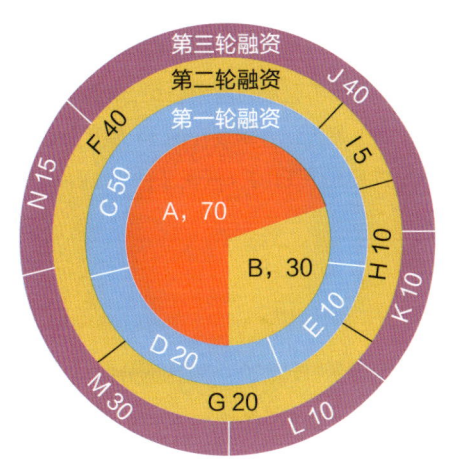

如上图所示,A 和 B 作为创始股东,公司成立时,A 认缴注册资本 70 万元,B 认缴注册资本 30 万元,两人的股权比例是 7∶3。

第一轮融资后,公司注册资本从 100 万元增资到 180 万元,A 的 70 万元注册资本保持不变，但 A 的股权比例从 70% 被稀释到 38.89%（70/180×100%）。

第二轮融资后，公司注册资本从 180 万元再次增资到 255 万元，A 的 70 万元注册资本保持不变，但 A 的股权比例从 38.89% 被稀释到 27.45%（70/255×100%）。

第三轮融资后，公司注册资本又从 255 万元增资到 360 万元，A 的 70 万元注册资本还是保持不变，但 A 的股权比例从 27.45% 被稀释到 19.44%（70/360×100%）。

虽然经过多次稀释后，A 的股权比例已经从 70% 变成 19.44%，比例变小了，但增资过程中饼在不断变大，A 的利益并没有因为股权比例被稀释而受损，70 万元注册资本也一直保持不变。

**对于有限责任公司而言，股东的注册资本固定不变，而不是股权比例固定不变，股权比例随公司增资或减资发生变化。**

**在《公司法》这样设计之下，注册资本可以无限扩大，股权也可以无限分配，股份可以越分越多，公司才可能不断发展壮大。**

有人说有限责任公司只能分股比，100% 股权只能有限分配，需要改成股份有限公司才可以无限分配，这是对《公司法》的误读。

华为就是有限责任公司而不是股份有限公司，华为的股权就可以无限分配，华为持股员工从几百人到上万人，直到现在的 14 多万人，就是通过不断增加注册资本而增加可供分配的股份实现的，任正非的 1% 股权也一年年地被稀释到只剩下 0.7% 了。

3. 分股权的标尺

**《公司法》没有规定股权比例如何计算，可以由股东自由约定。**

比如，总面积是 100 平方米，按照 70∶30 比例分配。怎么画出下图这样的饼？

普通人用工具画，用工具可以画得整齐又好看，还可以想怎么分就怎么分。

股权分配的道理也是如此，**有限责任公司每 1 元注册资本可以是单位，而不只是数量，就如股份有限公司的每一股。**

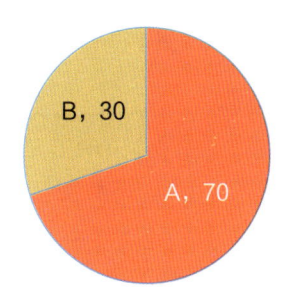

如果不用尺子、不用工具，也可以徒手画画，比如第5章介绍的五黄高速：注册资本比例为0∶100；股权比例为51∶49；分红比例则分阶段变化，开始是9∶1，后来变为5∶5和100∶0，股权比例和分红比例与注册资本比例完全不相关。

不用注册资本作为标尺来分股权，就如用手撕饼，需要高超的技术，如果水平不行，可能撕得乱七八糟，比如下面的案例。

### 三、不会用标尺分错股权

夫妻两人创立六帆科技公司，公司注册资本88万元，引入投资人投资300万元，他们签订的股东协议1和公司章程1都规定公司注册资本从88万元增资到388万元，投资人的股权比例为51%。

但在办理工商登记时又签订了公司章程2，约定公司注册资本388万元，投资人出资额为300万元，并以此进行了工商登记。

可是投资人300万元注册资本的股权比例为300万元/公司总注册资本388万元=77%，并不是协议约定的投资人持股51%，为此他们又签订股东协议2：

（1）股东同意不按照出资比例计算股权比例，而按照股东协议1和公司章程1确定投资人的股权比例为51%。

（2）因为有关部门只接受定制版的公司章程，用于有关部门备案的版本与公司实际情况不同，以公司章程1为准。

后来创始人和投资人闹翻，他们花10年时间打官司争股权，创始人认为投资人的股权比例为51%，而投资人认为自己的股权比例是77%。

因为只知道将注册资本作为数量计算，而不懂得将注册资本作为单位计算、用作分股权的标尺而踩坑的案例还有很多，比如下面这个案例。

## 四、上市梦破碎掉进深渊

红枣公司是 D 老板创立的，注册资本 1000 万元，D 老板持股 97%，安排两个小股东持股 3%，公司经营多年后效益不错，除了红枣业务还涉猎房产业务。

2013 年有投资人找到 D 老板，鼓动他把公司包装上市，D 老板心动了，但自己又不懂，就把公司交给投资人全权处理，D 老板只做董事长，不再参与公司经营。

投资人找来总经理、副总、财务总监等加入，把 49% 的股份分给他们，D 老板自己保留 51% 的股份。为此在 2013 年 8 月对公司进行增资，注册资本从 1000 万元增资到 5000 万元，D 老板自己增资 1550 万元持股 51%，投资人增资 1200 万元持股 24%，总经理、副总、财务总监 3 人增资 730 万元持股 14.6%，其他人增资 520 万元持股 10.4%。

股东共增资 4000 万元由投资人找来过桥资金完成验资手续后就转走。这又是给自己挖坑的操作，最后不仅没能实现上市梦，还掉进深渊。

为何公司增资 4000 万元？D 老板说当时公司财产在 2550 万元以上，按照 D 老板持股 51% 算出注册资本为 5000 万元，剩下 49% 由其他人认缴。只因为当时资产评估结果还没出来，为了赶时间就由投资人先找钱解决 4000 万元注册资本验资问题。

你可以思考：

（1）D 老板创办的红枣公司原资产占 51% 股权，新股东占 49% 股权，D 老板需要增资吗？需要做资产评估吗？

（2）按照他们的操作方案，D 老板增资 1550 万元，D 老板需要支付 1500 万元吗？

红枣公司完成增资手续后不到半年上市梦就破碎了，2013 年年底市场行情下跌，公司严重亏损，上市也成为泡影。2014 年投资人跑路，他招来的高管要求公司退还他们的出资款，还拿走公司的财务账簿等后离职。

2016 年总经理、副总、财务总监等人一边起诉 D 老板抽逃出资，另一边起诉要求公司给他们补发工资。

起诉 D 老板抽逃出资的官司挺曲折的，经历一二审判决生效后不服申请再审，再审判决后不服又去检察院申请监督，检察院提出抗诉后，由高级法院提审后判决，与前面的七城地产公司一样经历了 4 次判决。

**一审法院判决 D 老板抽逃出资 1550 万元。**

D 老板说自己增资 1550 万元是实物出资，不是货币出资，只是当时资产评估结果还没出来，为了工商登记才写 1550 万元是货币出资，后来经评估，公司的有形资产有 2500 多万元，还没计算无形资产，不存在抽逃出资。

**你可以思考：** D 老板说的有道理吗？增资与公司原有资产有什么关系？

二审法官居然被说服了，说不能排除 D 老板用实物出资的可能性，不认为 D 老板是抽逃出资。

再审法院认为，转走的 4000 万元不能证明是 D 老板用来验资的钱，也不能证明是 D 老板要求转走的；而且转走的 4000 万元还包括 3 位高管的 730 万元，3 位高管在 2013 年已经知道 4000 万元被转走，却直到 2016 年 12 月才起诉。所以判决驳回 3 位高管的申请，不认为 D 老板是抽逃出资。

高级法院提审后在 2021 年作出判决，红枣公司在增资前不是一人公司，而是有 3 个股东，当时增资的股东决议没有约定 D 老板用实物增资，实际操作中 D 老板也是用现金出资而不是用实物出资，D 老板用现金出资后又把增资的钱转走构成抽逃出资。

这起官司从 2016 年到 2021 年历时 5 年，经历 4 次判决后终于定局。

3 位高管又在 2022 年起诉 D 老板要求返还抽逃出资的 1550 万元，法院判决后在 2023 年申请法院强制执行。

**案例启示：**

（1）关于合伙人的选择

D 老板创办的公司被别人分走 49% 股权后，自己还要再往里掏 1550 万元。上市梦破碎后投资人跑路，高管要求公司退还出资款和补发工资等。

第 3 章介绍过，不愿意承担风险、想要稳赚不赔的人不适用做合伙人或股东。

（2）关于股权分配的操作

D 老板按照原资产 2550 万元占 51% 股权，本来既不需要增资，也不需要做资产评估，D老板什么也不需要做。可他却因为不懂得利用注册资本作为股权分配的工具，不懂得溢价增资操作，踩了坑，公司上市不成，还要再往里填1550万元，最后公司还被搞得乱七八糟，甚至有人涉及刑事案件。

正确的操作如下：

公司增资后的注册资本 =1000万 ÷ 51%=1961万元，新股东应该投入的钱 =2550 ÷ 51% × 49%=2450万元，相当于每1元注册资本的价格为2.55元（2450/961元）。

**这里的1元注册资本可以作为单位而不只是作为数量使用，股东购买的是多少元注册资本，类似于股份有限公司的多少股。**

注册资本是分股权的重要工具，而且股东出钱的比例也可以不等于注册资本比例，比如下面的案例。

## 五、不清不楚的合作

A老板与妻子姐弟共3人投资房地产，姐弟两人出资79万元交给A老板操作。

A又与Z等4人以1600万元价格拍得一块地，并签订承包合同，其中约定：由A承包土地，交给董事会3年纯利共2730万元，4人按出资比例分配，其中A出资306万元（含姐弟两人79万元和J的100万元）。

他们交钱拍了地后才成立七城地产公司，公司注册资本800万元，股东是A和姐弟共3人。公司章程写A出资600万元，股权比例为75%，姐弟两人各出资100万元，股权比例各为12.5%，3人都以现金出资。但验资报告却写用土地使用权作价出资790万元，A另用现金出资10万元。公司成立后由A夫妻管理和筹措资金开发，其他人并没有参与公司的经营事务。

你可以思考：

（1）公司的股东都是谁？股权比例应该怎么计算？

（2）股东是现金出资还是用土地使用权出资？不同出资方式对计算股权有什么影响？

公司成立一年后陆续向各方退还投资款和支付收益，J投资100万元在一年半后拿回收益300万元；Z等3人按照承包合同拿到全部承包费；而投资79万元的姐弟两人6年间拿回现金和房产价值共410万元，向姐弟两人支付现金时写明为"收回投资款本金"。

你可以思考：各方从公司拿钱属于什么性质？股东可以拿回投资款吗？

### 六、兄弟姐妹打官司争股权

虽然各方都已经从公司拿回数倍收益，但随着房价上涨，股权价值可能已达数亿元，面对如此巨额的利益，人心很难经得起考验，兄弟姐妹之间也不例外。

姐弟两人分别去法院起诉，要求确认两人的股权比例共为42.4%，公司向两人支付2600万元分红；而A老板也去法院起诉，要求确认自己100%持股。

两边起诉的官司挺曲折的，先后经历了一审二审，二审判决生效后不服申请再审，被最高法院指令再审，再审判决后还不服向检察院申诉，最高检察院向最高法院提出抗诉，最高法院裁定提审，由最高法院作出终审判决，一起官司历时6年4次判决。

（1）股东用什么出资？

一二审法院认为，虽然A说姐弟两人只是挂名股东，但没能提供证据证明。公司章程规定3个股东用现金出资，但实际是用土地使用权作价出资790万元和A用现金出资10万元。

（2）股权比例怎么计算？

A提出，按照承包合同由A一个人承包，公司股权应归A一人所有，就算姐弟两人有份额，也应按照购买土地使用权的出资比例计算。

但一二审法院认为，股东的权利义务是通过公司章程规定的，并不是由承包合同规定的，公司章程规定注册资本800万元，姐弟两人各认缴出资100万元，各占12.5%股权。

A说姐弟两人从公司领取现金和房产应被视为抽逃注册资金或者已经退股，但A并没有提供证据证明姐弟两人把股权转让给A或由公司回购，就算姐弟两人抽逃出资，对内承担的责任也是补足出资和对已足额出资股东承担违约责任，而不能因此否定其股东资格。

姐弟两人从公司领取现金和房产，可被视为公司向两人支付的分红或借款，而且A也从公司拿回现金，一二审判决股权比例与工商登记的比例相同。

但再审却推翻了一二审判决，判决姐弟两人的股权比例为9.875%=79/800。

到此时打官司的诉讼费已经花了200多万元,律师费还没计算。

你可以思考:前面介绍了获得股权的3种方式,A和姐弟共3人的股权从哪里来?

### 七、股权争夺战反转

姐弟两人不服再审判决,向检察院申诉。

检察院抗诉提出:

(1)股东对公司的出资分两个阶段,先由股东认缴出资,认缴出资额记载在公司章程中,再按照认缴出资额实际出资,先认缴后实缴,没有认缴就没有实缴的基础,不存在没有认缴就实缴的可能性。

在竞拍土地时公司还没成立,没有签署公司章程,各方还没认缴出资,更谈不上实际出资;当时各方付款的目的是竞拍土地,不是履行公司章程中的出资义务,更不能被视为是对公司的出资。

(2)按照当时《公司法》的规定,在有限公司设立时认缴了出资并被记载于公司章程中的人即为公司股东,其持股份额为公司章程中认缴的相应出资额。签署公司章程后是否实际缴纳了所认缴的出资额并不影响其股东身份;股东不按照公司章程规定足额缴纳出资时会产生相应的法律责任,但并不当然导致其股东资格丧失,也不导致其持股份额当然减少;即便姐弟两人未按照规定缴纳其在公司章程中认缴的出资额,也只能首先要求其履行出资义务,而非直接剥夺其相应的股东资格,减少其相应的持股份额。

此时两边都换律师继续战斗,A老板提出:

合资竞买土地是开发房地产项目的前提,承包合同是核心,而成立公司是落实承包合同的方式和途径,是为承包合同服务的,划分股权不能脱离竞买协议和承包合同。新公司成立时没有协商过股权比例,按照实际投资比例划分股权既能反映客观事实,又能平息纠纷。

最高法院提审后判决:

(1)用土地使用权出资还是用货币出资?

虽然A与Z等人在公司成立之前已经付款竞拍土地,验资报告也显示用土地使用权作价790万元出资,但与有关部门签订《国有土地使用权出让合同》

并取得国有土地使用权证的是七城地产公司，A 与 Z 等人并没真正成为土地使用权人，也就无法以土地使用权直接出资。

因此，股东并不是以土地使用权作价出资，而是替公司付钱购买土地，以购买土地使用权的现金出资，购买土地使用权的资金超过 800 万元，所以 800 万元出资额已经实缴到位。

A 与姐弟两人签署的公司章程也规定，3 人分别以现金出资，3 人的认缴出资比例为 75%、12.5%、12.5%。

（2）股权比例怎么计算？

一般情况下，股东的持股比例与其实际出资比例一致；但在有限责任公司的全体股东内部也可以约定不按实际出资比例持有股权。

注：比如第 5 章介绍的五黄高速，工商登记出资比例为 0∶100，实际股权比例为 51∶49，分红比例又不同。

虽然姐弟两人只支付了 79 万元，并没有按照公司章程规定支付 200 万元出资，但 3 人在签署公司章程、股东会会议纪要、办理验资和公司注册等时都是明知的，而且 3 人是亲属关系，应当认定 3 人并未以实际支付的现金数额作为确定股权比例的依据；而是按照公司章程约定的注册资本计算，A 持股 75%、姐弟两人共持股 25%，并以此进行验资和办理工商登记。

**就是不管各自付了多少钱，都按照公司章程规定的出资比例计算股权比例，而不是按照股东出钱的比例计算股权比例。**

## 八、案例启示

先搞清楚底层逻辑，才知道如何去判断。

1. 关于股权与承包关系

有人把股权的计算与出资拿地和承包合同混为一谈，但合伙出资拿地和承包合同适用《民法典》，而股权的计算适用《公司法》，两部法律的底层逻辑完全不同。

2. 关于实缴出资与验资报告

一二审法院按照验资报告认定股东用土地使用权作价 790 万元出资；但提审后被推翻了，最终按照公司章程规定的认缴出资额和实际支付认定为现金出资,而不是按照验资报告认定为土地使用权出资。

就对外责任而言,公司注册资本800万元,全体股东对外承担的责任就是800万元,由于帮公司付钱拿地的资金已经超过800万元,所以800万元注册资本已经实缴,对外部的责任已经完成。虽然姐弟两人认缴出资200万元,实际只支付了79万元,但差额部分有人替他们付了,对外就没责任了。

### 3. 关于股权比例与注册资本

由于姐弟两人是公司的创始股东,两人认缴出资200万元,在没有其他特殊约定,两人也没有转让股权的情况下,两人的股权比例就是公司成立时约定的200/800=25%,而不是两人的出钱比例79/800=9.875%,可以回头看前面介绍的获得股权的3种方式和必要条件。

**注册资本是股权分配的重要工具,默认股权比例 = 出资比例,但出资比例可以 ≠ 出钱比例。**

## 7.4 有股权工具不会用,拿到股权却落得一场空

对于长期持股而不卖股权的股东而言,股东的主要收益是分红,可是当股东认缴出资≠实缴出资时,股东的分红怎么计算?下面介绍具体案例。

### 一、股东分钱之争

两个股东在 2004 年共同成立二邦房地产公司,公司注册资本 1000 万元,大股东持股 90%,小股东持股 10%,用过桥资金完成验资手续后就把 1000 万元转走了,可这些玩弄法律的操作又给自己挖了坑。

二邦房地产公司以 3700 万元价格拿到一块土地,大股东向公司转入 3000 万元用于支付土地出让金,但小股东并没有付钱。

公司成立 6 年后的 2010 年,公司起诉小股东要求缴纳 100 万元出资款,并请求判决小股东没有表决权和分红权。

法院判决小股东应履行 100 万元出资义务,在缴足 100 万元出资款之前没有分红权。

> 《公司法》第二百一十条第四款规定:公司弥补亏损和提取公积金后所余税后利润,有限责任公司按照股东实缴的出资比例分配利润,全体股东约定不按照出资比例分配利润的除外;股份有限公司按照股东所持有的股份比例分配利润,公司章程另有规定的除外。

法院判决后小股东并没有缴纳 100 万元出资款,法院强制执行并在 2011 年划扣小股东的 28 万元存款和查封两套房产,但划扣的钱一直停留在法院并没有进一步处理,此后双方展开 10 多年的拉锯战。

你可以思考:对于不上市的公司而言,股东没有分红权后持有股权的意义是什么?

### 二、第一次解散公司

公司名下的土地开发完成后赚了不少钱,大股东不想再和小股东纠缠了,一门心思只想解散公司。根据《公司法》和公司章程规定,解散公司需要获得

代表 2/3 以上表决权的股东同意,而大股东持股 90%,只需要大股东同意就可以决定解散公司,剩下就是如何操作的问题。

你可以思考:如果公司解散,应该怎么分财产?解散公司对哪个股东更有利?

2011 年,大股东组织召开股东会会议,并找来公证人员做公证,小股东派代表参加,但由于小股东委托的代表没有委托书而被公证人员拒绝入场。

**第一次股东决议**:由于小股东没有补缴 100 万元出资款,导致公司两年未通过工商年检而无法正常营运,股东决议提前解散公司。

作出股东决议后办理工商手续,可是有关部门认为股东决议不符合法律要求(因为小股东被拒绝参加会议),要求重新召开股东会会议。这期间有关部门曾多次联系小股东要求予以配合,但在了解到双方因缴付注册资本发生争议后,有关部门没有接受公司提交的资料,解散公司事宜就此搁置。

### 三、大股东决定独自分红

解散公司的操作不成功后,大股东换另一条路,决定把公司账上的钱都分了。

**2012 年 8 月通过第二次股东决议**:根据 2010 年的法院判决,小股东未足额补缴 100 万元注册资本就没有分红权,股东决议将公司 5000 万元利润全部分配给大股东。

在公司章程没有特殊规定的情况下,分红只需要获得超过 50% 表决权的股东同意,而大股东持股 90%,大股东自己同意就可以。

你可以思考:

(1)真的可以把公司全部利润都分给大股东吗?

(2)如果小股东补缴 100 万元注册资本,10% 股权可以分回 500 万元,换了你会如何选择?

### 四、第二次解散公司

分完利润后,大股东继续推进解散公司的事宜。

2012 年 10 月,大股东再次组织股东会会议,并请公证处现场公证。

**第三次股东决议**:解散公司,由两方股东组成清算组。

表决结果为大股东同意占 90%，小股东不同意占 10%。作出股东决议后，向有关部门申请备案并获得通过。

**2013 年 7 月，通过第四次股东决议**：通过清算报告，因小股东仍未缴足 100 万元出资款，故不享有分红权和剩余财产分配权，将剩余财产 1000 万元全部分给大股东。

这次股东会表决结果还是大股东同意，而小股东生气退场没有签字。

公司的财产分完了，公司也解散了，2011 年划扣小股东的 28 万元存款和查封的两套房产一直停留在法院没处理，因为公司注销需要清理债权债务，所以公司申请解除对小股东房产的查封并将 28 万元返还给小股东。

随后向有关部门提交清算报告，公司在 2014 年 8 月完成了注销手续。

两个股东从 2010 年发生矛盾到 2014 年历时 4 年，持股 90% 的大股东把公司全部财产 6000 万元分走后，注销了公司，小股东会就此罢休吗？如果你是小股东，该怎么办？

### 五、小股东的 9 年抗争

小股东发起多路维权，开始 9 年抗争之旅。

**第一步，小股东起诉要求确认大股东分钱无效**

2013 年 10 月，小股东向法院起诉要求撤销第四次关于清算报告的股东决议，另向法院起诉要求确认只给大股东分红的第二次股东决议无效。

为什么只起诉第二、第四次股东决议？因为这两次是分钱的股东决议，两次决议把 6000 万元全部都分给了大股东一个人。

没有查到第二次股东决议的判决书。

对于申请撤销第四次股东决议的起诉，法院问小股东要不要变更诉讼请求，小股东表示不变更。按照《公司法》规定，因为小股东起诉时刚好超过 60 天，所以被法院驳回了。

**第二步，小股东换道继续起诉要求分钱无效**

两条路都走不通后，小股东再换两条路。

2014 年 7 月，小股东分别起诉要求确认第三次、第四次股东决议无效。

第三次股东决议的内容是解散公司和成立清算组，小股东提出：

（1）没有具体解散方案就强行通过解散公司。

（2）清算组的部分成员不是股东。

（3）在第一次股东决议解散公司后，却在第二次股东决议进行分红，违反法律规定。

**法院审理认为：**

（1）按照《公司法》及公司章程规定，股东会对公司合并、分立、解散、清算或者变更公司形式有权作出决议，而是否有具体解散方案不是解散公司的依据。

（2）原《公司法》第一百八十三条规定，有限责任公司的清算组由股东组成。

这条规定是明确公司解散时有限责任公司的股东是清算义务人，股东应及时成立清算组。可以通过股东决议确定具体由哪些人组成清算组成员，清算组成员不是全部都是股东并非当然无效。二邦房地产公司的清算组成员包括小股东和大股东派的人员，兼顾两方股东的利益，因为大股东是公司，由个人作为清算组成员更符合实际需要。

所以法院在2015年4月判决驳回了小股东的起诉。

第四次股东决议的内容是把全部财产分给大股东，小股东在前一次起诉撤销股东决议被驳回后，再次起诉要求确认股东决议无效，并提出：大股东也没有履行出资义务，不应享有分红权和剩余财产分配权；小股东并不是完全没有实缴出资，法院扣划小股东的28万元没有退还，公司的利润和剩余财产应归小股东所有。

**法院审理认为：**

（1）此次会议小股东自行离开没有签字，属于自己放弃相应的权利，不影响股东决议效力。

（2）此前法院已经划扣小股东的28万元存款并查封两套房产，完全可以通过进一步程序实现债权；但公司没有进行下一步操作，而是要求法院给小股东发还已划扣的28万元存款并解除对房产的查封。

因此，法院在2015年判决股东决议中的清算报告无效（也就是不能将剩下的1000万元全部分给大股东）。

可是实际上财产早就被分给大股东，公司也已经注销了，这该怎么办？

**第三步，小股东起诉大股东无权分钱**

小股东增加律师后继续战斗，2016年起诉大股东要求补缴900万元出资款，在补缴之前不享有分红权和剩余财产分配权，小股东说大股东转给公司的3000万元是借款而不是出资款，还说大股东已经将钱抽回。

大股东认为，虽然自己转入公司的3000万元在2006年确认作为借款，但后来已经转化为出资款，法律并没有禁止这种转化。

你可以思考：都是钱，作为借款与作为出资款有什么不同？他们为何要争这名分？

**法院审理认为：**

（1）审计报告认为大股东转入公司的3000万元中有900万元为注册资本，而且会计上也已经作为注册资本调整，虽然没有经过验资程序，但法律并未禁止类似补足出资的行为。

（2）小股东说大股东已将资金抽回，但没提供证据证明，应承担举证不能的后果。

（3）公司已经解散，如果除了这900万元出资还有其他债权债务，可以通过清算程序予以明确。

法院在2017年判决驳回了小股东的起诉，相关方还要承担10多万元诉讼费。

小股东不服申请再审，还对将大股东转入的3000万元中有900万元作为注册资本的审计报告提出质疑。法院还挺负责任的，在找到10年前出具审计报告的会计师核实情况后，在2018年驳回了小股东的申请。

**第四步，小股东举报会计师审计不实**

从2010年到2018年打了8年官司，小股东也没有要到钱，而大股东可以分走6000万元的关键在于，确认大股东已经补足曾经抽逃的出资，而确认大股东已经补足900万元出资款的关键在于审计报告。所以小股东向有关部门举报会计师涉嫌提供虚假证明文件罪，要求进行调查核实，撤销审计报告，并对相关单位及个人进行查处。

有关部门在 2019 年回复，未发现明显不支持审计报告结论的问题，无充分证据证明审计报告所做的审计结论错误。

小股东不服向政府申请行政复议，被驳回，后又向法院起诉，一边起诉有关部门，另一边起诉政府，法院在 2020 年判决驳回了起诉。

2021 年，小股东又起诉要求确认审计报告无效，2021 年 7 月被一审法院裁定不予受理。我没查到小股东是否上诉或发起其他官司的进一步资料。

### 六、案例启示

两方股东从 2010 年开始发生矛盾打官司，到 2021 年还在打官司，前后花了 10 多年时间扯皮。虽然小股东赢了一起官司，但大股东通过专业操作在 10 年前已经将 6000 万元全部拿走。

小股东有股权却不能分钱，这股权还有何意义？打了这么多年官司与实缴 100 万元出资款相比，哪个更划算？

### 七、股权分配工具

前面介绍过，注册资本可以作为分股权的标尺，有限责任公司的 1 元注册资本可以作为单位而不只是数量，可以按照 1 元注册资本类似于 1 股使用。

而分了股权后，当股东不卖股权时，股东的主要收益是分红。

《公司法》没有规定股权比例如何计算，也就不存在股权比例与分红的对应关系，当实缴出资≠认缴出资时，应该按照什么标准计算分红？

按照《公司法》第二百一十条规定，股东默认按照实缴的出资比例分取红利。当股东认缴没有实缴时，默认不享有分红权。比如购买理财产品，如果只是填了数字却不投钱是不能享受分红的，股权投资的道理也一样，不投入本金就不能享受分红。

**对于有限责任公司而言，注册资本是股权分配的重要工具，默认股权比例 = 注册资本比例，分红比例 = 实缴出资比例，投票权比例 = 认缴出资比例。**

## 7.5  股权设计工具之二,股东分责任之底线

《公司法》默认股东按照实缴出资比例分红,按照认缴出资比例投票,没有实缴的股东有投票权却没有分红权,为何这么规定呢?这与股东承担的责任有关,下面介绍具体案例。

### 一、巧妙的股权入股

某研究所有技术优势,已经创办或参股多家公司,其中一家甲公司有上市潜力。

多家企业都想与研究所合作,2001 年研究所与 6 家公司共同组建软件集团,新公司注册资本 6 亿元,研究所认缴出资 1.8 亿元持股 30%,由研究所派人担任软件集团的董事长和总裁。

可是研究所拿不出 1.8 亿元实缴注册资本,他们并没有像一些人采用过桥资金验资的挖坑操作,而是设计了巧妙的转换方案。

1. 为实缴 1.8 亿元出资的操作

研究所用自有资金 5000 万元 + 银行贷款 1.3 亿元完成了注册资本实缴和验资手续,接着把研究所的技术 + 多家公司股权卖给软件集团拿到 1.8 亿元,从而置换出 1.8 亿元现金用于偿还银行贷款。

签订协议 1,其中约定:将甲公司 42% 股权作价 1.6 亿元转让给软件集团。就是研究所原打算将有上市潜力的甲公司注入新成立的软件集团。

这样操作的本质是将研究所的技术和股权入股转换为资金入股操作,第 4 章介绍过股权或技术入股需要做评估等,手续较复杂,未来还可能影响上市,而这样转换为资金入股就省事多了。

本来是巧妙的转换方案,可却因为后续操作没跟上,股东闹翻后花 15 年时间打官司,项目也搞黄了。

2. 为解决限售股问题

股权被卖给软件集团的甲公司已经开始筹备上市,已经从有限责任公司改制为股份有限公司,按照当时《公司法》的规定,股份有限公司发起人的股份

需要锁定3年不能转让,研究所作为发起人的股份需要到2003年11月才能办理股权转让手续,为此他们又设计了巧妙绕开规则的方案。

2001年7月,研究所和软件集团签订协议2,其中约定:研究所把甲公司的股份交给软件集团托管,到2003年12月锁定期结束再把股份卖给软件集团。

这样既能解决注册资金置换问题,又不会因为违反法律规定而使股权转让无效,本来是很巧妙的设计方案,可是作为股权转让目标公司的甲公司愿意吗?

下图是甲公司当时的股权结构,研究所作为大股东持股42%,还有100多名员工持股。理论上,甲公司作为目标公司并无力阻止研究所作为大股东把股权卖给软件集团,但研究所不是一般的商业组织,而是事业单位,影响因素更为复杂。

## 二、大雁南飞换股东

研究所有很强的技术实力,某省想引进软件集团并作为省重点项目,为此,软件集团在2003年通过股东决议:

(1)将软件集团和下属4家骨干企业南迁,迁入地政府提供土地、房屋、税收等多项优惠政策,还承诺优先购买软件集团的产品。

(2)迁入省安排迁入地国企给软件集团捐赠1440万元,用于支持软件集团移址。

(3)迁入地国企收购3家旧股东共30%股权。

(4)在迁址之前对2002年的利润进行分配,可供分配1000多万元,欠款的股东不享受分红,7个股东中只有持股10%的迁入地民企这一个股东没有欠款,所以给迁入地民企股东分配利润480万元。

你可以思考:软件集团才成立两年就已经实现盈利,而其他股东缴付的出资款在验资后都通过其他方式把钱转了回去,难道只留下了迁入地民企股东缴付的 6000 万元资金及研究所转入的技术和子公司在运作？

既然这样，为何要把注册资本做到 6 亿元这么高？而 6 亿元注册资本也成为后来压死骆驼的一根重量级稻草。

### 三、中途生变调整方案

因为研究所把甲公司的股份交给软件集团托管而影响上市，甲公司、持股员工等多方不满，希望解除对甲公司的股份托管，为此研究所向上级请示：

（1）与软件集团协商撤销对甲公司股份托管的协议。

（2）放弃研究所在软件集团第一大股东的地位，通过无形资产投入冲抵对软件集团的债务，必要时可以把甲公司 10% 股份转让给软件集团，如有不足还可以把部分股权转让给迁入地股东，以保证研究所出资到位，避免今后可能的连带责任风险。

（3）以前对软件集团负责人的授权过大逐渐失控，软件集团强行迁址，建议调整授权，追认迁址方案，社会化运作软件集团，研究所可以派人出任副董事长。

意思是，软件集团南迁并没有经研究所领导同意吗？而研究所已经不想做软件集团的大股东，只保留副董事长职位；也不再把甲公司 42% 股份都转让给软件集团，最多只把甲公司 10% 股份转让给软件集团。

为此在 2003 年 6 月签订协议 3，其中约定：解除研究所将甲公司股份交给软件集团托管的协议。

可是撤回甲公司股权后，研究所欠下的 1.6 亿元债务怎么办？研究所希望通过减持软件集团股权的方式解决。

为此又签订协议 4，其中约定：研究所委托软件集团卖掉研究所在软件集团的股权，用以冲抵 1.6 亿元债务，如果一年内软件集团没有完成委托，研究所可以自己把股权卖掉，无论研究所以多少价格卖出股权，都被视为研究所已向软件集团归还 1.6 亿元。

这又是一次巧妙的设计，意思是研究所打算通过股权转让方式退出大部分股权。

想法虽好，但最后并没能落实，第 6 章介绍过股权退出机制，股权转让需要有买方、卖方和价格等。

你可以思考：

（1）迁入地原本希望借助研究所的力量发展技术，才会给出如此优惠的政策让软件集团迁址。可现在研究所却想从软件集团撤退，而且已经签了撤退协议，这符合迁入地的意图吗？领导知道签这样的协议意味着什么吗？

（2）研究所的目的是解决因为1.6亿元注册资本导致的欠款问题，有其他办法可以解决这个问题吗？

### 四、新规后磋商解决历史问题

我国加入世贸组织后，从2002年开始在重点国企试点推行总法律顾问制度，2004年国资委公布《国有企业法律顾问管理办法》，要求大型企业设置总法律顾问，而研究所是事业单位。

2004年8月，研究所的上级单位要求全面清理亏损企业，以后研究所主要以专利、技术等无形资产入股，不得以纯现金或设备形式出资，更不得将财政资金或上级补助等用于企业出资。可是研究所还欠软件集团1.6亿元，怎么办？

为此，软件集团在2005年4月形成股东决议：

（1）关于研究所的股权问题，对软件集团进行审计和清产核资，按照核定股东的资本金实际到位数确定出资比例，同意研究所引入战略投资者替代其部分出资。

（2）向其他股东追索欠款。

又过了半年之后，研究所与迁入地国企等召开历史问题协调会，迁入地国企提出：

（1）希望研究所继续作为大股东，将发改委批准的一个项目引入软件集团。

（2）将甲公司的股份注入软件集团，并注入部分科研成果和优质资产。

（3）研究所在迁入地设立分所。

你可以思考：协议3、协议4，以及半年前的股东决议都已经同意研究所撤回甲公司的股份，并以减持股权的方式解决1.6亿元欠款问题。可是才过了半年，迁入地国企不仅要求研究所继续做大股东和把甲公司股份注入软件集团，还要求引入发改委批准的项目和在迁入地开设分所,研究所能同意吗?

研究所提出,先按照协议彻底解决研究所的股权问题,在此基础上承诺按照市场原则支持软件集团的发展,在条件成熟时在迁入地设分所等。

双方的诉求大相径庭,用很艺术的方式表达严重分歧?

后来迁入地民企收购了其他股东的股权,软件集团的股东剩下三方。

```
迁入地民企    迁入地国企    研究所
              30%
   40%         30%      大股东
        ↓
   软件集团,注册资本6亿元    甲公司,2019年上市
        ↓
   多家子公司或持股公司
```

## 五、历时 12 年的官司

研究所派到软件集团的董事长和总裁都已离职,软件集团在 2006 年 1 月起诉研究所要求归还 1.6 亿元欠款和利息。

这起官司前后历时 12 年,从 2006 年到 2018 年两次被发回重审,共经历了 3 次一审,第一次一审驳回软件集团的请求,第二次一审支持软件集团的请求。

第三次一审软件集团改变诉求,要求确认协议 1 到协议 4 全部无效,研究所返还抽逃出资的 1.6 亿元和利息。研究所则反诉请求确认协议全部有效,协议 4 已经履行完毕,研究所与软件集团的债务已经抵销。

在打官司后,双方还在 2006 年 3 月进行协商,迁入地领导和研究所领导同意按照"依法依规、妥善处理、灵活变通、协商解决"的原则处理,但并没有处理出结果。

在双方打官司的过程中,甲公司于 2013 年在新三板挂牌,2017 年申请 A 股上市,并于 2019 年 9 月成功登陆 A 股。

第三次一审法院认为,研究所已经构成抽逃出资,应补缴出资款 1.6 亿元和利息；研究所上诉后，最高法院在2018年作出终审判决。

### 1. 协议是否有效

（1）协议1约定，软件集团向研究所预付1.8亿元用于购买技术和多家公司股权，虽然属于关联交易，但法律并不禁止关联交易，判断关联交易是否正当首先由公司自己判断，而软件集团的股东决议和董事会决议都认可协议1，应当认定协议不损害软件集团的合法权益。但协议1并没有写明是什么股权或技术，应当认定协议1为预约合同。

（2）协议2约定把甲公司的股份卖给软件集团，在正式转让之前先把股份交给软件集团托管。而研究所持有的甲公司股份到2003年11月解除限售，在这之前签订股份托管合同不违反法律规定，协议2有效。

协议3约定解除协议2也合法有效，也就是终止甲公司股份的托管和转让。

（3）协议4用于约定因协议2解除，用研究所在软件集团的股权抵偿1.6亿元欠款。2005年的股东决议也实际上免除了研究所补足出资的义务，所以应当认定协议4合法有效。

但实际中，研究所在软件集团的股权并没能按照协议4成功转让，所以研究所仍欠软件集团1.6亿元。

### 2. 研究所是否构成抽逃出资

研究所没有按照协议1履行完毕，而协议4也没能实际履行，所以研究所已经构成违约。研究所把甲公司的股份收回后仍欠软件集团1.6亿元，同时构成了抽逃出资。

2005年的股东决议同意通过减资或引入新股东的方式解决研究所出资问题，从而免除了研究所自身的补足出资义务，所以研究所不再负有补足出资的义务。

在2005年作出股东决议后，就研究所定向减资并不存在法律障碍，可以按照《公司法》的规定操作。

所以法院不支持软件集团要求研究所返还出资款的请求，但同时也说明，对于外部债权人而言，在补足出资或在依法减资之前，债权人仍然有权要求研究所对公司债务承担补充清偿责任。

## 六、后续进展

软件集团与研究所历时12年的官司终于结束了,但研究所的股权并没减少,研究所对外部债权人仍存在要承担注册资本责任的风险,而软件集团已经处于歇业状态。

协议被法院判决有效后,软件集团在2019年11月发函解除协议3、协议4,并于2020年1月起诉要求确认协议3和协议4已解除,研究所按照协议1约定返还1.6亿元,后来已经撤诉。

研究所则在2020年1月起诉,要求确认协议3和协议4没有解除,一审在2021年4月判决,软件集团发出的解除通知无效,协议3和协议4没有解除。

## 七、案例启示

2001年成立软件集团,公司成立两年已经实现盈利,2003年迁址,并获得迁入地的大力支持。但因为甲公司股份托管问题影响上市而撤回甲公司的股份转让,这让研究所欠下的1.6亿元债务无法解决,再遇上加强法务监管,研究所希望以退出大部分股权的方式解决债务问题,已经签订协议并通过股东决议,但并没能实际履行。

从2006年到2021年,花330万元诉讼费打了15年官司,公司打黄了,股东投入的3亿元也打了水漂。

根本原因在于20多年前成立公司时注册资本6亿元,研究所认缴的1.6亿元出资款打算用甲公司的股份替代,但该方案因影响甲公司上市而夭折,最终引发本案例的纠纷。

软件集团的多个创始股东都没打算真正投入如此大额的资金,而软件集团也不需要如此大额的资金运作,为何要把注册资本定为6亿元这么高?法务知道6亿元注册资本的后果,可是做决定的领导知道吗?如果领导知道还会这么做吗?如果当初将软件集团的注册资本写成6000万元,研究所认缴1800万元早就已经完成实缴。

别人可以用过桥资金蒙混过关,但研究所有专业法务,知道那样是无法蒙混过关的,进行的一系列操作都是为了解决1.6亿元出资问题。研究所的法务很专业,一个又一个的法律障碍都用巧妙又合法的方式绕开了,但想法虽好,最终并没能落实，再专业终究也无法变出 1.6 亿元来解决问题。

迁入地看中研究所的技术优势和研发能力，并不是看中研究所的钱，还是希望研究所能做大股东，这本来并不是不可调和的矛盾。可是打官司时两方立场完全对立，双方都竭尽所能地找出对方的错处。法院主持双方调解也没能达成和解，还在判决书中苦口婆心地讲道理，希望各方以负责任的态度协商，使公司经营重新步入正轨。

### 八、注册资本的作用

注册资本是股权设计的三种工具之一，而缴付注册资本是股东必须承担的责任，只要股东认缴了出资，就如欠了信用卡的钱，欠钱是一定要还的。所以股东默认按照认缴出资比例享有投票权是有道理的，因为认缴出资之后就要承担责任了。但股东只认缴不实缴，就如认购理财产品却不付钱，没把钱投入公司运作，所以默认没有实缴的股东没有分红权。《公司法》这样设计是符合责权利相统一原则的。

**对于有限责任公司，《公司法》默认股权比例＝注册资本比例，投票权比例＝认缴出资比例，分红比例＝实缴出资比例。但除了股东按照认缴出资额对外承担责任不可约定，其他都可以由股东自由约定。**

自由约定应该以什么为对标呢？注册资本就成为重要的工具和标尺。

1. **股权比例与注册资本**

对于有限责任公司而言，《公司法》没有规定股权比例如何计算，默认股权比例＝注册资本比例；但股东可以自由约定，比如第 5 章介绍的五黄高速，注册资本比例为 0∶100，股权比例为 51∶49。

2. **股东责任与注册资本**

股东按照认缴出资额对外承担责任，对外责任不可约定，但股东内部之间的相互责任可以自由约定。

比如，在软件集团案例中，因为股东决议已经同意通过减资或引入新股东的方式解决研究所欠的 1.6 亿元债务问题，所以法院确认研究所不再负有补足出资的义务；但同时也说明，外部债权人仍有权要求研究所对公司债务承担补充清偿责任。

比如，前面介绍的七城地产公司，姐弟两人认缴出资 200 万元，对外承担的责任就是 200 万元；但实际上两人只支付了 79 万元，差额由 A 支付，A 替姐弟完成了实缴注册资本的责任，姐弟两人对外就不再承担责任了。

### 3. 分权比例与注册资本

**由于股东必须按照认缴出资额对外承担责任，所以法律也默认股东的投票权比例 = 认缴出资比例；但同时允许股东自由约定，可以通过公司章程设计同股不同投票权的规则。**

> 《公司法》第六十五条规定：股东会会议由股东按照出资比例行使表决权；但是，*公司章程另有规定的除外*。
>
> 第一百四十四条规定：公司可以按照公司章程的规定发行下列与普通股权利不同的类别股：
>
> （一）优先或者劣后分配利润或者剩余财产的股份；
>
> （二）*每一股的表决权数多于或者少于普通股的股份*；

比如，AB 股就是通过公司章程规定股东可以不按照股权比例或注册资本比例投票，第 4 章介绍的工程学院公司的公司章程规定每个股东有 1/3 投票权，投票权比例 ≠ 股权比例。

### 4. 分钱比例与注册资本

股权分配的本质主要是分钱和分权，而分钱包括分红及其他收益。

《公司法》默认股东的分红比例 = 实缴出资比例，比如前面介绍的二邦房地产公司，因为小股东抽逃出资，全部收益都被大股东分走后注销了公司。

股东也可以自由约定，比如第 5 章介绍的五黄高速、第 4 章介绍的工程学院公司，都约定股东的分红比例不等于注册资本比例或股权比例。

```
注册资本        ┌─ 分股权 ─┬─ 默认股权比例=注册资本比例
4个作用         │         └─ 但股东可以另行约定
               │
               ├─ 分责任 ─┬─ 按认缴出资额对外承担责任，不可约定
               │         └─ 对内可约定，但不改变对外责任
               │
               ├─ 分权  ─┬─ 默认投票权比例=认缴出资比例
               │         └─ 但公司章程可另行规定
               │
               └─ 分钱  ─┬─ 默认分红比例=实缴出资比例
                         └─ 但股东可以另行约定
```

## 7.6 股权设计用错工具，签了股东协议却要不到股权

前面介绍过案例，有人签了公司章程但没做工商登记也能获得股权，如果签了股东协议但没做工商登记能获得股权吗？下面介绍具体案例。

### 一、先后签订两份股东协议

生态农业公司于 2012 年成立，由 H 老板自己 100% 持股。

3 个月后，H 与园艺师签订股东协议 1，其中约定：共同成立绿化公司，两方各出资 200 万元。但签订协议后并没有成立绿化公司。

又过了两年，H 夫妻新成立果园公司，果园公司注册资本 1800 万元，股东是 H 夫妻两人。一个月后，又把生态农业公司变更为夫妻两人持股。至此生态农业公司和果园公司的股东都是 H 夫妻两人。

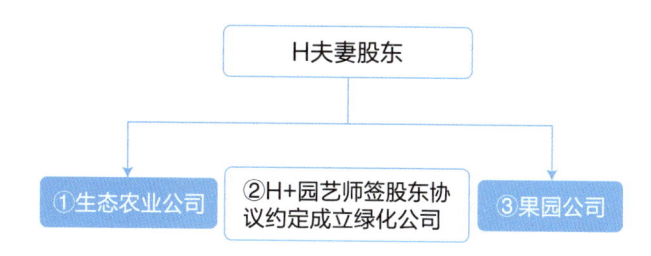

```
                H夫妻股东
       ┌───────────┼───────────┐
   ①生态农业公司  ②H+园艺师签股东协    ③果园公司
                  议约定成立绿化公司
```

3 年后，园艺师还是没有成为哪家公司的股东，这么多年他们到底是怎么合作的？而园艺师还把弟弟带过来一起干。

2015 年，H 老板、园艺师兄弟、畜牧师共 4 人又签订了股东协议 2，其中约定：

（1）4 人合伙实施种植苗木、果树（果园公司），养殖油鸡（家畜公司）项目。

（2）H 出资 510 万元持股 51%，园艺师兄弟各出资 150 万元分别持股 15%，畜牧师出资 190 万元持股 19%，共 1000 万元，4 方按照股权比例分配利润。

（3）公司正常经营不允许退伙，如执意退伙则按投资股份 60% 退出，被迫退出则按照被出局方投资的股份金额每年递增 10% 进行结算。

（4）委托 H 作为公司的总负责人（法人），全权处理公司的所有事务；园艺师负责苗木、果树的生产经营活动，暂定年薪 6 万元；畜牧师负责鸡场的

生产经营活动，暂定年薪6万元。

（5）必须实现一元化领导，……重大事项由股东们研究同意后方可执行。

附注：（1）果园公司发生的费用已清算，共计1000万元，其中生态农业公司的苗木以清点数按进价计算后加以剔除；（2）果园公司、家畜公司原公司章程应进行相关的变更手续，H和园艺师签订的股东协议1作废；（3）家畜公司正在筹建中，费用汇集适时进行；（4）合伙土地范围指果园公司和生态农业公司共649亩地。

此外还请了见证人作证，而且约定见证方留存一份协议备案。

签订协议后，园艺师兄弟按照协议约定各支付了150万元，但又过了两年他们并没有成为哪家公司的股东，H老板创立的两家公司依然是夫妻店。

你可以思考：

（1）签订股东协议的4人能获得股权吗？他们是哪家公司的股东？

（2）前面介绍过获得股权的3种方式，他们通过哪种方式获得股权？

又过了两年后的2017年，H老板对公司进行重组。两家公司的股东中都没有园艺师兄弟或畜牧师的身影，他们合作多年都是怎么分钱的？

```
┌─────────────┐
│  H夫妻股东   │
└──────┬──────┘
       │ 100%
       ▼
┌─────────────┐
│  生态农业公司 │
└──────┬──────┘
       │ 100%
       ▼
┌─────────────┐
│   果园公司   │
└─────────────┘
```

## 二、第一个合伙人争股权

又过了两年，合伙人开始发生矛盾。

2019年11月，园艺师弟弟去法院起诉，要求确认自己在果园公司持股15%，并办理股权变更登记手续，果园公司给自己支付150万元分红。

园艺师弟弟说自己已经按照股东协议支付 150 万元投资款,但多次要求办理工商变更登记都被拒绝;H 夫妻还瞒着合伙人把果园公司的股权无偿转让给了生态农业公司,他们骗取的工商登记应无效。

后来在法院主持下双方达成和解,园艺师弟弟同意退出,H 在 2020 年年底前向园艺师弟弟返还 300 万元。

### 三、第二个合伙人争股权

园艺师弟弟打完官司后,轮到园艺师哥哥上场。园艺师弟弟愿意拿 2 倍收益退出,但园艺师哥哥只想要股权,不同意拿钱退股。园艺师哥哥在要求办理股权的变更登记手续被拒绝后,在 2020 年年底去法院起诉,要求确认自己是果园公司的股东。

但 H 说 4 人签订的股东协议只是项目合作,不是公司股权转让,自己愿意给园艺师哥哥退还投资款。

畜牧师也承认是项目合作,不是股权转让,希望返还投资款。

签订股东协议的 4 人中已经有两人愿意拿钱了结,只剩下园艺师哥哥要求拿股权,他能要到股权吗?

**园艺师哥哥提出:**

(1)果园公司是依据股东协议 1 成立的,自己已经对果园公司履行了出资义务,本应在公司成立时将自己作为股东登记,但 H 采用欺骗手段设立果园公司,恶意将股东登记为 H 夫妻两人,这种冒名登记行为应被视为 H 代园艺师哥哥持股。

(2)股东协议 2 的附注写明果园公司的资产 1000 万元,包含园艺师哥哥的出资款 182 万元,接近股东协议 1 约定的 200 万元投资额。

(3)H 夫妻在果园公司成立后抽逃了全部出资,如果没有园艺师哥哥和 H 共同投资,该公司根本无任何经济价值。

(4)股东协议 2 清楚约定股权份额、增资、公司章程等,可说明是公司而不是个人合伙,应理解为果园公司原股东 H 夫妻将股权转让给 4 人所有。

**你可以思考:**

(1)项目合作与股权合作有何不同?为何有人想要股权,有人却想要返还投资款？

（2）园艺师哥哥说的有道理吗？前面介绍了股权的三种来源，园艺师哥哥的股权从哪里来？

**法院审理认为：**

> 《公司法司法解释（三）》第二十二条规定：当事人之间对股权归属发生争议，一方请求人民法院确认其享有股权的，应当证明以下事实之一：
>
> （一）已经依法向公司出资或者认缴出资，且不违反法律法规强制性规定；
>
> （二）已经受让或者以其他形式继受公司股权，且不违反法律法规强制性规定。

（1）4人签订股东协议2时果园公司已经成立，园艺师哥哥不是公司成立时的创始股东，也没有向果园公司增资，没有从他人手上购买股权，通过什么方式获得股权？

（2）股东协议2没有明确约定园艺师哥哥取得果园公司的股权，签订协议后也没有公司章程、股东决议、股权转让协议、工商登记等证明园艺师哥哥获得果园公司的股权。

（3）4人签订股东协议2，约定总投资额是1000万元，但果园公司的注册资本为1800万元，无法根据园艺师哥哥投资的150万元确定其获得的果园公司的股权是多少？

（4）4人签订的协议更符合合伙合同的特征，而不是成为果园公司的股东。

法院在2021年12月判决驳回了园艺师哥哥的起诉。

从法院判决书看到，园艺师哥哥的律师找的理由很牵强，但这不能怪打官司的律师。比如，两人购买同一小区的房子，男人购买的是五栋1505房，女人购买的是七栋1505房。男人购房后一直空置没有装修，而女人因看错花100万元装修了五栋1505房。后来男人打算装修房子时才发现女人住在里面，女人糟了，无法接受自己花100万元替别人装修房子的结果。女人请律师打官司，可是律师水平再高也无法把五栋变成七楼，只能死马当活马医，费尽力气找理由。

## 四、关于股东协议

4人签订的股东协议有股权分配规则、进入和退出机制、管理机制、未来扩大发展机制等,还有见证人,看起来是不是很完善?但园艺师哥哥并没能因此拿到股权。

股东协议是股权设计的三种工具之一,股东协议有两种,分别对应不同的情况。

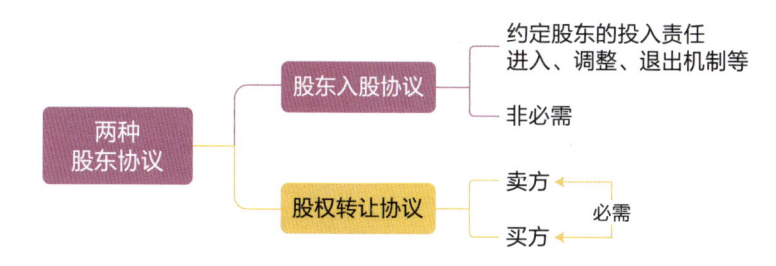

```
                        ┌─ 约定股东的投入责任
          ┌─ 股东入股协议 ─┼─ 进入、调整、退出机制等
两种       │              └─ 非必需
股东协议 ──┤
          │              ┌─ 卖方  ┐
          └─ 股权转让协议 ─┤       ├─ 必需
                         └─ 买方  ┘
```

**第一种,股东入股协议**

第3章介绍过,应该让投入多的股东获得更多股权;第4章介绍了股权的进入机制,可以通过股东协议约定股东的投入责任、股权调整或退出机制等。

股东协议不是必需的,第4章介绍的第一种情况可以不需要签股东协议,其他情况需要签协议进行约定。

股东协议也不是有就可以,比如进入机制怎么约定?股权如何调整?退出机制怎么设计?第6章介绍的三立科技公司股东协议约定了动态股权机制、退出机制等,但并没能实现协议的目的。

本案例的果园公司合伙人虽然签了股东协议但没有办工商登记,没能获得股权;而八瑞水电公司的合伙人签了公司章程但没有办工商登记,却获得了股权。因为八瑞水电公司的情况符合下图中的第二种情况,而果园公司的园艺师哥哥符合哪种情况呢?

```
获得股权         ┌─ 原始取得      ─┬─ 签署公司章程
必要条件        │   参与公司成立    └─ 必须经工商登记
                │
                ├─ 来自增量       ─┬─ 股东会决议通过
                │   公司增资       └─ 修订公司章程      ─── 工商变更登记
                │                                          不是必要条件
                └─ 来自存量       ─── 卖方+买方
                    股权转让         股权转让协议
```

果园公司的合伙人不符合 3 种情况中的任何一种，第 6 章介绍的三立科技公司也不符合上述 3 种情况中的任何一种，但却被法院认定符合股权代持的条件，与果园公司有本质区别：

（1）三立科技公司股东协议约定的注册资本与公司工商登记的注册资本完全一致。

（2）三立科技公司股东协议约定了注册资本与股东投入的关系，明确约定股东投入多少钱获得多少股权。

（3）三立科技公司股东协议约定了注册资本与股权比例的关系。

三立科技公司的股东协议将股权比例、股东投入、注册资本相挂钩，而且合伙人按照约定实际付了款；本案例的果园公司合伙人虽然实际付了款，但与注册资本等数据完全对不上。

**股东协议是股权设计的 3 种工具之一，用来分股权时需要与注册资本结合使用，否则就如用手撕饼，可能撕得乱七八糟。**

第二种，股权转让协议

股权转让协议适用于存量股调整，需要由买方+卖方共同签订股权转让协议。

买卖双方签订股权转让协议是股权转让的必要条件，而工商登记不是必要条件，签协议如办结婚登记，办工商登记手续如办婚礼，不要搞反了。前面已经介绍了多个案例，有人用假签名办变更，过了 15 年还能反转。

## 7.7　股权设计工具之三，看似不起眼却价值1500万元

股权转让是获得股权的3种方式之一，看似很简单，但却有人一不小心背上了1500万元的债务，后来花多年时间打官司，家里的房子差点被拍卖，下面介绍具体案例。

### 一、CEO 拿股权后退出

创始人创立九沃航空设备公司，用30%股权招来CEO，CEO通过增资1500万元获得这30%股权，公司找过桥资金帮助CEO完成验资手续后转走资金。

在CEO成为工商登记股东后，全体股东签署了CEO股份说明：CEO的股份增资扩股工商手续已经完成，待CEO的1500万元本金入账时确认30%股份。

可是CEO才入职两年就离职了，当时是和平分手，创始人收回CEO的30%股权，采用有关部门提供的股权转让协议模板办理了工商变更登记手续，创始人与CEO签订股权转让协议，其中约定：CEO将30%股权转让给创始人，价格为1500万元。（注：就是按照注册资本金额填写的。）

很顺利地办理了工商变更登记手续，CEO从工商登记股东名单中消失了。

你可以思考：

（1）创始人需要按照协议约定向CEO支付1500万元股权转让款吗？

（2）CEO用于验资的钱已经转走了，谁承担返还出资的责任呢？

### 二、CEO 起诉要求支付1500万元

已经退出一年后，CEO在2016年去法院起诉，要求创始人按照股权转让协议的约定支付1500万元股权转让款和300万元利息。

创始人提出：

（1）CEO没有实际出资，按照CEO股份说明，其没有获得股东资格。虽然先做工商登记后再通过股权转让方式消除CEO股东资格的操作不当，但现实中类似情况大量存在却极少发生诉讼，签订股权转让协议时没有预料到CEO会以没有真实交易的股权转让协议起诉要求支付股权转让款，这种用过桥资金垫

资后又抽逃的股权市场价格几乎为零。

（2）CEO 在股权转让完成一年后才起诉，应对这种恶意诉讼，本来可以起诉 CEO 要求他补足出资以抵消股权转让款，但由于公司经营情况不佳，没有必要补足注册资本，所以起诉 CEO 后又撤诉了。

你可以思考：创始人律师说的有道理吗？股权转让价格与是否实缴出资有何关系？

其实打官司时请水平再高的律师也无法改变之前签过的协议，只能死马当活马医，费尽力气找理由。医生往死马嘴里喂药不一定是医生水平不行，而是实在没有起死回生之术。

在一审法院判决后，创始人实施第一次补救措施，在 2017 年 1 月通过股东决议 1：用创始人对公司的债权补足 CEO 抽逃出资的 1500 万元。

你可以思考：前面说没必要追 CEO 补缴出资，现在为何又由创始人替 CEO 补缴出资？

法院审理认为：

（1）CEO 是否实际出资？

CEO 明知并直接参与抽逃出资，在抽逃出资 4 天后签署的 CEO 股份说明也印证了 CEO 没有实际出资。

（2）创始人需要向 CEO 支付 1500 万元股权转让款吗？

当股权转让涉及公司股东以外的第三人时，《公司法》优先保护第三人的合法权利，强调工商登记的公示效力；当股权转让仅发生在股东之间时，则优先考虑股东之间形成的协议或者内部约定。

创始人与 CEO 之间的股权转让属于内部转让，应依据双方的内部约定处理。由于 CEO 没有实际出资，按照 CEO 股份说明其没有实际获得股权，所以创始人与 CEO 之间的股权转让协议没有生效。签订股权转让协议只是为了办理工商变更登记手续，并没有发生真实的股权转让交易。在 CEO 没有完成出资获得股权之前无权要求创始人支付 1500 万元股权转让款。

法官居然被创始人的律师说服了？在 2017 年 5 月终审判决驳回 CEO 的起诉，但后来又发生了反转。

### 三、官司反转

二审判决已经生效,但 CEO 不服向最高法院申请再审。

去法院打官司的正常程序是一审二审,二审判决已经生效,再审并不是正常程序,再审申请也不一定获得受理,而 CEO 的再审申请获得最高法院裁定提审。

1. CEO 提出

自己只是起诉要求创始人支付股权转让款和利息,但一二审判决却对 CEO 抽逃出资作出处理,超出了 CEO 的诉讼请求范围。

2. 创始人的应对

创始人不敢掉以轻心,换律师应诉,并实施第二次补救措施,公司在 2018 年 5 月作出承诺:

鉴于创始人已经用对公司的债权补足 CEO 应付的 1500 万元出资义务,如果法院改判创始人向 CEO 支付 1500 万元股权转让款,则公司享有对 CEO 出资 1500 万元的债权,公司承诺将这 1500 万元债权的追偿权转让给创始人。

你可以思考:走这步的目的是什么?

3. 再审法院改判

虽然创始人提出 CEO 没有实际出资,但并没有起诉要求 CEO 补足出资,而且支付股权转让款和补足出资是不同的法律关系,一二审混淆了两种不同的法律关系,CEO 的出资问题不属于本案审理范围,各方可另行主张。

最高法院在 2018 年 12 月判决:撤销一二审判决,创始人向 CEO 支付 1500 万元股权转让款和利息,还要承担 26 万元诉讼费。

就这样,因为套用有关部门的协议模板,创始人要付出 1500 万元的代价,是不是很冤?

### 四、财产争夺战

创始人被判要向 CEO 支付 1500 万元后,不甘心当冤大头,而 CEO 也不肯善罢甘休,双方继续开展财产争夺战和捉迷藏游戏。

创始人没有按照判决书向 CEO 支付 1500 万元,而是把九沃航空设备公司的股权全部转给他人。

CEO 申请强制执行，冻结了创始人的银行账户，查封了两处房产和股权等，创始人的妻子和儿女去法院起诉也被驳回。

前面九沃航空设备公司一直不追 CEO 补缴出资，但在创始人被判要向 CEO 支付 1500 万元、房产面临被拍卖后，公司开始起诉 CEO 补缴出资和利息，并要求创始人承担连带责任，获得法院支持。

创始人用对公司的债权替 CEO 补缴出资和利息后，再起诉要求确认自己为 CEO 补缴的出资和利息与欠 CEO 的 1500 万元债权抵销，获得法院支持。

## 五、案例启示

从 2016 年到 2021 年，花 5 年时间的官司终于结束，创始人需要向 CEO 支付 1500 万元股权转让款，而 CEO 因为抽逃出资需要向公司补缴 1500 万元出资和利息，创始人替 CEO 补缴出资和利息后，抵销应向 CEO 支付的 1500 万元。

创始人开始说公司经营情况不佳，没有必要补足注册资本，但最后为了抵销 CEO 的 1500 万元股权转让款还是补缴出资了。可如果公司有其他外部股东，创始人能这么容易用对公司的债权做抵销吗？如果 CEO 没有抽逃出资，创始人就得向 CEO 支付 1500 万元，创始人的房子也可能被拍卖。

本来 CEO 和平退出是好事，但却因为套用有关部门的协议模板使创始人背上 1500 万元债务，之后花了 5 年时间上百万元打 10 多场官司去解决。

前面介绍过，通过股权转让获得股权的，需要买卖双方签订股权转让协议，协议才是最重要的，而是否办理工商变更登记不是关键。但很多人搞反了，以为工商变更登记才重要，协议不重要。以为签个假协议办完工商手续就万事大吉。

工商登记就如办婚礼，双方签协议就如办结婚登记，签了协议就没有假的，协议写了股权转让款为 1500 万元，就需要按照协议约定支付 1500 万元。

**法律给你随便签协议的自由，也把你签的协议当圣旨，签了协议是要承担责任的！**

## 7.8 股权设计三种工具的对比与运用

成功企业的股权价值可能巨大,世界首富、中国首富等的财富都主要来自股权价值,可是股权既看不见又摸不着,需要有工具界定,本章先后介绍了公司章程、注册资本、股东协议三种工具。

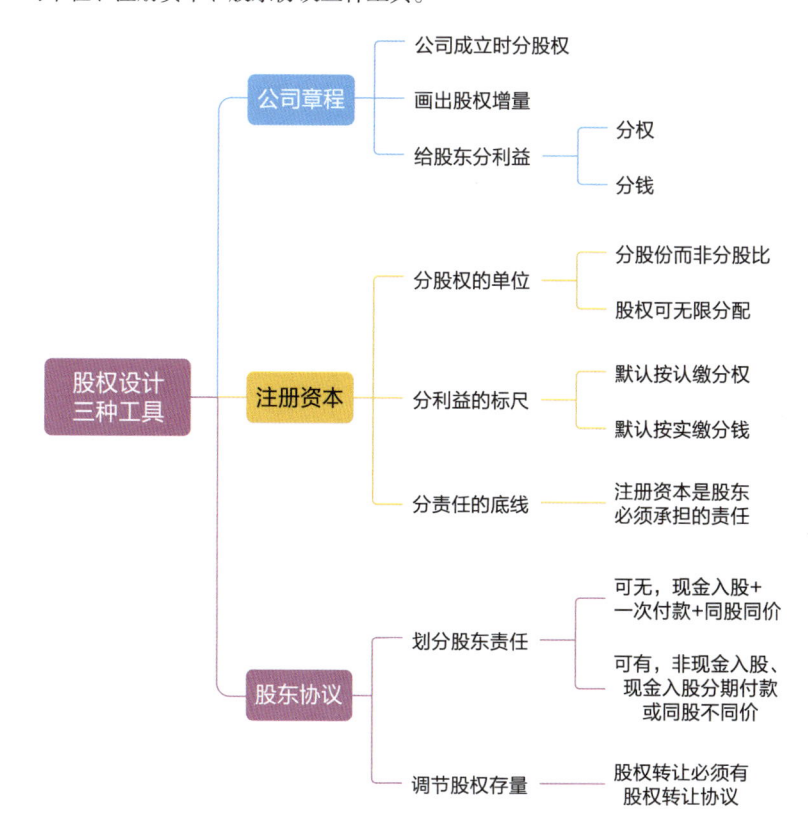

```
股权设计三种工具
├── 公司章程
│   ├── 公司成立时分股权
│   ├── 画出股权增量
│   └── 给股东分利益
│       ├── 分权
│       └── 分钱
├── 注册资本
│   ├── 分股权的单位
│   │   ├── 分股份而非分股比
│   │   └── 股权可无限分配
│   ├── 分利益的标尺
│   │   ├── 默认按认缴分权
│   │   └── 默认按实缴分钱
│   └── 分责任的底线
│       └── 注册资本是股东必须承担的责任
└── 股东协议
    ├── 划分股东责任
    │   ├── 可无,现金入股+一次付款+同股同价
    │   └── 可有,非现金入股、现金入股分期付款或同股不同价
    └── 调节股权存量
        └── 股权转让必须有股权转让协议
```

### 一、公司成立时的股权分配

**公司章程是公司必须要有的,公司成立的第一份公司章程必须经有关部门备案才有效,因为公司章程没经备案意味着公司没有成立。**

公司成立时,公司章程就如用来画出蓝色线的那支笔,用笔画出饼的大小和内部结构，如果没有笔就画不出图来，就是一张白纸。

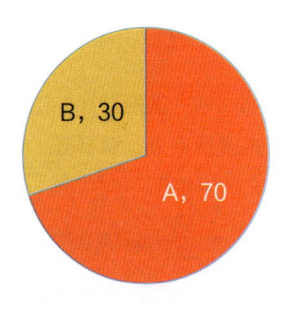

**注册资本就如用来量尺寸的尺子，可以将公司章程与注册资本结合起来用于分股权，就如用笔＋尺子可以更好地画饼。**

不用注册资本分股权，就如有人不需要尺子也能画饼，需要高超的技术，建议一般人还是用尺子画比较好。

## 二、公司成立后的内部股权结构调整

公司成立后，已经完成第一次画饼和分饼。

在饼的大小不变的情况下，如果需要对饼进行重新分配，比如将7∶3改为6∶4或者5∶3∶2等，就是A或B作为卖方，将饼分一部分给别人或者全部卖给别人，这时需要通过股权转让方式进行调整，需要由买卖双方签订股权转让协议去落实。

## 三、公司发展过程中的股权变化

公司不断发展变化，股权也需要作出调整，比如觉得100平方米的饼不够用，可以把饼扩大，或者觉得太大了想缩小也是可以的。

把饼扩大或者缩小都要用笔＋尺子画出来，也就是通过公司章程＋注册资本进行增资或减资。

饼可以一轮轮地扩大，在饼扩大后，A和B所占的总比例减少了，但面积保持不变，因为分饼是按照平方米计算的，并不是按照比例计算的。

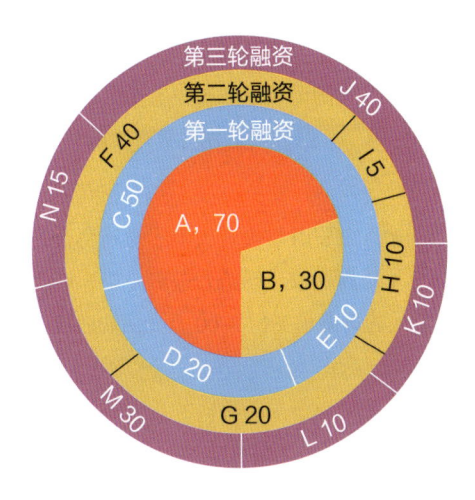

股权分配的道理也是如此，股权分配默认是分股份而不是分股权比例，所以可以随饼不断扩大而实现股权的无限分配。

### 四、股东协议与公司章程

有人把股东协议和公司章程混为一谈，以为签了股东协议就可以替代公司章程，其实两者是有本质区别的，比如 7.1 节介绍的八瑞水电公司，签了公司章程没有办理工商登记，股东打官司后拿到股权；而 7.6 节介绍的果园公司，签了股东协议、付了款但没有办理工商登记，打官司却要不到股权。

#### 1. 可有与可无

**公司章程是公司必须有的**，公司成立的第一份公司章程需要经有关部门备案才生效，公司成立后的其他公司章程则不以有关部门备案为生效条件。

**而股东协议不是必须有的**，可以根据需要决定是否签订股东协议，第 4 章介绍过股权进入机制，如果股东都是现金入股 + 一次性付款 + 同股同价，可以不需要签股东协议；但如果股东不是以现金入股，或者现金入股不是一次性付款或者同股不同价，就需要通过股东协议约定。

对存量股权进行调整时，需要通过签订股权转让协议进行股权转让。

#### 2. 绑定的对象不同

**公司章程与目标公司绑定，成为股东就要受到公司章程的约束，就算股东**

**没有签字或对公司章程投反对票，股东依然会受到公司章程的约束。**

比如，股民购买上市公司的股票，股民没有在公司章程上签过字，也没有对公司章程的修改投过同意票，但公司章程对所有股东有约束力。

**股东协议与签约的人绑定，谁签约就绑定谁。**

比如，八龙公司创始人融资时与投资人签了对赌协议，约定3年内上市。后来创始人与股东发生矛盾而退股，创始人退出公司3年后八龙公司并没能成功上市，创始人被投资人起诉要求支付3800万元回购股权，法院支持了投资人的请求。

虽然创始人已经离职并退了股，但创始人与投资人签的协议并没有解除，**协议的责任不会因为创始人不是股东就自动消失**。创始人发文说自己被巨债缠身、家不成家，引起很多关注。

**没签约的股东则不受股东协议的约束**，比如第2章介绍的七虫药业公司，小弟与教授签协议约定不能稀释教授的股权；但大哥没与教授签协议，在大哥成为大股东后，教授的股权被快速稀释了。

**公司章程跟公司走，谁成为股东谁就要受到约束；股东协议跟签约的股东走，谁签约就对谁有约束力，就算不是股东了依然有效，而没签约的人则不受协议约束。**

### 3. 适用的法律不同

**公司章程适用《公司法》，而股东协议适用《民法典》**，只在某些特殊情况下，公司章程可以参照适用《民法典》，比如前面介绍的八瑞水电公司案例。

### 4. 性质和修改规则不同

**股东协议是合同，修改股东协议必须经签约方100%同意才可以，而不是经67%同意就可以。** 比如，A找B借了100万元，不能通过投票表决的方式免除A的还款责任。

**公司章程是股东之间最重要的制度，修改公司章程需要获得公司章程规定的票数通过，不一定需要100%股东同意，不同意修改的股东也会受到公司章程约束。** 比如，法律就是制度，法律按照表决的方式通过，不需要所有人签名，没有在法律文件上签字的人也会受到法律约束。

只在特殊情况下，股东协议可以起到公司章程的某些作用，比如下面的案例。

## 五、股东协议与公司章程的特殊关联

教授与投资人共同成立二艾公司，教授出技术，投资人出钱。

### 1. 双方签订股东协议并约定

（1）教授以技术入股持股 66%；投资人出资 2000 万元持股 34%，其中 1500 万元作为公司注册资本，注册资本可"分批分阶段出资"。

（2）公司董事会 5 人，教授派 3 人，投资人派 2 人，由教授担任董事长，投资人担任总经理和法定代表人。

### 2. 签署公司章程并规定

（1）公司注册资本 1500 万元，投资人以货币出资 510 万元持股 34%，教授以货币出资 990 万元持股 66%。

（2）公司的法定代表人由总经理担任。

（3）修改公司章程、公司成果转让的决议须经全体股东一致同意。

（4）公司章程与股东协议条款相抵触的，以股东协议为准。

你可以思考：公司章程与股东协议约定不同，应该按照哪个计算？

二艾公司成立后，投资人第一期投资的 500 万元花完后技术还没有试验成功，此时却发现另一个大学教授在 3 年前已经申请了一项专利，专利内容与教授的技术有关，随后双方开展了 8 年的拉锯战。

### 3. 投资人要求赔偿不成

投资人起诉要求解除股东协议，教授赔偿研发投入 500 万元和违约金 250 万元。

法院审理认为，投资人没有提供证据证明教授的技术与他人申请的专利有冲突，而双方已经按照股东协议约定成立二艾公司，股东协议的主要义务已经履行，没有可以解除的内容，可以对二艾公司进行清算，法院判决驳回了投资人的起诉。

### 4. 争夺技术控制权

此时教授的技术并没被转移到二艾公司名下，而教授又以同样的技术与第三方成立三新公司并以技术入股持股79%。

投资人要求教授支付250万元违约金，法院酌情判决教授向投资人支付80万元违约金。

投资人又起诉要求教授把技术转移到二艾公司名下，教授反驳说公司章程规定教授用货币出资990万元，并不是技术入股。法院审理认为，虽然公司章程规定教授用货币出资，但同时约定公司章程与股东协议相抵触的以股东协议为准，而股东协议约定教授以技术入股享有66%的股权，所以教授应将其技术转移到双方共同成立的二艾公司名下。

因为公司章程引入了股东协议，相当于股东协议成为公司章程的一部分，所以在本案例中股东协议起到了公司章程的特殊作用。

在教授把技术转入二艾公司后，他们又开始抢夺技术的控制权。

你可以思考：教授是持股66%的大股东，还控制了3/5的董事会席位，教授能控制公司吗？

教授组织股东会会议并通过股东决议1：对专利的使用须经代表半数表决权的股东同意。

教授同意持股66%，投资人反对持股34%，这样能获得通过吗？

投资人去法院起诉要求撤销股东决议1，并提出：

（1）股东决议的内容超出公司章程规定的股东会职权范围。

（2）股东决议违反公司章程中"公司成果转让的决议须经全体股东一致同意"的规定。

（3）股东会会议既不是董事长主持，也不是监事会主席主持，违反公司章程规定。

教授反驳说，技术是教授作为股东的出资，不属于公司章程规定的目标公司成果，不适用"公司成果转让的决议须经全体股东一致同意"的规定。

法院审理认为：

（1）股东决议的内容问题

一审法院认为，双方基于指定的技术成立二艾公司，对技术的使用属于公司重大事项，属于股东会的职权范围。虽然公司章程规定"公司成果转让的决议须经全体股东一致同意"，但此处"公司成果"应指公司项目进行过程收获的成果，而现在争议的技术是教授作为股东投入的，并不是新公司产生的成果，所以不适用公司章程的这条规定。

二审法院认为，股东决议的内容不是对公司内部单一运作或重大经营事项作出决议，而是针对某特定事项增加了一项新的议事方式和表决程序，属于修改公司章程的范畴，而公司章程规定修改公司章程须经全体股东一致同意，现在只有代表 66% 表决权的股东同意，没达到公司章程规定的全体股东同意。

（2）开会程序问题

一审法院认为，股东会会议由董事长书面委托他人主持有效，因为公司章程没规定董事长不能委托他人主持。

二审法院认为，没有按照公司章程规定由董事长主持会议，也没由监事会主席主持，不符合公司章程规定，程序存在瑕疵。

二审法院判决撤销股东决议 1，也就是持股 66% 的大股东并没抢到技术控制权。

一计不成又换一计，后来他们又换了一条路继续战斗。

5. 争夺公司控制权和法定代表人之位

经过多起官司后，他们意识到法定代表人的重要作用，开始争夺法定代表人之位。

因为公司章程规定由总经理担任法定代表人，所以第一步先争夺总经理之位。

第一步，争夺总经理之位

总经理由董事会任免，所以教授组织董事会会议并通过董事会决议 1：

（1）免除投资人的总经理职务，换成由教授派的人担任总经理。

（2）由董事会召集股东会会议。

董事会决议 1 获得董事会 3/5 票数同意，这样有效吗？

投资人起诉要求撤销董事会决议 1，法院审理认为：

虽然公司章程规定总经理由董事会选举，但公司章程同时规定公司章程与股东协议相抵触的以股东协议为准。股东协议约定由投资人担任总经理,并由投资人担任法定代表人,而公司章程规定由总经理担任法定代表人,综合起来就是明确规定由投资人担任总经理。

董事会决议1罢免投资人的总经理职务,换成由教授派的人担任总经理,违反了公司章程规定,所以法院判决撤销董事会决议1。

第二步,选股东会会议主持人

由于董事长临时有事不能主持将要召开的股东会会议,他们通过视频会议通过了董事会决议2:选举教授派的另一位董事主持股东会会议。

这次董事会决议还是获得董事会3/5票数同意,投资人所派的董事没有参加会议。

投资人起诉要求撤销董事会决议2,法院审理认为:

被告方提供的视频没能证明会议内容,也没能保证投资人派的董事参加会议,应被视为没召开董事会会议,所以判决撤销董事会决议2。

第三步,通过股东决议向投资人追缴出资

在董事会决议2选出的董事主持下,通过股东决议2:投资人在10日内缴纳剩余的1200万元出资。

教授同意持股66%,投资人反对持股34%,这样有效吗?

投资人向法院起诉要求撤销股东决议2,法院审理认为:

从程序上,决定召集股东会会议的董事会决议1和选举会议主持人的董事会决议2已经被撤销;从内容上,公司章程规定公司章程与股东协议条款相抵触的,以股东协议为准,股东协议约定投资人"**分批分阶段**"缴纳注册资本,股东决议2要求投资人在10天内缴纳余下出资与股东协议约定的本意相悖,所以法院判决撤销股东决议2。

就这样,教授为了争夺法定代表人之位的两次董事会决议和一次股东决议都被法院判决撤销了,大股东抢公司控制权不成功。

### 6. 案例启示

虽然教授作为持股66%的大股东并控制了董事会,但并没能控制公司,因为公司章程规定:修改公司章程、公司成果转让的决议须经全体股东一致同意。

所以大股东持股 66% 并没有公司控制权，不能修改公司章程，也不能决定技术转让问题。

大股东想通过争夺总经理之位来争夺法定代表人之位，虽然公司章程规定由总经理担任法定代表人，由董事会选举总经理，而大股东占 3/5 的董事会席位；但公司章程还规定"公司章程与股东协议条款相抵触的，以股东协议为准"，股东协议规定由小股东担任总经理和法定代表人，所以这里的股东协议起到了公司章程的作用。

**股东协议能起到公司章程的作用需要符合两个条件：**

一是公司章程规定"公司章程与股东协议条款相抵触的，以股东协议为准"，这样规定之后，相当于把股东协议内容变成了公司章程的一部分。

二是股东没有发生变化，如果股东发生了变化就不一样了。

# 第8章

# 四种企业的对比与运用

创业应该注册哪一种企业?
四种企业的特点各有不同。

## 8.1 四种企业各有优劣，选择合适的一种

我国的主要企业有四种类型：个体户、个人独资企业、合伙企业、公司，个体户不算是严格意义上的企业，这里仅为方便说明，把个体户归类为企业。

### 一、个体户

个体户适用国务院 2022 年制定的《促进个体工商户发展条例》。

个体户不是法律意义上的企业，本质上是对个人从事商业经营活动进行工商登记，对个体户与一般的企业管理有所不同，比如个体户可以使用个人账户收款，不用开对公账户，由于个人资金与经营资金分不清楚，个体户有核定征收政策，或者按照固定标准扣除成本。

个体户不需要交企业所得税，相应的个体户需要个人承担无限责任。

### 二、个人独资企业

个人独资企业适用全国人大常委会制定的《中华人民共和国个人独资企业法》（以下简称《个人独资企业法》）。

个人独资企业与个体户都是以个人作为投资者或经营者的，但个体户不是严格法律意义上的企业，而个人独资企业是法律意义上的企业，需要按照企业的相关规定操作。

与个体户一样，个人独资企业不用交企业所得税，其投资人需要承担无限责任；但与个体户不一样的是，个体户可以无须开对公账户，但个人独资企业需要开对公账户。

### 三、合伙企业

合伙企业适用全国人大常委会制定的《合伙企业法》。合伙企业是介于个人独资企业与公司之间的企业形态，分为普通合伙企业（含特殊的普通合伙企业）和有限合伙企业两类。

以人力为主的行业，比如律师、会计师等行业，较多采用普通合伙企业形式，而基金或员工持股平台等较多采用有限合伙企业形式。

有限合伙企业由普通合伙人和有限合伙人组成，类似于个人独资企业＋有限责任公司的混合体，普通合伙人承担类似个人独资企业投资人的无限连带责任，有限合伙人以认缴的出资额为限承担类似公司股东的有限责任。

### 1. 合伙企业的控制权

有限合伙企业并不像公司那样按出资比例或持股比例承担责任和拥有权利，合伙人的责任和权利与出资比例不直接相关，而与身份有关系。

> 《合伙企业法》第六十七条规定：有限合伙企业由普通合伙人执行合伙事务。执行事务合伙人可以要求在合伙协议中确定执行事务的报酬及报酬提取方式。
>
> 第六十八条第一款规定：有限合伙人不执行合伙事务，不得对外代表有限合伙企业。

普通合伙人以承担无限连带责任为代价，只需用很少的出资就可以成为执行合伙事务的合伙人，可以通过合伙协议约定来实现对合伙企业的控制。比如基金管理方少量出资成为普通合伙人后，可以以普通合伙人身份执行合伙事务，并通过合伙协议约定来实现对合伙企业的管理和控制。很多公司用有限合伙企业作为员工持股平台，创始人可以通过控制有限合伙企业的持股平台来增加对公司的控制权。

**但是，有限合伙企业由普通合伙人执行合伙事务，是执行而不是决策，并不是做合伙企业的普通合伙人（GP）就能控制合伙企业。**

> 《合伙企业法》第三十条规定：合伙人对合伙企业有关事项作出决议，按照合伙协议约定的表决办法办理。合伙协议未约定或约定不明确的，实行合伙人一人一票并经全体合伙人过半数通过的表决办法。
>
> 本法对合伙企业的表决办法另有规定的，从其规定。
>
> 第三十一条规定：除合伙协议另有约定外，合伙企业的下列事项应当经全体合伙人一致同意：
>
> ……

**就是说，在合伙协议没有另外约定的情况下，合伙企业默认按照人数投票（不是按照财产份额比例或股权比例），部分事项需要全体合伙人一致同意通过，部分事项需要合伙人过半数同意通过。**

**做有限合伙企业的 GP 只拥有执行权，而非决策权，GP 类似于公司的法定代表人 + CEO 职位的作用，想掌握合伙企业的决策权仍需要通过合伙协议进行设计。**

有的公司因为没能正确理解《合伙企业法》而踩坑了，有托育机构创始人说，请顾问公司设计的股权激励方案漏洞百出，实施股权激励需要在员工持股平台新增合伙人，但需要全体合伙人同意才能增加，因为一个合伙人不同意而导致股权激励陷入僵局。后来听律师建议打假官司，起诉后又发现打官司也解决不了，又换了另一种方式，引发了与合伙人的一系列官司。

为何想在员工持股平台增加一个合伙人都增加不了？因为

> 《合伙企业法》第四十三条第一款规定：新合伙人入伙，**除合伙协议另有约定外**，应当经全体合伙人一致同意，并依法订立书面入伙协议。

### 2. 合伙企业的运用

合伙企业不需要交企业所得税，在做好设计的前提下，用有限合伙企业作为员工持股平台，既可以减少目标公司的股东数量，避免双层所得税，还可以有助于掌握公司控制权。

可是为何不直接用有限合伙企业作为企业经营主体？

因为合伙企业的普通合伙人需要承担无限连带责任，万一企业大量欠债还不起，普通合伙人是要兜底的。

而用有限合伙企业作为员工持股平台，有限合伙企业只是作为目标公司的股东而不做其他实体经营业务，发生问题的概率很低，就算承担无限连带责任，风险也是很低的。

比如个体户工厂生产热水器，因为产品质量问题把别人的房子给炸了，赔偿金额可能很大，无限责任的后果就很严重；但如果个体户工厂做的是用来扫地的扫把，就算扫把有质量问题也不会有太严重的后果，就算承担无限责任，责任也是有限的。

**其实无限责任也没有那么可怕，关键要看对什么事情承担无限责任。** 我们每个有完全行为能力的成年人都要对自己的行为承担无限责任，比如康美药业被判向投资者赔偿 25 亿元，有的独立董事被判在 10%（2.5 亿元）范围内承担连带责任。我们并不会因为需要承担无限责任就不活了，因为个人很少直接从事经营活动，发生严重后果需要承担无限责任的概率很小。

用有限合伙企业作为员工持股平台，合伙企业作为目标公司股东的主要责任就是实缴出资，不做其他业务，只要管好公章，不乱签合同，发生严重后果的概率很低。

个体户、个人独资企业、合伙企业都不需要交企业所得税，个人投资者只需要交个人所得税。但由于个体户、个人独资企业、合伙企业的经营者或投资人都需要承担无限责任或连带责任（合伙企业的有限合伙人承担有限责任），因此，规模大的企业一般都采用公司形式。

### 四、公司

> 《公司法》第四条第一款规定：有限责任公司的股东以其认缴的出资额为限对公司承担责任；股份有限公司的股东以其认购的股份为限对公司承担责任。

比如张三和李四共同出资成立了三四有限责任公司，注册资本为 100 万元，张三认缴出资 80 万元，李四认缴出资 20 万元。

公司经营两年后欠 X 公司债务 500 万元，而此时三四有限责任公司的全部资产为 300 万元，即便将全部资产用来偿还债务都还差 200 万元，公司已资不抵债，如果三四有限责任公司破产将无力偿还欠 X 公司的 200 万元债务。

假设张三和李四都已缴足注册资本，则股东不需要自己掏钱偿还欠 X 公司的 200 万元债务，X 公司只能自认倒霉。

但如果股东未实缴注册资本，则需要在未实缴的范围内承担责任。假设张三认缴出资 80 万元，已实缴 50 万元，则张三股东应承担未缴 30 万元（认缴 80 万元 − 实缴 50 万元）的债务责任；假设李四认缴出资 20 万元，已实缴 10 万元，则李四股东应承担未缴 10 万元（认缴 20 万元 – 实缴 10 万元）的债务责任。张三和李四都承担缴付注册资本责任后，三四有限责任公司仍欠 X 公司 160 万元（200 万元 –30 万元 –10 万元）无法偿还，张三和李四作为股东不用再自己掏钱偿还，X 公司只能自认倒霉。

四种企业的特点对比如下表所示。

| 序号 | 类型 | 适用法律 | 投资人责任 | 企业所得税 | 个人投资者个税 |
|---|---|---|---|---|---|
| 1 | 个体户 | 《促进个体工商户发展条例》 | 无限责任 | 无 | 有 |
| 2 | 个人独资企业 | 《个人独资企业法》 | 无限责任 | 无 | 有 |
| 3 | 合伙企业 | 《合伙企业法》 | 普通合伙人无限连带责任<br>有限合伙人有限责任 | 无 | 有 |
| 4 | 公司 | 《公司法》 | 有限责任<br>特殊情况连带责任 | 有 | 有 |

公司独立承担责任和股东有限责任制度，为股东财产设置了风险隔离墙，股东只需要承担有限责任，就算公司欠债、破产等也不会连累股东，不需要用股东财产或家庭财产为公司承担责任，为创业扫除后顾之忧，促进经济的蓬勃发展。也正因如此，市场上大部分经营主体都采用公司的形式。

但在特殊情况下，股东可能需要对公司债务承担连带责任，下一节将介绍相关案例。

## 8.2 有限公司变无限责任 3 种坑，有 25 个股东也没能幸免

一般情况下，有限责任公司的股东以认缴出资额为限对公司承担责任，但特殊情况下，股东需要承担连带责任，下面介绍股东需要承担连带责任的 3 种情况。

### 一人公司股东承担连带责任

二源文化公司注册资本 10 万元，由 Y 一个人 100% 持股，公章交由其男友保管。

一年后，公司与 Y 的男友签订《买卖合同》，约定男友向公司购买红木家具等七件套，价格为 1600 万元。之后男友将 900 万元转入二源文化公司账户，并在当天就把这 900 万元转到了男友儿子的公司，之后二源文化公司并没有按照合同约定向男友交货。

两年后两人分手了，男友向法院起诉，要求二源文化公司和股东 Y 返还 900 万元和利息。

可是 Y 觉得自己很冤枉，公司的公章由男友保管，这件事本就是男友一手操办的，自己根本没有收到钱。

法院审理认为，二源文化公司收款后没有按照合同约定交货，应向男友返还 900 万元和利息；Y 作为公司唯一的股东，未提供任何证据证明个人财产独立于公司财产，应承担连带责任，还要承担 16 万元的诉讼费。

Y 申请再审也被驳回了，后来由于公司没有财产可供执行，Y 的房产被申请强制执行拍卖。

踩坑后的 Y 亡羊补牢，把公司股东变成两个，四年后把公司注销了。

> 《公司法》第二十三条第三款规定：只有一个股东的公司，股东不能证明公司财产独立于股东自己的财产的，应当对公司债务承担连带责任。

对于只有一个股东的公司，《公司法》采用有责推定的原则，默认股东需

要承担连带责任，**如果股东能自证清白，证明公司财产独立于个人财产，则不需要承担连带责任。**

可是很多一人公司与股东之间就是一笔糊涂账，公司财产与个人财产或股东财产不分，股东很容易被判承担连带责任。

由于夫妻财产属于共同财产，只有夫妻两人做股东的公司，股东也容易被判需要承担连带责任。

不只是一人公司的股东需要承担连带责任，有 25 个股东的公司股东也被判承担连带责任，比如下面的案例。

### 25 个股东还被判承担连带责任

六森药业公司已经获得多轮融资，共有 25 个股东，创始人是最大股东，持股 21%，并担任董事长和 CEO。

```
    ┌─────────┐    ┌───────┐
    │ 20多个股东 │    │ 创始人 │
    └────┬────┘    └───┬───┘
       79%           21%
         └──────┬──────┘
                ▼
        ┌──────────────┐
        │  六森药业公司   │
        └──────┬───────┘
             100%
                ▼
         ┌──────┐  510万元债务  ┌──────┐
         │ 子公司 ├────────────┤ 债权人 │
         └──────┘              └──────┘
```

公司旗下有 100% 持股的子公司，因为子公司欠他人 510 万元没有归还被债权人起诉，要求子公司、六森药业公司、创始人三方共同归还 510 万元和利息。

你可以思考：欠钱的是子公司，创始人不是子公司的股东，而母公司有 25 个股东，并不是只有创始人一个股东，创始人需要承担责任吗？

法院审理认为：六森药业公司与子公司之间存在持续、巨额、长期的资金交易，互为代发工资、报销公司费用、支付第三方合同款等，两公司财产混同、人员混同，六森药业公司对子公司的债务承担连带清偿责任；创始人作为六森药业公司最大的股东和两家公司的实际控制人，两家公司多次向其转账，其未提交证据证实交易基础，违背公司法人财产独立原则。

法院判决六森药业公司和创始人对子公司的债务承担连带清偿责任。

在本案例中，不只是母公司要对子公司承担连带责任，母公司有 25 个股东，创始人也被判承担连带责任，而第 2 章还介绍过兄弟公司、关联公司需要承担连带责任的案例。

**股东承担有限责任的前提是，公司是有独立能力的法人，公司财产独立。如果违背了公司财产独立的原则，把公司财产随便转给股东等，就可能被认定为财产混同，不管有多少个股东，都有可能被判承担连带责任。**

还有的公司被债权人追债后偷偷把公司注销，把有限责任变成无限责任，比如下面的案例。

### 不当注销公司，把有限责任变成无限责任

七云公司找软件公司开发软件后没有付钱，软件公司在 2019 年向法院起诉，要求四位股东赔偿服务费和支付违约金等。

可是七云公司在打官司期间的 2020 年偷偷将公司注销，打官司时四位股东中只二股东出现，二股东说自己已经实缴出资，不应该承担责任。

**你可以思考：**

（1）公司已经注销了，股东还有责任吗？

（2）二股东已经实缴出资，还需要承担责任吗？

**法院审理认为：**

根据当时的公司法和司法解释规定，有限责任公司的股东作为清算义务人，在公司解散时负有依法清算的义务，未履行该义务的，应当对债权人承担清算责任。

七云公司在法院审理期间被注销，四位股东作为清算组成员未能将清算事宜书面通知债权人，而且股东在清算报告中称债权债务及剩余资产已清理完毕，并确认清算报告内容如有虚假，全体股东愿承担一切法律责任。

四位股东未能履行法定清算义务，导致对软件公司的债务未获清偿，应当承担赔偿责任。虽然二股东说自己已经实缴出资，但是否实缴出资不影响他们作为清算组成员应承担的法定清算义务，不能因此而免责。

法院在 2022 年 4 月判决，四位股东连带赔偿软件公司的服务费，并承担诉讼费。

**案例启示：**

虽然法律规定股东承担有限责任，也出台了公司简易注销政策，但并不是注销公司就万事大吉了；偷偷注销公司不仅没能逃避责任，反而把有限责任变成了无限责任，已经实缴出资的股东也不能免责。

> 现《公司法》第二百三十二条规定：公司因本法第二百二十九条第一款第一项、第二项、第四项、第五项规定而解散的，应当清算。董事为公司清算义务人，应当在解散事由出现之日起十五日内组成清算组进行清算。
>
> 清算组由董事组成，但是公司章程另有规定或者股东决议另选他人的除外。
>
> 清算义务人未及时履行清算义务，给公司或者债权人造成损失的，应当承担赔偿责任。
>
> 第二百三十八条第二款规定：清算组成员怠于履行清算职责，给公司造成损失的，应当承担赔偿责任；因故意或者重大过失给债权人造成损失的，应当承担赔偿责任。
>
> 第二百四十条第三款规定：公司通过简易程序注销公司登记，股东对本条第一款规定的内容承诺不实的，应当对注销登记前的债务承担连带责任。

按照最新修改的公司法规定，董事为清算义务人，未及时履行清算义务可能需要承担赔偿责任；而通过简易程序注销的，股东可能需要承担连带责任。

### 股东承担连带责任小结

虽然《公司法》规定股东承担有限责任，但特殊情况下股东可能需要承担连带责任。

1. 只有一个股东的公司，股东需要自证清白才可以免除连带责任，夫妻作为股东与一人公司的情况类似。

2. 有两个以上股东的公司，当公司财产与股东财产混同时，股东有可能被判承担连带责任，比如前面介绍的六森药业公司，有 25 个股东还要承担连带责任；第 2 章介绍的高速公路公司，兄弟公司承担连带责任；七山公司，兄弟公司、关联公司、实控人、董事都承担连带责任。

3. 有些人想出偷偷注销公司的办法，但不仅没能逃避责任，还把有限责任变成了无限责任，比如七云公司，就算股东已经实缴出资仍被判承担连带责任；第 2 章介绍的大军公司，先转让股权再注销公司，还是被判承担连带责任。

股东承担有限责任的前提是公司财产独立、人格独立，如果随便把公司的钱转走，公司就失去了独立能力，没有独立能力的公司就需要有人为其承担责任，有人教乱七八糟的避税操作、偷鸡摸狗逃避责任的方法等，就可能把股东带进连带责任的沟里。

## 8.3 两种公司规定不同,操作不当导致 IPO 失败

我国《公司法》并不是将公司分为上市公司和非上市公司,而是将公司分为有限责任公司和股份有限公司,针对两种公司的法律规定有所不同。

### 一、两种公司的不同规定

《公司法》第三章、第四章是专门针对"有限责任公司"的规定,第五章、第六章是专门针对"股份有限公司"的规定,第一章、第二章、第八至十五章则是针对两种公司的共同规定。

1. 有限责任公司的特点

(1)有限责任公司的股东不能超过 50 个。

(2)按照《公司法》第四十七条规定,有限责任公司的股东需要在公司成立五年内实缴出资。

(3)有限责任公司重视人合性,通俗地说就是,假设有限责任公司的股东之间是相互认识的,股东可以选择让谁成为股东,所以有限责任公司的股东有优先购买权。

(4)由于有限责任公司的股东之间是熟人关系,因此,《公司法》对有限责任公司的限制较少,允许自由设计的空间更大。法律规定了基本的规则,方便那些不会自己设置规则的人使用,但允许公司或股东自己另外设计规则以替代法律的一般规定。

2. 股份有限公司的特点

(1)股份有限公司的发起人不超过 200 个,是发起人不是股东。

(2)按照《公司法》第九十八条规定,股份有限公司的发起人需要在公司成立之前实缴出资。

(3)股份有限公司重视资合性,即出钱就可以成为股东,股东不可以选择股东,股东没有优先购买权,比如当年王石无法阻止宝能成为万科的股东。

(4)对董监高的股份转让有锁定期限制(不上市也有限制)。

（5）股东会按照参加会议者计算票数，不参加会议的不计算票数。

> 《公司法》第一百一十六条第二款规定：股东会作出决议，应当经出席会议的股东所持表决权过半数通过。
>
> 第三款规定：股东会作出修改公司章程，增加或减少注册资本的决议，以及公司合并、分立、解散或者变更公司形式的决议，应当经出席会议的股东所持表决权的三分之二以上通过。

比如，在上市公司中青宝 2023 年 5 月 18 日的股东会上，有一项议案被持股 0.083% 的小股东否决了，并不是小股东有否决权，而是因为只有持股 17.23% 的股东参加会议，其他持股超过 80% 的股东都没有参加会议。参加会议的大股东又因为关联关系需要回避表决不能参加投票，只剩下持股 0.085% 的小股东参与投票。持股 0.083% 的小股东投了反对票，反对票占投票总数的比例高达 98%（0.083%/0.085%），因此议案没有获得通过。

持股 0.083% 的小股东就能影响上市公司的决定，因为很多股东都不参加投票，不参加投票就不会计入分母，所以很多上市公司的控股股东只持股不到 20% 就能控制公司了。

## 二、两种公司的选择与应用

由于《公司法》对两种公司的规定不同，多数公司都是先采用有限责任公司作为经营主体，到准备上市前才改制为股份有限公司。但也有少数公司改制为股份有限公司后没有上市成功，或者因为不了解，或因股东人数限制等而注册为股份有限公司。

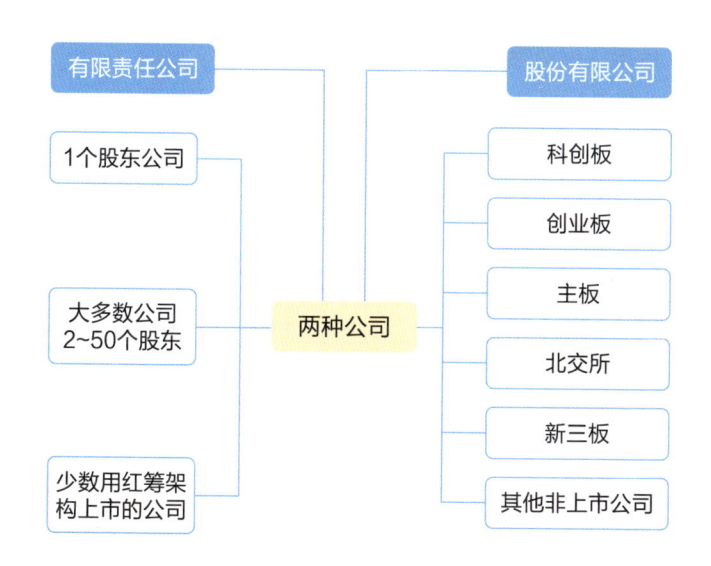

```
有限责任公司                    股份有限公司
    │                              │
  1个股东公司                    ┌─ 科创板
    │                           ├─ 创业板
  大多数公司      ──两种公司──   ├─ 主板
  2~50个股东                    ├─ 北交所
    │                           ├─ 新三板
  少数用红筹架                   └─ 其他非上市公司
  构上市的公司
```

通常股份有限公司的规模更大，有限责任公司的规模更小，但并不是必然如此，比如华为就是有限责任公司，华为的规模比多数股份有限公司都大。

有人说股份有限公司的股份才可以无限分配，有限责任公司不可以；有限责任公司的股权没有价值，股份有限公司的股权才有价值，以为股份有限公司才高大上，这是对公司和《公司法》的误读。

**公司是"有限责任公司"还是"股份有限公司"对于公司经营没有实质影响，而股权是否有价值与公司本身的价值有关，与是有限责任公司还是股份有限公司无关，华为就是有限责任公司，可有多少股份有限公司的价值能超过华为呢？而华为的股权也是可以无限分配的。**

比如我的名字是卢庆华，网名叫竹子，在一些自媒体平台上用的账号名称是"股权律师卢庆华"，"股权律师卢庆华"比"卢庆华""竹子"更专业吗？这些名字后面都是同一个人。假如我有一天不做律师了，我的能力会因为没有律师执业证而改变吗？换个名字或头衔只是相当于换了一件衣服而已。

股权的道理也如此，理解股权背后的底层逻辑，理解问题的本质，才能不被带进沟里。

有人将公司改成"股份有限公司"后因为操作不当影响上市了，比如下面的案例。

### 三、违反股份有限公司规定影响上市

由于两种公司的规定不同，而非上市公司多数都是有限责任公司，一些人对股份有限公司的规定不了解就容易误操作，因此影响公司上市。

八灵药业在2016年从有限责任公司改制为股份有限公司，2017年创始人把整个公司卖掉退出了，换成新股东接盘。

但按照当时的《公司法》规定，发起人的股份在一年不能转让。而创始人在公司改制为股份有限公司后不到一年便转让股份，已经违反《公司法》规定。

2021年公司申请上市时被问询，违反《公司法》规定进行股份转让，是否可能导致发行人或其股东受到行政处罚，是否可能构成重大违法等。

后来公司在2022年终止上市。

其实2017年卖公司时，如果再晚几个月或者换种方式操作就可以了，比如第7章介绍的软件集团的操作。

可现在事已至此，时间无法倒流。幸好最新修改的《公司法》已经删除对发起人转让股份的限制。

还有因为改制为股份有限公司操作不当而影响上市的，比如下面的案例。

### 四、改制为股份有限公司操作不当影响上市

八德公司在2015年改制为股份有限公司，2021年申请上市。

可是2015年从有限责任公司改制为股份有限公司时，虽然办了工商变更登记手续，但改制时存在诸多不当操作，比如用净资产折股但未聘请评估机构对净资产进行评估，执行改制的会计师事务所不具备证券业务资质，改制时存在出资不实的情况，改制后没有进行会计处理仍沿用原有限责任公司阶段的财务数据等。

在2015年改制为股份有限公司后，2016年公司还进行了增资操作。

2019年为筹备上市请专业机构进场，为了解决2015年改制时的瑕疵，先将公司从股份有限公司改回有限责任公司，2020年再次改为股份有限公司，2021年申请上市，但被问询：

（1）2015年改制存在出资不实的情形是否消除？补救措施是否有效？是

否影响实际控制人持股的有效性？

（2）在2015年改制存在出资不实的情况下，2016年的增资是否合法有效？

（3）第一次从有限责任公司改为股份有限公司，第二次又改回有限责任公司，第三次再改为股份有限公司，三次改制过程是否符合《公司法》规定？改制是否合法有效？

虽然保荐机构和律师都认为2015年改制的瑕疵已经通过重新改制得到了纠正，过程合法有效，但公司还是在2022年上会前一天紧急撤回了上市申请。

对于这样的历史问题应该如何纠正？也挺考验人的。

**所以建议在上市前采用"有限责任公司"的形式，到准备上市前请专业机构进场后，再在专业机构的辅导下改制为股份有限公司。**

# 第9章

# 四种企业发展路线的选择

有句话说"方法不对,努力白费"。

用企业发展目标指引股权设计方向。

企业发展路线不同,适合的股权设计也不同。

## 9.1 四种企业发展路线，你追求哪一种

企业发展路线与创业目的有关，有人为赚钱，有人为实现理想，有人为兴趣，有人为生活，也有人为责任等，创业目的不同企业发展路线也不同。

### 一、做小而美的企业

做大企业是很累的，如果不想承受做大企业的苦和累，可以做小而美的企业，不追求做大或上市，可以游刃有余地生活。

做小而美的生意，可以选择个体户或者有限责任公司作为经营主体，股权设计可以简单处理，与外部合作可以采用项目合作方式。

### 二、不追求上市的大企业

不上市的企业就如隐形富豪，可以闷声发财，免受不必要的打扰，但与上市公司相比通常知名度更低，也要忍受缺少光环的冷清。

比如华为就不上市，任正非说资本的贪婪会破坏华为理想的实现。公司上市后除了数据公开，还人人都可以成为股东，创始人或实际控制人也不可以选择股东，比如王石并不能阻止宝能购买万科的股票，公司未来的发展走向也可能受制于人。如果华为上市，未必能成为现在的华为。

现金流好的企业可以不上市，比如老干妈、做餐饮的喜家德；较快实现盈亏平衡的企业也可以不需要上市或融资，比如咨询公司或顾问公司等。

不上市公司的股权设计可以有更多的自由度，比如华为可以用工会持股，如果上市则不可以；比如喜家德采用没有总部的股权架构，创始人与合伙人成立一个个独立的合伙企业作为经营主体，这样的股权架构是无法上市的。

不打算上市的企业最好不要拿融资，拿了融资就可能被投资人逼着将公司上市或者卖掉。**投资人把企业当猪养，追求短期利益；而创始人把企业当儿子养，追求长远发展，目标不同容易发生矛盾。**

### 三、追求上市的企业

把企业做上市是很多创业者的追求，企业上市容易受瞩目；但上市的企业数据需要公开披露，没有隐私可言，在聚光灯下优点和缺点都会被放大，可能

涨得快也跌得快。

多数人认为上市公司好于非上市公司，就如多数人认为读大学优于没读大学的道理一样，但其实上市与不上市并不存在好坏之分，只是体现企业家、创始人的不同追求，比如华为不上市，但华为比上市公司差吗？

要不要上市就如要不要读大学的道理一样，对于多数人而言，读大学有更多机会，更容易找到好工作，但一些成功的企业家就没有读大学或大学没毕业，还有很多没读大学的人收入高于读了大学的白领。读大学就如走标准化路线，容易受到老师或考试标准等的限制，比如一个人数学很好但语文很差，原本是有机会取得显著成绩的，但因为偏科却很难考上好大学，或者需要花很多力气去弥补语文的短板而把数学的优势弱化了。

就如考上大学不等于走上人生巅峰的道理一样，成功上市也不等于企业就成功了，上市只是另一段旅程的开始。

**在国内申请上市，财务资料需要核查三年，而股权资料需要从公司成立第一天开始核查。**

因为分股权的本质就是分公司，股东是公司的老板，是所有权人，而上市就是把股票放到公开市场交易，所以需要先搞清楚谁才是股权的真正所有权人，股权背后还有什么责任没履行完毕等，不能因为股权不清而把责任带给公开市场接盘的新股东。而股权问题伴随企业终身，所以股东出资不实、股权纠纷、股权代持、股权结构过于复杂、股东不同意签字等都可能影响公司上市，下一节将介绍相关案例。

**打算上市和不需要上市的企业股权设计不一样**，公司上市后人人都可以成为股东，需要按照公众公司的要求接受严格的监管。**如果上市后还想保住公司控制权的，最好在上市之前提前设计**，上市后公司处在高光下，一举一动都会受到关注。

而非上市公司只面向特定股东，可以有更多自由发挥的空间。

### 四、愿意被收购的企业

如果创业的主要目的是赚钱，把公司做大后卖给别人也是不错的选择，比如饿了么以600多亿元的价格被卖给阿里，摩拜以200多亿元的价格被卖给美团，创始人都实现了财富自由。

这类企业的股权设计需要关注以下内容：

（1）愿意被收购的企业，创始人与投资人有同样的追求，都把企业当猪养，如果拿融资与投资人签对赌协议等，需要考虑自己是否能承受得起相应的责任。

（2）**愿意被收购的企业，控制权问题不重要，但需要关注股权架构问题，如果采用公司做股东间接持股，未来卖股权可能需要多交税。**

（3）卖股权时也要操作得当，有人在卖股权时还踩坑了，后面将介绍相关案例。

股权设计与企业发展目标有关，先想清楚自己希望做成什么样的企业，以始为终，围绕目标进行股权设计。

## 9.2 上市路上遇绊脚石，20年后冒出威胁公司上市

20多年前已退出的股东，后来竟还能威胁到公司上市，下面介绍具体案例。

### 一、20多年前退出的股东

六祥公司在1996年成立，公司注册资本50万元，共有一家企业股东和八位个人股东，企业股东持股30%，创始人A持股29.12%，A的小舅子H持股6.06%，其他六位个人股东共持股34.82%。A和H都担任董事，A任董事长和总经理，H任副总经理。

1996年，七位个人股东与H签订个人股协议1约定：

（1）A等七人吸收H的3.03万元作为个人股的参股资金，占公司注册资本50万元的6.06%，占个人资本金总额35万元的8.66%。

（2）H未经A等个人股东集体同意不得擅自离职，如自行离职则自动取消股东资格，并不得领取其股本、红利及风险基金。

可是才签协议一年H就离职了，为此，H与其他个人股东在1997年签订协议2约定：H夫妻从1997年10月起离职，H同意取消其个人股东资格，股权归其他个人股东所有。考虑到H夫妻的具体困难，决定给H夫妻一次性补助18万元。

你可以思考：第6章介绍过退出机制，H通过什么方式退出？

虽然签了退出协议，也支付了18万元补偿款，但20多年前并没有办理股权变更登记手续，后来差点因此危及公司上市。

4年后又有两位股东退出，2001年通过股东决议，同意H的6.06%股权由A承接，并在2002年一并办理了工商变更登记手续。

8年后A和女儿B花约2000万元收购全部股东的股权，公司变成A和B父女100%持股，后来B的丈夫C也成为股东。

### 二、公司筹备上市遇阻

2017年公司开始筹备上市，B找到H，希望他签字确认1997年离职后股东

资格已经按照协议约定取消。但 H 提出自己从没有把股权转让给 A，不同意签署确认函，除非按照 H 要求的价格签订协议购买其股权。

B 多次找 H 商谈不成功，H 曾起诉后撤诉，改为委托律师给公司发律师函。公司收函后感到上市进程将受到威胁，遂给 H 发函提出，如果 H 认为其仍具有股东资格请向法院起诉。但 H 并没有起诉，而是让律师回函说自己作为创始股东从未依法放弃过自己的股东权益，何时或以何种方式维权由 H 自己决定。

H 只发函却不起诉，这样的问题可能会危及到公司上市，怎么办？公司能主动起诉吗？

六祥公司在 2018 年 9 月向法院起诉，要求确认 H 不具有股东资格。

H 为此事先后换了四批律师，发函、一审、二审、申请再审都换不同的律师；由于此事可能关系重大，六祥公司也换过律师。

打官司时两边都请律师，律师会各尽所能找对方的错处，挖出对自己有利的地方，而当年的不规范操作就可能成为打官司时的把柄。

对于确认 H 不具有股东资格的问题，公司有没有资格起诉都是个问题。

还好法院审理认为：六祥公司处于谋划上市阶段，股权关系不明确可能导致上市失败，公司作为有直接利害关系方有权起诉。

### 1. H 方提出

（1）1996 年签订的协议 1 只有八位个人股东签名，当时的企业股东没有签署，不具有《公司法》约定的合法性。

（2）《公司法》中从未有股东资格自动取消的条款。协议约定离职自动取消股东资格是针对建立风险基金的约定，不能随意套用于剥夺股东资格；而协议 1 约定从 1998 年起建立风险基金制度，但 H 已在 1997 年离开公司，不适用该约定。

（3）1997 年 H 退出时签订的协议 2 是公司伪造的，协议的正文中没有 H 的签字，当时 H 从公司离职时被要求留下带有签字的空白纸张，公司套用 H 的签字形成协议 2，对 H 不产生效力。

2001 年的股东决议没通知包括 H 在内的股东参加会议，程序不当；而且股东决议依据协议1剥夺H的股东资格,并不是依据协议2,更说明协议2系伪造。

(4)H收到的18万元不是股权转让款,而是H离职时将公司小金库中的资金按照股份数分配支付给H的。

2. 法院审理认为

(1)H承认协议1由H起草并签署,协议1对H有约束力。

(2)虽然H不承认协议2,但没提供证据证明,而且H已收18万元补偿款,可见H明知离职取消股东资格事宜。

(3)2001年的股东决议是对1997年H同意取消其个人股东资格后,股东对原有股份如何处理的决议,是否通知H参加会议不影响H在1997年同意取消其股东资格。

3. 股权纠纷与上市进程

法院在2019年4月作出终审判决,H不具有股东资格。六祥公司在2019年4月底申请科创板上市,过程中被问询与H的股权纠纷是否构成上市障碍等。

而H在2019年8月换律师申请再审,公司也不敢怠慢,换律师应诉,20天后H自己撤回再审申请。

此后六祥公司在2019年12月成功登陆科创板。

4. 案例启示

公司上市后股权在公开市场交易,在进入公开市场交易之前,需要先弄清楚股权属于谁,而股权属于谁并不能简单根据工商登记判断,第2章介绍过工商登记15年后还被推翻的案例,所以20年前发生的股权问题后续仍可能影响公司上市。

**如果公司有上市计划,建议从成立之初就开始关注股权问题。**

## 三、编织上市梦失败

把公司做上市是很多创业者的追求,但有人被上市梦坑惨了。三鹏公司筹划上市不成还惹了一堆官司,2022年已经被吊销营业执照,公司和创始人都已经被法院列入失信被执行人名单,下面介绍具体案例。

1. 第一次改制和增资

三鹏公司为上市找了中介服务机构：

（1）2014年9月从有限责任公司改制为股份有限公司。

（2）引入新股东对公司进行增资，注册资本从50万元增资到1280万元，股东从创始人夫妻两人变成五个，包括四位个人股东和一家企业股东，股东按照1元1股的价格增资。

（3）创始人用评估价461万元的商标作价出资460万元，创始人同时把对公司的部分债权转让给了三个新股东，由五个股东用对公司的债权作价770万元出资，并找专业机构出具了评估报告和验资报告。

你可以思考：第4章介绍了股权的进入机制，用商标和债权作价出资会影响公司上市吗？

2. 第二次增资

一个月后，公司注册资本又从1280万元增资为1297.2万元，由企业股东按照每股9元的价格增资，股权结构变成创始人夫妻持股59%，其他股东持股41%。

你可以思考：一个月前股东按照1元1股的价格增资，一个月后却按照9元1股的价格增资，一个月价格翻9倍，这样会影响上市吗？

3. 引入想投资原始股暴富的人群

听说公司即将转主板上市，不少人都想分一杯羹。而才加入的新股东以3倍的价格卖掉部分股权，并与买方签协议约定，如果在天津股权交易所挂牌上市满一年后不能卖出或价格低于买入价，卖方有责任按照年化收益率10%回购股份。

另有人向公司投资55万元，还有员工用工资白条认购股份，创始人和公司承诺，如果满三年未实现转主板则按照年化收益率10%回购股份。

你可以思考：

（1）新股东作为股份有限公司的发起人，可以这么快卖掉股权吗？在上一章介绍过相关案例。

（2）在天津股权交易所挂牌与上市有何区别？能转主板吗？

后来三鹏公司并没能成功转主板，公司也没有按照承诺回购股份，股份更卖不出去，多人先后向法院起诉，创始人被法院判决按照承诺回购股份。

### 4. 被债权人追债

花钱折腾一圈后公司不仅没能成功上市，还被债权人起诉，债权人认为2014年的债转股为不实出资，要求五个股东在欠缴出资范围内承担连带责任。

虽然其他股东都承认创始人代公司垫付货款、工资、租金等已完成出资义务，但法院认为创始人没有提交转账凭证等，不能证明存在真实债权，应承担举证不足的不利后果，用债转股承担出资不实的补偿赔偿责任。

### 5. 上市失败案例启示

三鹏公司创始人与各位投资人签订的协议并不算坑人，承诺按照年化收益率10%回购股份，但老板自己被坑了？

本来公司做得好好的，但花了中介费后不仅没能成功上市，还惹上官司，欠了一堆债，被吊销了营业执照，创始人也被列入失信被执行人名单，夫妻已离婚。

第7章还介绍过被忽悠上市而踩坑的红枣公司。

**想上市建议先了解规则。**

## 四、多层次的股权交易市场

股权交易所与批发市场、交易市场等类似，在交易所（中心）上市或挂牌就如在市场开店或摆摊，有的市场有准入条件，有的市场无准入条件，条件严格与否与商品质量好坏通常成正比，准入条件严格的市场通常商品质量好的概率也更大，反之亦然。

```
                            ┌─ 原始股投资（一级）
                            │
                            │                    ┌─ 上交所 ─┬─ 科创板
                            │                    │         └─ 主板
                            │                    │
四层股权    ─────────────────┼─ 上市（二级） ─────┼─ 深交所 ─┬─ 主板     （须改制为
交易市场                    │                    │         └─ 创业板    股份有限公司）
                            │                    │
                            │                    ├─ 北交所
                            │                    │
                            │                    └─ 境外上市
                            │
                            ├─ 新三板挂牌 ── 全国中小企业股份转让系统
                            │
                            └─ 新四板挂牌 ── 各地股权交易中心 ─┬─ 有限责任公司
                                                               └─ 股份有限公司
```

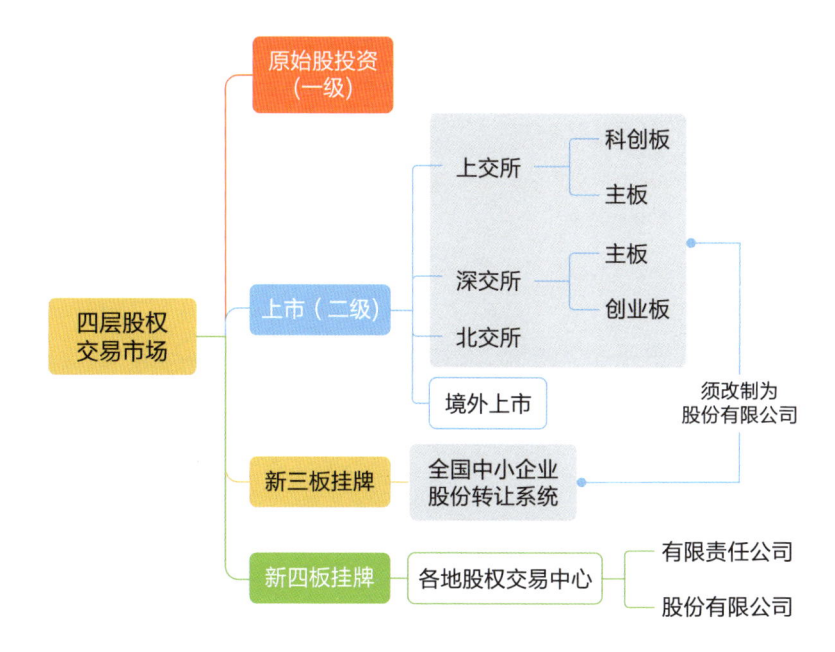

（1）原始股投资，俗称一级市场，自由分散进行，股东自己买卖股权并不需要进入统一的市场交易。

（2）上市，俗称二级市场，有门槛，有统一的市场规则和监管要求，包括上海证券交易所（简称上交所）科创板和主板、深圳证券交易所（简称深交所）创业板和主板、北京证券交易所（简称北交所）三个市场。

（3）新三板挂牌，全称为在"全国中小企业股份转让系统"挂牌，门槛不高，但须改制为股份有限公司。

（4）新四板挂牌，几乎无门槛，有限责任公司或股份有限公司都可挂牌，多地都设有股权交易中心。在新四板挂牌与一级市场相比可以公开被更多人看到，但有没有人买是另一回事。

上市和新三板挂牌都是全国统一监管的市场，新四板挂牌则是各地设立的股权交易市场，不存在新四板可以转主板的可能性，连新三板都不可以直接转主板，更何况新四板呢！

作为普通人，不要做投资原始股可以暴富的白日梦，市场上有很多专业机构拿着钱等着抢好项目，能确定上市还能保本不亏的项目几乎不会轮到普通人来投资。除非能在公司早期什么都没有也没人看上时，你有伯乐挑选千里马的眼光，能帮助企业渡过早期的难关，但是这种投资并不是稳赚不赔的，如果眼光不好选错了也可能血本无归。

**天下没有高收益无风险的好事，高收益通常伴随着高风险。**

## 9.3 卖身上市公司也踩坑，不仅没拿到一分钱，还惹一堆麻烦

被收购是创业的出路之一，比如饿了么、摩拜，卖身大公司后创始人实现财务自由并退出。但收购涉及较复杂的问题，怎么卖也是有技术含量的。饿了么、摩拜有众多专业投资人共同作为卖方，他们有专业团队，不容易踩坑；但有公司在被收购的过程中踩坑了，卖公司没拿到钱还惹一堆麻烦，比如下面的案例。

### 一、卖身上市公司踩坑了

创始人 D 创立甲公司，经营 10 多年后卖给上市公司，可是卖公司不仅没拿到一分钱，还倒贴 200 多万元后欠下一身债，花 4 年多时间打了 10 多场官司。

**1. 被上市公司收购的交易方案**

2014 年 D 与上市公司达成收购意向，并于 2015 年签订备忘录约定：

（1）D 与上市公司共同成立乙、丙两家新公司，两家公司都是上市公司持股 67%，D 持股 33%。

（2）乙公司注册资本 1 亿元，上市公司投资 2 亿元持股 67%，上市公司按照项目进度投入资金。D 投资 1 亿元持股 33%，其中以甲公司评估作价 9755 万元注入，D 另外投入现金 245 万元，在 2 年内完成出资。甲公司被收购前的债务由 D 承担，D 同时承诺在收购三年内甲公司每年净利润不低于 1000 万元，达不到就由 D 以现金补足。

（3）丙公司注册资本 5000 万元，公司章程规定：若公司经营需要，各股东应根据股东决议要求的出资时间缴纳注册资本，任何一方股东未按章程或股东决议要求时间、比例履行出资义务，守约方有权要求按实际出资额重新确认股权占比及利润分配。

（4）三年内上市公司按照公允价格收购 D 在乙、丙两家公司的全部股权。

这样的交易方案也为 D 后来被踢出局埋了大大的隐患。

签协议后很快办理了工商变更登记手续，甲公司由 D 个人 100% 持股变成乙公司 100% 持股。

```
              33%
    ┌─────────────────┐
    ↓                 ↓
 创始人D           上市公司
    │                 │
    │ 33%    67%      │ 67%
    ↓        ↓        ↓
    乙公司           丙公司
        │
        │ 100%
        ↓
     甲公司
   D创立10多年
```

你可以思考：D 把甲公司装入乙公司与上市公司共享，但 D 一分钱没拿到，还要承担注册资本的责任，这样的交易方案对 D 意味着什么？

## 2. 创始人被踢出丙公司

三年时间还没到 D 就离职了，D 希望上市公司按照 3 亿元的价格回购他在两家公司 33% 的股权，但双方并没能谈拢，上市公司开始筹划把 D 踢出局。

丙公司先通过股东决议 1，将注册资本从 5000 万元增资到 2.5 亿元，要求股东在一个月内实缴到位。

D 没有按时实缴出资，丙公司又通过股东决议 2，将股权结构调整为上市公司持股 93.4%，D 持股 6.6%。

由于 D 的初始认缴出资 1650 万元也没有实缴，丙公司又通过股东决议 3，解除了 D 的股东资格。

就这样，上市公司把 D 彻底踢出了丙公司，之后丙公司在 2018 年 8 月向法院起诉，要求确认登记在 D 名下的丙公司股权归上市公司所有。

法院审理认为：公司章程规定"若公司经营需要，各股东应根据股东决议要求的出资时间缴纳注册资本，任何一方股东未按章程或股东决议要求时间、比例履行出资义务时，守约方有权要求按实际出资额重新确认股权占比及利润分配"，这是公司成立之初制定的公司章程，是经过所有股东同意的，并不是后来按照表决权修改的，D 当时也同意了，所以对所有股东有约束力。

D 就这样被彻底踢出丙公司了，在 2020 年办理了工商变更登记手续。

**3. 创始人 D 的麻烦不断**

D 创立的甲公司已经被装入乙公司名下，而上市公司已经成为乙公司持股 67% 的大股东，乙公司去法院起诉，要求 D 按照备忘录约定承担甲公司之前的债务责任，并获得了法院的支持。

上市公司还起诉 D，要求他支付 2017 年 1000 万元的业绩补偿款和利息。D 说，他在 2017 年 9 月就离职了，上市公司把甲公司的人员和业务调到其他公司导致业绩下滑而无法达标，不应由 D 承担责任。这起官司被发回重审，截至本书写作时还没有查到最后的判决。

**4. 创始人 D 要求上市公司履行收购义务**

D 去法院起诉，要求上市公司按照 1.7 亿元的价格收购他在乙公司的 33% 股权，但法院审理认为：

（1）2015 年签署的备忘录中写着"初步意向""基本思路""具体操作方式根据财务顾问提出的符合法律规范的方案执行"等，可以看出备忘录仅体现了双方合作的初步意向，但并未明确收购价格、支付方式、支付时间等。

（2）当时上市公司披露签署备忘录时的公告显示："上述备忘录是双方合作的初步意向……无论备忘录中是否明确规定应实施或拟实施行为，都不对双方具有约束力或强制履行力，备忘录约定的合作事项能否顺利执行有一定的不确定性，正式实施尚需进一步协商后签署相关正式合作协议。"

所以法院判决驳回了 D 的起诉。

D 还起诉其他官司，但输多赢少，就算有的赢了也没太多意义。

你可以思考：上市公司起诉 D 按照备忘录履行义务获得法院支持，但 D 起诉要求上市公司按照备忘录收购股权却没有获得支持，为什么？

**5. 案例启示**

本以为卖身上市公司可以功成身退，没想到却是如此结局，创始人 D 把经营 10 多年的甲公司注入由上市公司控制，还另投入了 245 万元现金，可是没拿到一分钱还惹了一堆麻烦，打了 10 多场官司也于事无补。虽然 D 仍保留乙公司 33% 的股权，但上市公司不肯收购，如果甲公司业务被转移，乙公司的股权也将会没有价值。

还有另外两家也是被同一家上市公司收购的公司,也在打官司。

(1)如何卖股权是有技术含量的,需要做好交易方案设计。

卖股权的本质是卖公司,而公司是持续经营的主体,并不是停止不动的,随着时间的推移,在不同人控制之下公司发展不同,股权价值也会随之发生变化。

**卖股权时,股权交易方案应该首先锁定时间和与之对应的价格**,而本案例只锁定时间却没有锁定价格,还在价格不锁定的情况下先把甲公司注入由上市公司控制,买方提前三年控制目标公司,三年后才对股权进行估价和交易,可是三年后的股权价值可能与当初的股权价值已经完全不同,这样还怎么估价和交易?

(2)履行义务有先后,对先履行义务方应设计保护措施。

在本案例中,D还没拿到一分钱,在没有任何保护措施的情况下就把甲公司全部注入由上市公司控制,而且还要背负业绩承诺。

相当于卖方先把股票过户给买方,公司也交由买方控制,但约定三年后按照当时的市场价交易,可是买方控制目标公司三年后却不同意买了。

上市公司收购过多家公司,有专业的律师团队,经验丰富且装备精良。如果自己既不经验丰富,还要赤手空拳去应对,怎能不踩坑?俏江南也踩过坑,有人说被资本用专业"套路"了,可是合同或公司章程都是白纸黑字写明的,当初签约时自己不认真看,踩了坑怪谁呢?

也有上市公司收购他人踩坑的,比如下面的案例。

## 二、上市公司收购他人踩坑了

矿老板创办的矿1、矿2、矿3三家公司拥有三座矿山,先后两次卖给上市公司都发生意外。

### 第一个上市公司买家

第一次打算卖给香港上市公司1,矿1、矿2、矿3三家公司100%股权转让价为13.2亿港元,先支付7000万元作为定金。

但三家目标公司之前欠多位债权人的钱，债权人知道矿老板准备套现退出后纷纷找过来，经协商后同意由债权人共同成立债权人公司，并把矿 3 公司从矿老板持股变更为债权人公司 100% 持股，这样债权人就可以从上市公司的收购中直接拿到钱了。

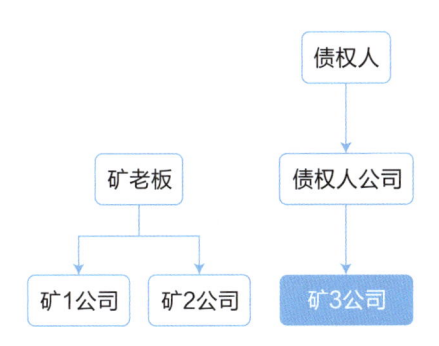

但第一次卖给上市公司的交易在历时 8 个月后却宣告失败了。

**第二个上市公司关联方买家**

矿老板很快又找到第二个买家，是另一家香港上市公司 2 的实际控制人 E 老板、F 老板，但这次交易方案与上次有所不同，不是直接将矿公司装入上市公司，而是由上市公司的实际控制人控制的公司收购矿公司。

E、F 两位老板是香港上市公司 2 的实际控制人，除此之外，两人还创办了多家公司，包括 EF1 公司和 EF2 公司等。

**1. EF1 公司与矿老板签订收购协议约定**

（1）矿老板实际拥有矿 1、矿 2、矿 3 三家公司的全部股权，矿老板承诺三家公司的负债总额不高于 1.5 亿元，超过的部分由矿老板在一年内偿还。

（2）矿老板把三家公司各 50% 的股权转让给 EF1 公司，EF1 公司向矿老板支付 1.5 亿元（其中矿 3 公司 1.15 亿元）股权转让款，其中以现金支付 1 亿元，剩余 5000 万元以等价的股票支付。

签完协议第二个月就办理了矿 1、矿 2 公司的股权变更登记手续，买方通过多个个人账户向矿老板或其指定方付款，还把部分资金以工资、税款、电费、修路款等名义转至矿 1、矿 2 公司等。

### 2. 矿老板又与 EF2 公司签订借款协议约定

矿 3 公司向 EF2 公司借款 1 亿元，年利率为 30%，矿 3 公司用采矿权做担保，矿老板承担连带保证责任。

你可以思考：

（1）收购协议由 EF1 公司与矿老板签署，这样会有问题吗？

（2）第一次香港公司 1 的收购价为 13.2 亿港元，为何这次 50% 股权的收购价只有 1.5 亿元？

（3）矿 3 公司向 EF2 公司借款 1 亿元，利率高达 30%，这是什么意思？而且借款协议由 EF2 公司与矿老板签署，这样会有问题吗？

### 3. 交易双方闹翻并打官司

买方没有付清全款，矿 3 公司的股权也没有过户，买方去法院起诉要求确认收购协议有效，并将矿 3 公司的 50% 股权变更至 EF1 公司名下，卖方支付 1500 万元违约金。

**矿老板却不想卖了，并提出：**

（1）收购协议是 EF1 公司利用矿老板提前签名留下的空白纸张伪造的，矿老板还拿出一份没人签名的重组协议，说双方约定将三家公司作价不低于 20 亿元重组装入香港上市公司 2，保证矿老板得到不低于税后 10 亿元的现金和一定数量的香港上市公司 2 的股票，并承诺由矿老板担任香港上市公司 2 的总经理。

（2）因为买方没有按照约定付款，矿 3 公司的债权人股东拒绝办理股权变更登记手续，重组收购方案无法进行，这才与 EF2 公司签订了借款协议，将卖方的已付款项确认为借款。

（3）请求法院判决重组关系已解除，买方将矿 1、矿 2 公司各 50% 的股权返还给矿老板，由矿老板归还已支付款项。

矿 3 公司和债权人股东提出：

矿老板并不是矿 3 公司的股东或者实际控制人，无权将矿 3 公司的股权卖给 EF1 公司，矿 3 公司的股东不同意卖，收购协议对矿 3 公司的股东没有法律约束力。

EF1 公司则提出：

不同意解除收购协议，矿老板是矿 3 公司和债权人公司的隐名股东及实际控制人，而且 EF1 公司拿到股权后已经将矿 2 公司的股权转给其他方，无法返还；借款协议是与 EF2 公司签订的，与 EF1 公司无关。

4. 法院判决

本案例由最高法院二审，一、二审的判决有所不同：

（1）按哪个协议计算？

EF1 公司说按照收购协议计算，矿老板要求按照重组协议计算。

收购协议上有 EF1 公司的盖章和矿老板的签名，就算如矿老板所说，收购协议是 EF1 公司用事先签名的空白纸张伪造的，矿老板作为完全民事行为能力人和商业经验丰富的自然人，应该知道在空白纸张上签字交给他人的法律后果，应该对签字摁手印的行为承担责任。

虽然第二次的收购价 1.5 亿元与第一次香港上市公司 1 的收购价 13.2 亿港元有差距，但第一次是收购三家公司 100% 的股权，而且最后并没成功交易，而第二次只是收购三家公司各 50% 的股权，仅凭价格不足以推定收购协议是虚假的；而矿老板提供的重组协议只是打印件，没有任何一方签字盖章，所以应按照收购协议计算。

（2）收购协议属于什么性质？

一审法院认为，收购协议不具备正式合同的完备要件，只是就股权转让所做的意向性、框架性安排。

但二审法院认为，收购协议明确约定转让三家公司各 50% 股权的价格为 1.5 亿元，并不是意向书，而是有具体权利义务的正式协议。

（3）转让矿 3 公司 50% 股权的约定是否有效？

一审法院认为，矿老板不是矿 3 公司和债权人公司的股东或法定代表人，无权把矿 3 公司的股权卖给他人。

二审法院认为，矿老板在协议中承认自己实际控制三家公司，买方因此相信矿老板并无过失。如果将卖方是否有权处分标的物作为合同是否有效的条件，卖方就有机会使自己无标的物处分权而不用承担合同责任，买方的利益将得不到保护，这不符合法律的基本原则，也容易诱发诚信问题；而且按照相关司法解释规定，卖方对标的物没有处分权的合同仍然有效，但标的物所有权是否发生转移处于效力待定状态。确认收购协议合法有效，矿老板有义务履行协议。

（4）是否应把矿 3 公司的股权转让给买方？

矿老板以个人名义签订收购协议，而不是以三家公司股东的法定代表人或代理人身份签订协议；而矿 3 公司和股东都没有签署协议，所以收购协议对矿 3 公司及其股东没有约束力，协议只能约束签约的 EF1 公司和矿老板。

意思是，按照协议约定，矿老板有责任把矿 3 公司 50% 的股权转让给 EF1 公司，但矿 3 公司并不在矿老板名下，而是在债权人公司名下，即矿老板有责任却没有能力履行义务，但并不代表没有能力就没有责任。

（5）协议已经履行到一半，怎么办？

矿老板要求解除协议，买方则不同意解除，二审法院认为收购协议已经在履行，矿 1、矿 2 两家公司各 50% 的股权已过户至 EF1 公司名下，协议约定两家公司 50% 的股权价格为 3500 万元，而 EF1 公司已超额付款，不支持解除协议。

矿老板还有责任将矿 3 公司 50% 的股权转给 EF1 公司，但由于矿 3 公司的股权属于债权人公司而不属于矿老板，矿 3 公司的股东不同意卖股权，这部分应予解除。

矿老板无法完全履行协议已经构成重大违约，而 EF1 公司也没有付清包括矿 3 公司股权的全款，所以不支持违约金的请求，已超额付款等其他问题可另行解决。

5. 案例启示

本案例做了简化处理，实际情况要复杂得多。虽然买方是上市公司老板，但收购协议的签约主体却搞错了，卖方中途变卦不愿意卖，结果是最值钱的那家公司没买到，只买到了不那么值钱的两家公司 50% 的股权，花几百万元打官司也于事无补。

就如房子登记在小弟名下，买家却与大哥签约购买房子，房价上涨后卖方不愿意卖了，买家去打官司也要不到房子，因为小弟没与买家签过协议。

现实中类似的例子并不见少，比如买方想购买万科的股票，与万科签合同并把钱付给万科。可是万科手里并没有自己公司的股票，自然无法把股票给买家，想买万科的股票应该找万科的股东而不是找万科公司。

股权交易的本质是买卖公司，而公司的价值与公司的资产、盈利能力、负债、风险等有关，计算较为复杂，而且随时会发生变化，稍有微小差错也可能造成重大损失。比如，买方以 5 亿元的价格购买目标公司 100% 的股权，但目标公司签过一份 10 亿元的担保合同当时没有被发现，买方购买股权后被判承担 10 亿元的担保责任，相当于花 5 亿元购买了一家欠债 10 亿元的公司，因为漏掉一个担保合同损失 10 亿元。

所以做股权投资时通常都要做业务、财务、法务等尽职调查，尽可能发现问题，再通过交易方案和合同条款的设计防范风险。这部分不是本书的重点，此处不再赘述。

# 第10章

# 股权架构设计与运用

本章将介绍四种股权架构的特点与运用。

# 10.1　设立防火墙股权架构，面临多交 4 亿元税款

股权架构怎么设计？江湖传说，创始人千万不要用身份证注册公司，用身份证注册的公司做不大，比如下图。

```
  李四        张三        王五
            60%
      25%         15%
            ↓
         目标公司
```

甲公司的三位创始人都用身份证注册公司，创始人张三持股 60%，如果融资 1000 万元出让 20% 的股权，张三的股权就会被稀释到只有 48%，持股低于 50% 将失去控制权，所以张三就不敢融资出让 20% 的股权，最多只能融资 800 万元出让 16% 的股权，这样的公司是做不大的。

公司怎么才能做大？江湖传说设立防火墙公司。

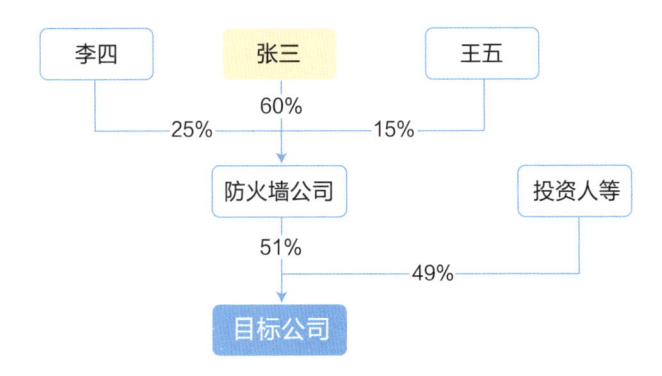

## 一、设立防火墙公司

```
  李四        张三        王五
            60%
      25%         15%
            ↓
         防火墙公司         投资人等
            51%
                    49%
            ↓
         目标公司
```

把三位合伙人的持股平移到上一层防火墙公司，三位合伙人的持股比例还是 60∶25∶15 不变，只要防火墙公司持股 51% 就能保住控制权，可以出让 49% 的股权用于融资等，这样公司才能做大。

可果真如此吗？像华为这样的大公司都是怎么做的呢？

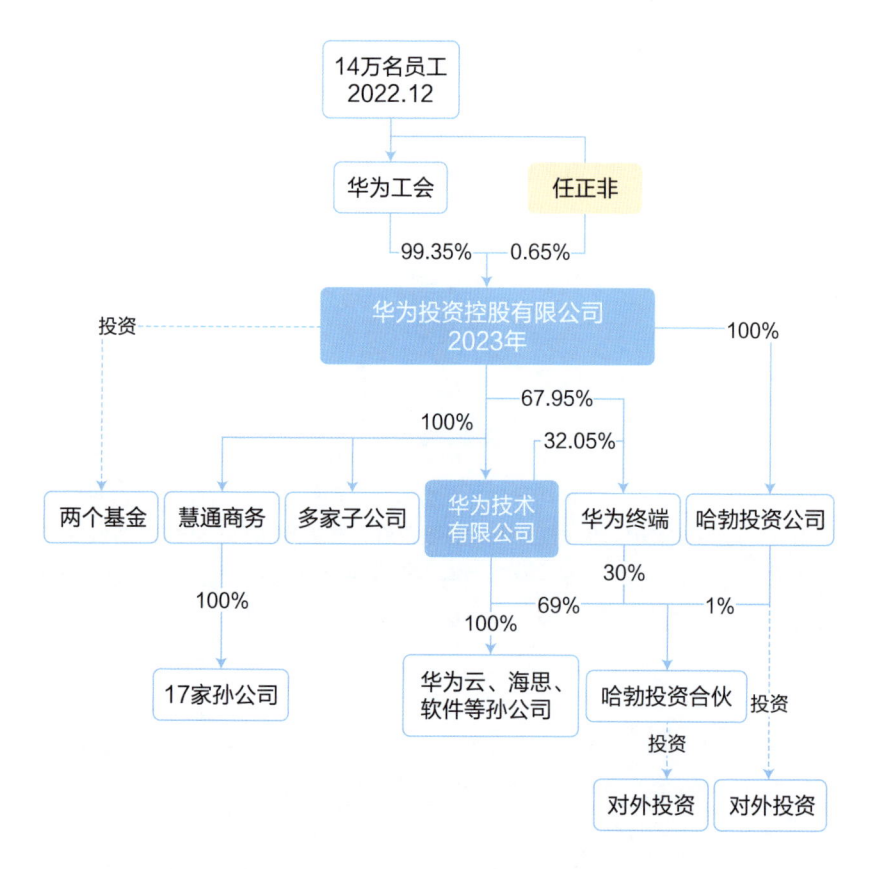

```
                    ┌─────────────────┐
                    │  14万名员工     │
                    │   2022.12       │
                    └────────┬────────┘
                     ┌───────┴───────┐
                ┌────▼────┐     ┌────▼────┐
                │ 华为工会 │     │  任正非  │
                └────┬────┘     └────┬────┘
                  99.35%           0.65%
                     └───────┬───────┘
                    ┌────────▼────────────┐
          投资      │  华为投资控股有限公司 │       100%
       ┌──────────  │      2023年         │ ──────────┐
       │            └──────────┬──────────┘           │
       │                   67.95% 32.05%              │
       │    100%                                      │
┌──────┼──────┬──────────┐     │       │              │
▼      ▼      ▼          ▼     ▼       ▼              ▼
两个  慧通  多家子      华为技术  华为终端        哈勃投资公司
基金  商务  公司        有限公司
```

华为这样的万亿级企业，并没有设立所谓的防火墙公司或家族公司，任正非就是传说的用身份证注册公司的。而阿里巴巴、京东等大公司的实际控制人，并不是靠持股51%控制公司的，而是通过公司章程等的设计实现控制权。

## 二、反向调整股权架构

前面说的防火墙公司架构，相当于将三位合伙人的投票权都集中交给张三控制，确实可以增加张三的控制权，也有公司采用了类似的做法。

比如在国内上市的耐科装备，在2011年就已经改制为股份有限公司（安徽耐科装备科技股份有限公司），并将郑天勤等九人的个人直接持股全部转入赛捷投资成为间接持股；亦同合伙和安昇金属的投资人也通过公司或合伙企业间接持股。

除了在 2018 年才成为股东的黄明玖董事长以个人身份持股，其他人都通过公司或合伙企业间接持股。

```
          五位个人投资者    四位高管
               │              │
    ┌──────┬───┴──┬───────────┤
亦同合伙  安昇金属  赛捷投资  黄明玖  拓灵投资  松宝智能
 2.7%     7.43%   50.01%   6.48%   13.77%   19.61%
                     │
          安徽耐科装备科技股份有限公司
              2020年上市前股权架构
```

图中的赛捷投资就如江湖传说的防火墙公司，赛捷投资在耐科装备的持股超过 50%，只需要控制赛捷投资就能控制目标公司。

但是，如果股东卖掉耐科装备的股权，需要赛捷投资先交 25% 的企业所得税，分到个人再交 20% 的个人所得税；而如果由个人直接持股，就是传说中的用身份证注册公司，卖股权时只需要交 20% 的个人所得税。设立所谓的防火墙公司之后，卖股权按其市值计算需多交约 4 亿元税。

为此，耐科装备的股东在上市前再次反向调整持股架构，三家企业股东都把间接持股改为个人直接持股，将原来的持股公司注销了。

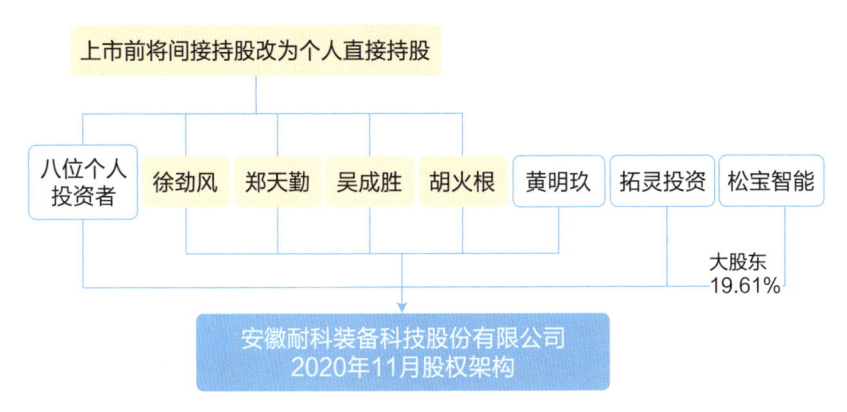

```
       上市前将间接持股改为个人直接持股
 ┌──────┬──────┬──────┬──────┬──────┐
八位个人  徐劲风  郑天勤  吴成胜  胡火根  黄明玖  拓灵投资  松宝智能
 投资者                                                    大股东
                                                          19.61%
              安徽耐科装备科技股份有限公司
                2020年11月股权架构
```

调整股权架构之前的第一大股东是赛捷投资，共持股50.01%，是公司的控股股东；将间接持股调整为个人直接持股后，股权分散了，管理团队的个人持股都不到10%，而原来的第二大股东松宝智能变成了第一大股东。

这样调整不仅影响管理团队的控制权，还可能涉及实控人变更而直接影响上市，因为科创板的上市条件之一就是最近两年内实际控制人没有发生变化。

为此，他们将黄明玖、郑天勤、吴成胜、胡火根、徐劲风五位高管认定为共同实际控制人，五人于2018年7月签署一致行动协议。

可是担任董事长的黄明玖在2018年5月才成为股东，而另外四人在2020年才将间接持股调整为个人直接持股，在申请上市过程中被问询：

（1）黄明玖与四人签署一致行动协议，签署时间是否真实？

（2）第一大股东从赛捷投资变成松宝智能，是否导致实际控制人变更？

为此，他们还找了地方金融监督管理局出具证明文件。

公司上市申请曾被暂缓审议，在历时11个月后，公司终于在2022年11月成功上市。

另一家于2022年11月在主板上市的云中马，2016年准备上新三板时就已将间接持股都改为个人直接持股，2019年准备主板上市前再次将实际控制人在员工持股平台的持股都转为个人直接持股。

2022年7月在主板上市的宝立食品，其部分股东也在公司改制为股份有限公司之前将间接持股改为个人直接持股。

由于搭建多层持股架构卖股权需要多交税，因此，多家公司股东在上市前拆除公司的持股架构，将间接持股改为个人直接持股，但临阵调整股权架构也可能要交税，比如下面的案例。

### 三、调整股权架构面临巨额税款

现在很多公司都采用合伙企业作为员工持股平台，因为合伙企业不需要交企业所得税。

但早年上市的很多企业都采用公司作为员工持股平台，因为2006年版的证券法规定，只有中国公民或法人才能开立证券账户。而合伙企业既不是公民也不是法人，在 2009 年之前无法开立证券账户，就无法成为上市公司的股东。比如 2009 年申请上市的蓝色光标，天津同创（合伙企业）在 2008 年 6 月成为蓝色光标的股东，但因合伙企业无法在证券结算中心登记，天津同创在蓝色光标上市前的 2009 年 1 月将股份全部转出。

合伙企业可以成为上市公司股东的转折点发生在 2009 年 11 月。修改后的

> 《证券登记结算管理办法》第十九条规定：投资者开立证券账户应当向证券登记结算机构提出申请。
>
> 前款所称投资者包括中国公民、中国法人、中国合伙企业及法律、行政法规、中国证监会规章规定的其他投资者。

就是说，合伙企业可以开立证券账户，合伙企业成为上市公司的股东不再存在障碍。比如，只比蓝色光标晚几个月上市的康芝药业，其第二大股东就是合伙企业——深圳市南海成长创业投资合伙企业（有限合伙），康芝药业于 2010 年 5 月上市。

当时，新疆曾出台《促进股权投资类企业发展暂行办法》《关于有限责任公司变更为合伙企业的指导意见》《关于鼓励股权投资类企业迁入我区的通知》等文件，多家上市公司股东将注册地迁入新疆，并将公司变更为合伙企业。但有公司的股东没有在当时做出调整，多年后调整却被要求缴纳超过 20 亿元的巨额税款。

## 10.2 搭建层层架构避税不成，一个进监狱、一个被踢出局

前面说的防火墙公司，相当于把合伙人的财产锁在防火墙公司，既增加管理难度，又可能因避税不当或合伙人纠纷，有人被送进监狱，比如下面的案例。

### 一、一方出钱一方出力的合作

大老板在某地拥有多个商场，而 CEO 是做零售的商家，大老板认可 CEO 的能力，决定给 CEO 投资做大生意，双方共同成立防火墙公司 1，大老板持股 76%，CEO 持股 20%，还有小股东持股 4%，由大老板担任董事长，CEO 负责管理。

公司为了避税用 CEO 的个人银行卡收款，这也给后来的纠纷埋下了隐患。

双方合作赚了不少钱，又成立防火墙公司 2，股东同意将防火墙公司 1 五年的分红共 1.78 亿元借给防火墙公司 2 用于项目开发，其中属于 CEO 的分红为 3560 万元（1.78 亿元 ×20%）。

当时双方处于蜜月期，大老板还给 CEO 提供了 2500 万元借款用于购买别墅，但后来两人却闹翻了。

### 二、设立防火墙架构的金融公司

CEO 认识银行高管 Z 后决定进入金融行业，并成立保理公司从事金融业务，保理公司的两个股东都是大老板与 CEO 成立的公司，就是传说的用营业执照注册公司，这也是合伙人闹翻的前奏。

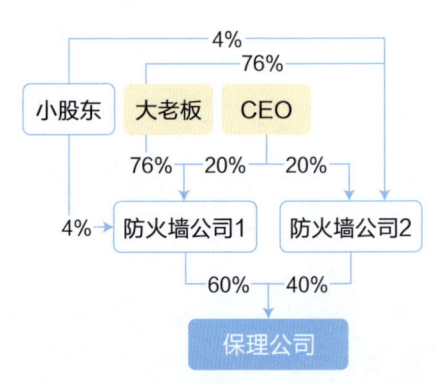

因为保理公司需要有金融从业人员的资质，他们借用银行高管 Z 的资质办理手续，可是这样的资质挂靠却在后来把自己送进监狱了。

保理公司成立后，银行高管 Z 也很快离职创业，自己成立了 Z 系列公司，并搭建了层层叠叠的股权架构。第 2 章介绍的明星传媒公司，就是采用类似这样层层叠叠的股权架构上市失败了。

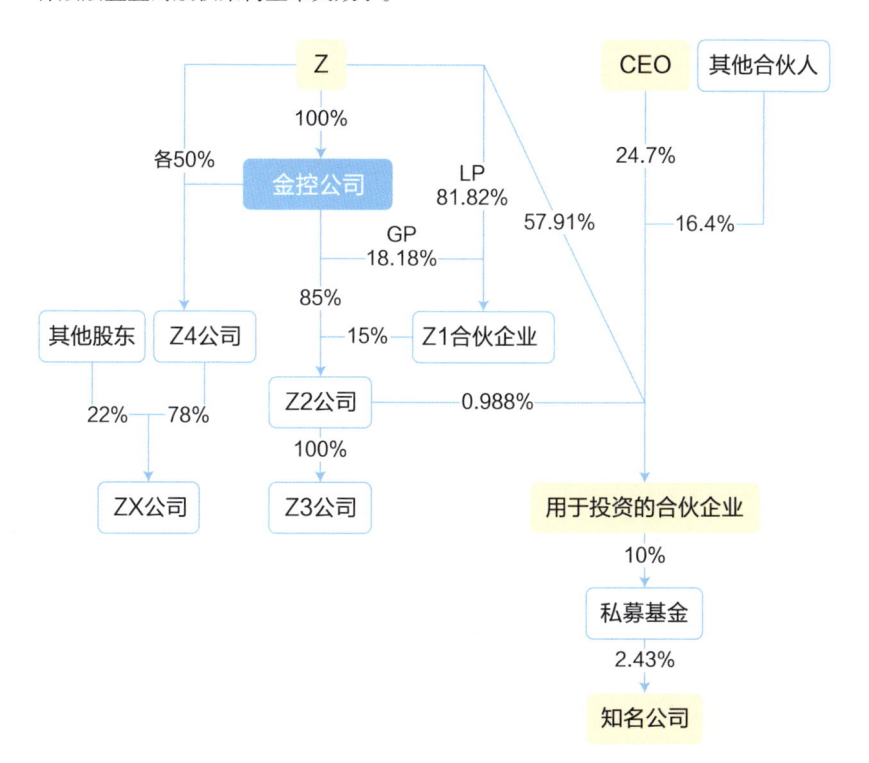

```
                    Z                           CEO      其他合伙人
         各50%    100%     LP                 24.7%
                         81.82%      57.91%          16.4%
              金控公司
                         GP
                        18.18%
                          85%
     其他股东  Z4公司         Z1合伙企业
         22%    78%    15%
                     Z2公司  ——0.988%——
      ZX公司          100%
                     Z3公司                用于投资的合伙企业
                                              10%
                                            私募基金
                                              2.43%
                                            知名公司
```

2016 年某家很火的知名公司融资，他们拿到难得的入场券参与投资，从前面的保理公司拿出 5200 万元投资知名公司，还另将保理公司账上的 1700 万元转入 Z 的金控公司账户。

你可以思考：

（1）用保理公司的钱投资知名公司，但股权却登记在 Z 和 CEO 名下，并没有大老板的份，大老板知道吗？从保理公司拿走的 5200 万元投资款属于什么性质？

（2）将保理公司的 1700 万元转入 Z 的金控公司账户，转走的 1700 万元属于什么性质？

### 三、股东闹翻后有人进监狱

刚成功投资知名公司几个月，大老板和 CEO 就闹翻了，CEO 被罢免职务，CEO 和 Z 两人被举报职务侵占，并因涉嫌犯罪被公安机关立案，由此展开几十场官司的战斗，还有人被送进了监狱。

**CEO 与 Z 提出：**

（1）投资知名公司是经过大老板同意的，只因用保理公司持股需要交双重所得税才由 CEO 和 Z 代持股权。

（2）将保理公司的 1700 万元转入金控公司账户是正常的借贷关系，不构成犯罪，而且 Z 不是保理公司的员工。

（3）与大老板的公司长期使用个人账户收款，存在偷漏税等涉嫌犯罪的问题。

**法院审理认为：**

（1）虽然 Z 未与保理公司签订劳动合同，但保理公司有 Z 签字的费用报销单、业务合同等，Z 对内审批业务款支出、对外签订合同等，属于保理公司的工作人员。

（2）Z 和 CEO 利用职务之便，未经股东会同意将保理公司账上的 5200 万元转入个人账户用于对知名公司的投资，说是股权代持，但没有代持协议，属于挪用公司资金进行个人投资，构成犯罪。

（3）虽然 Z 说将 1700 万元转入金控公司是借款，但没有借款合同，Z 利用职务之便挪用保理公司资金 1700 万元到自己控制的金控公司用于经营，至案发时未归还，构成挪用资金罪。

法院在 2020 年 9 月作出终审判决，两人犯挪用资金罪，CEO 被判三年有期徒刑，Z 因涉案金额更多被判四年有期徒刑。

**你可以思考：**

（1）他们的本意是否真的是股权代持？

注：被投资的知名公司曾经很火，但后来不火了，被投资公司的估值下跌。

（2）江湖传说的防火墙公司，将合伙人的财产锁在防火墙公司内，会不会发生类似本案中的合伙人闹翻后进监狱的情况？

**四、进监狱后继续战斗**

除了把合伙人送进监狱，合伙人之间还发起了几十起官司。

1. 大老板把 CEO 踢出防火墙公司 2

大老板起诉 CEO 要求归还 2500 万元借款和利息，共 3000 万元。

虽然 CEO 提出 2500 万元不是借款而是提前给 CEO 支付的分红，而且 CEO 签字的借条写明"当公司分红时，本人保证优先偿还本借款"，现在公司没分红就是没到还款时间。但法院认为这只是约定优先用分红归还，并不是约定只能用分红归还；而借条明确写是借款并约定了利息，没有约定还款期限，所以大老板可以随时要求还款。

法院判决后 CEO 并没有还款，经申请强制执行 CEO 在防火墙公司 2 的股权，2021 年 CEO 已经不是防火墙公司 2 的股东。股东还通过股东决议，将防火墙公司 1 以分红名义借给防火墙公司 2 的资金作为增资，借款变成增资后就不用归还 CEO 了。

2. CEO 发起多起反击

CEO 起诉要求对多家公司进行查账，反映公司用个人银行卡收款存在偷漏税等涉嫌犯罪的问题，还起诉要求防火墙公司 2 归还 3560 万元分红，有的诉讼虽然赢了官司，但并没有拿到钱。

3. 公司追 CEO 归还财产

公司曾花 200 多万元购买奔驰越野车和奥迪车给 CEO 使用，合伙人闹翻后，公司起诉 CEO 归还车辆。

法院认为车辆登记在公司名下，购车款也由公司支付，没有相反证据推翻的情况下应认定两辆车为公司所有，判决 CEO 把两辆车归还给公司。

从 2016 年到 2022 年，他们花 6 年时间打了近 30 起官司，采用刑事、民事、税务举报等多种斗争手段，诉讼费、评估费、拍卖费等共计约 300 万元，律师费还没计算，最终两辆车被追回，CEO 被踢出局，还被送进了监狱。

### 五、成立家族公司

江湖传说用身份证注册公司后，分红要交 20% 的个人所得税，股东不敢分红，所以有人教设立防火墙公司，从目标公司到防火墙公司的分红不用交税。可是把财产锁在防火墙公司内不分配，就如前面介绍的保理公司，可能因合伙人纠纷而闹进监狱，于是他们又教搭建第三层家族公司。

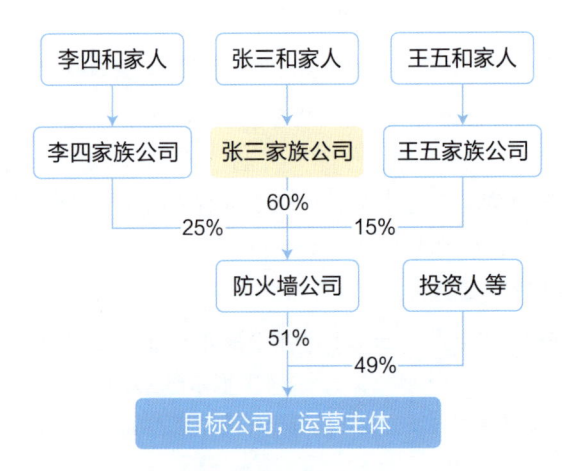

```
李四和家人        张三和家人        王五和家人
    ↓                ↓                ↓
李四家族公司      张三家族公司      王五家族公司
         ╲         60%         ╱
          25%       ↓        15%
              防火墙公司      投资人等
                    ↓51%     ╱49%
                目标公司，运营主体
```

这样搭建三层架构之后，从目标公司向防火墙公司分红不用交企业所得税，从防火墙公司向家族公司分红也不用交企业所得税。

你可以思考：

（1）从家族公司向个人分红不用交税吗？

（2）为什么华为等公司不知道用这样的架构？是他们都不懂吗？

这样搭建三层架构之后，从家族公司向个人分红还是要交 20% 的个人所得税，为此，江湖传说又教两个避税方法：

第一，成立个人独资企业作为钱袋子公司，可以解决一年收入 500 万元的节税问题，比如某知名网红就是这么做的，但后来被处罚了。

第二，用公司名义买房、买车、投资等进行避税，钱不分到个人就不用交税。

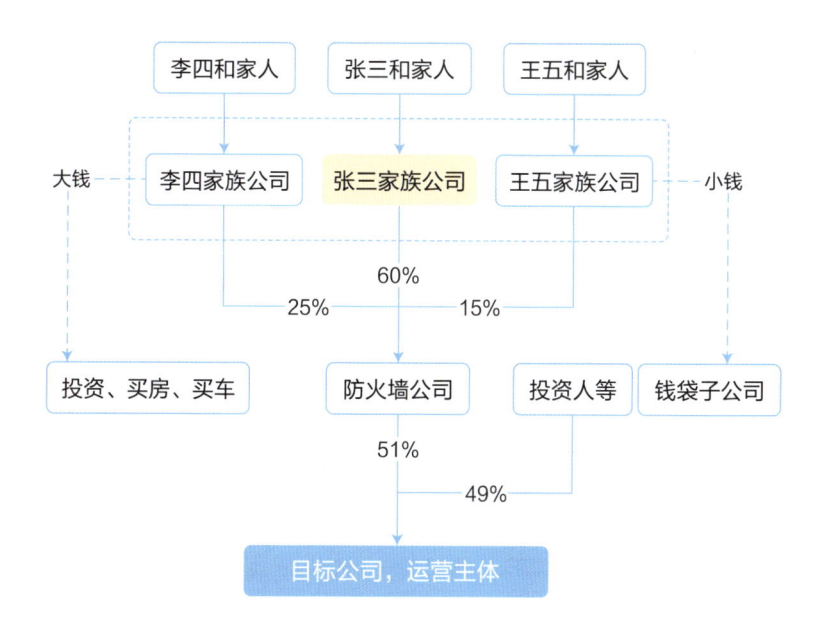

```
            李四和家人      张三和家人      王五和家人
                 │             │             │
    大钱 ┌───────┴─────────────┴─────────────┴───────┐ 小钱
    ─ ─ ┤  李四家族公司    张三家族公司    王五家族公司  ├─ ─
         └───────┬─────────────┬─────────────┬───────┘
                 │        25%  │60%      15% │
                 │             │             │
       投资、买房、买车      防火墙公司       投资人等      钱袋子公司
                               │ 51%
                               │      49%
                         ┌─────┴─────┐
                         │目标公司，运营主体│
                         └───────────┘
```

（1）符合条件的公司之间分红可以免交企业所得税，所以，用公司作为股东如果只分红不卖股权，而且不分配到个人，确实是可以省税的。

（2）但用公司名义买房真的能省税吗？我咨询了房地产公司的财务人员得知，用公司名义买入房产需要交契税（3%~5%）、印花税，持有房产每年要交房产税（房产余值的1.2%），卖出房产要交增值税、土地增值税（超额累进30%~60%）、附加税、印花税、企业所得税（25%）……税务的问题我不专业，你可进一步核实。

（3）而有人用公司名义买车、买设备等被踢出局了，比如下面的案例。

## 六、用公司名义买车、买设备被踢出局

夫妻两人创立五石矿公司，公司注册资本为320万元，丈夫持股90%，妻子持股10%。创始人夫妻先后用公司名义买矿工程、买车等，后来引入其他股东，创始人却被踢出局了，花几百万元请多位律师打8年官司也无法挽回。

### 1. 创始人增资给自己挖坑

公司成立后进行过两次增资，第一次将注册资本从320万元增资到2000万元，借过桥贷款完成验资后就把钱转走归还了。

第二次将注册资本从 2000 万元增资到 5000 万元，这次用汽车、设备、工程等实物增资。经会计师事务所评估，实物估值 5200 万元，事务所出具验资报告，创始股东用评估价为 5200 万元的实物资产作价出资，新增实缴注册资本 3000 万元，超出部分计入资本公积。

你可以思考：用于增资的汽车、设备、工程等早已登记在公司名下，现在又用这些资产增资，会有什么问题？

2. 引狼入室

为了把公司做大做强，在地方政府的协调下引入投资，创始人夫妻按照 6100 万元的价格出让 61% 的股权，股权结构变成投资人持股 55%、丈夫持股 29%、妻子持股 10%、其他股东持股 6%。由投资人派人担任法定代表人，没想到却引狼入室。

```
其他股东    投资人    丈夫    妻子
            55%
  6%                 29%    10%
              ↓  ↓
           五石矿公司
```

才引入投资人不到一年就发生矛盾，僵持两年后由投资人派人担任法定代表人的五石矿公司起诉创始人出资不实：

（1）要求创始人返还抽逃出资 1680 万元，补缴虚假出资 5200 万元，并支付 1500 万元的利息，在履行义务之前不享有股东权利。

（2）为第一次增资提供过桥贷款的机构、为第二次增资做资产评估和验资的机构承担赔偿责任。

后来双方曾达成和解而撤诉，但问题并没有解决，就如吃了止痛药暂时不痛了，但毒瘤依然会随时发作。

3. 毒瘤再次发作，创始人被踢出局

又过了两年，五石矿公司再次起诉创始人要求返还抽逃出资 1680 万元，补缴虚假出资 5200 万元，并支付 3400 万元的利息（利息比两年前增加了 1900 万元）；还要求为增资提供过桥贷款的机构、做资产评估和验资的机构承担赔偿责任。

这起官司二审已经去到最高法院，法院终审判决后，创始人不服并申请再审。

三轮官司，创始人换了三批律师，还请第四批律师出具调查分析报告，创始人提出：

（1）就算第一次增资 1680 万元已经转走，后来也已经通过现金、实物等多种方式回收，不属于抽逃出资；第二次用来增资的资产是创始人个人购买后投入公司使用的，公司长期无偿占有创始人的资产应该支付使用费。

（2）公司可供分配的利润高达 4000 万元，净资产远高于 5000 万元注册资本，不存在虚增注册资本的行为。

（3）两次增资是因为政府希望体现招商成果，在公司盈利后服从安排出让 61% 的股权，除了支付中介费和交税，实际取得股权转让款不到 5000 万元，如果还要补缴出资，岂不是出让 61% 的股权一分钱没赚还要倒贴 2000 多万元？

（4）投资人用公司的利润向创始人支付股权转让款，没有兑现投资 2000 万元的承诺，却通过创始人投资建成的矿山获利，而创始人已经失去了对公司的控制权，至今再也没有取得任何收益。

（5）投资人利用担任法定代表人和控制公司的便利以公司名义起诉创始人，使得创始人无法基于股权转让协议进行有效抗辩。

**法院审理认为：**

（1）第一次增资 1680 万元，但完成验资手续后就将资金转走构成抽逃出资，应返还抽逃出资 1680 万元并支付利息。

第二次用实物增资 3000 万元，但用于增资的实物是公司的资产，就算购买这些资产的资金来自创始人也只是形成债权债务关系，不能因此认定这些资产归创始人所有，用公司资产增资已经构成虚假出资，创始人应补缴 3000 万元出资并支付利息。

创始人提供的律师报告是受创始人单方委托作出的调查分析报告，无法证明履行了出资义务，创始人应承担举证不能的后果。

（2）创始人提出公司净资产高于 5000 万元注册资本，并没有出资不实的情况。但公司资本≠公司资产，公司资产＝所有者权益＋负债，而所有者权益＝实收资本＋资本公积＋盈余公积＋未分配利润，公司资本只是公司资产中股东出资的部分；公司资本≠公司净资产，公司净资产＝资产总额－负债总额。

公司资本是相对不变的，而公司净资产会随着公司经营状况的改变而变化，公司净资产的大小并不能证明股东出资是否到位。

（3）验资的会计师事务所在没核实资产归属的情况下将公司的资产验证为创始人的投入并出具验资报告，对创始人虚假增资 3000 万元有重大过错，应承担补充赔偿责任。

> 《公司法》第二百五十七条第二款规定：承担资产评估、验资或者验证的机构因其出具的评估结果、验资或者验证证明不实，给公司债权人造成损失的，除能够证明自己没有过错的外，在其评估或者证明不实的金额范围内承担赔偿责任。

法院判决生效后，创始人没有主动补缴出资，公司向法院申请强制执行，并通过股东决议解除了创始人的股东资格和董事职务，取消其前七年的分红等。

### 4. 创始人奋力抗争

创始人卖掉 61% 的股权拿到 5000 万元，却被判补缴出资款和利息共 7000 多万元，还有诉讼费 100 多万元，多番请律师的律师费还没计算，而剩下的 39% 股权也被踢出局彻底清零，创始人不服并发起多路抗争。

创始人先起诉要求查账，但很快又撤诉了。

创始人又起诉要求确认解除其股东资格的股东决议无效，并提出投资人没有按照协议约定支付股权转让款却把创始人踢出局，明显违背公序良俗和公平正义原则；而且股权转让协议约定由创始人担任董事，不能罢免创始人的职务。

法院审理认为：

（1）在前面追缴出资官司的再审申请书中，创始人已经承认收到股权转让所得款 6000 多万元，这是对自己不利的自认，在无其他证据反驳的情况下应按照已经收到 6000 多万元股权转让款计算。

（2）公司注册资本为 5000 万元，初始出资 320 万元已经实缴，不实出资

4680万元。

一审法院认为，丈夫卖股权优先将已实缴出资的部分卖出，剩下的股权没有履行出资义务，股东决议解除不履行出资义务的丈夫股东资格不违反法律规定。

二审法院则认为，不能认定丈夫将实缴出资的部分卖出，而自己留下了没有实缴出资的部分，创始人并不是全部未履行出资义务或抽逃全部出资，不符合可以解除股东资格的条件（注：第6章介绍的第一种退出机制），所以解除创始人股东资格的决议内容无效。

而且创始人补缴出资的官司正在强制执行中，现在就通过股东决议将创始人除名显属不妥。

（3）罢免创始人职务的决议不违反法律和公司章程规定，合法有效，就算卖股权时在股权转让协议中约定不能罢免创始人职务，也不能因此限制公司的自主经营管理行为。

意思是：**股东协议与公司章程有根本区别，董事等任职按照公司章程规定进行，就算股东协议有约定也不能替代公司章程的作用。**

法院在2020年9月作出终审判决，虽然暂时保住创始人39%的股权；但因为创始人没有按照前一个官司的判决补缴7000多万元的出资款和利息，其39%的股权在2022年7月被拍卖，第一次起拍价5680万元流拍，可能还会被再次被拍卖，如果拍卖股权所得不足以抵偿欠缴的出资和利息，则创始人不仅会被完全踢出局，还会背上一笔债务。

5. 案例启示

从2014年到2022年，花8年时间打了多起官司，诉讼费100多万元，换了多轮律师还没计算律师费，最后相当于创始人把整个公司全部卖掉，不仅一分钱没拿到，还要倒贴几千万元。打输官司不一定是因为打官司的律师水平不行，也可能是因为在打官司之前的错误操作，请再高明的律师打官司也无力回天。

（1）江湖传说用公司名义买车、买房、投资等避税，创始人买车、买设备登记在公司名下后又用来增资，导致被彻底踢出局。为了省税却把公司拱手送人了？这不是舍本逐末吗？

（2）创始人被踢出局的根本原因在于2009年的增资操作不当，已经过去10多年，直到2022年还在为10多年前的增资问题打官司。

**股权问题伴随企业终身，当股东只有夫妻两人时不一定会发生问题，但有外部股东进来时，这些历史问题就可能会被翻出来算旧账。**

（3）创始人说股权转让协议约定不能罢免两人的职务，但没有得到法院的支持，这也是公司章程与股东协议的重要区别，任职问题若只写入股东协议而没有写入公司章程，只能按照《民法典》起诉对方违约，但不依据《公司法》起诉免职无效，公司章程与股东协议的区别可以回看第7章的内容。

## 七、搭建股权架构的启示

搭建多层架构需要多交税，江湖传说各种绕弯的避税方法存在诸多风险。

（1）用所谓的钱袋子公司避税，某知名网红不仅没避税成功还被处罚了。

（2）用公司名义买房不一定能省税，还可能要多交税。

（3）用公司名义买车等也许可以省税，但作为公司财产需要承担经营风险，操作不当可能面临如五石矿公司创始人被踢出局，或如保理公司合伙人闹翻后CEO的车被收回等局面。

（4）搭建所谓的防火墙公司，可能会因合伙人争财产而进监狱，比如保理公司的案例。

（5）用公司投资其他公司做股东，符合条件的企业之间分红可以免税，但卖股权需要多交一倍的税。

如果只是为了解决控制权问题并不需要这么复杂，通过目标公司的章程进行设计就可以实现，比如阿里合伙人制度、京东AB股、超级AB股等都是通过公司章程设计的，在《公司控制权》一书里介绍过用小股权控制公司的九种模式。

但有人提出，如果合伙人不同意用AB股怎么办？

可是如果合伙人都不同意用AB股让你控制，他就愿意被装入防火墙公司做成间接股东还被你控制并多交一层税吗？

因为搭建多层架构需要交多层税，搞出种种避税方法，就如为了在墙上钉一个钉子却挖出一个大洞，为了补洞又拆东墙补西墙，最后洞越来越多、越来越大，整个房子就塌了。

## 10.3　四种股东架构，总有一种适合你

目标公司是未来的上市主体，以目标公司为中心，向上为股东架构，向下为业务架构，股东架构和业务架构的设计原则有所不同。

```
股东层
  │ 股东架构
  ▼
目标公司
  │ 业务架构
  ▼
子公司
  ▼
孙公司
```

### 一、个人直接持股架构

个人直接持股，最明显的好处是卖股权只需要交个人所得税，不需要交层层税。

```
创始人持股
   ▼
 目标公司
```

比如 10.1 节介绍的耐科装备，上市前就从公司持股改成了个人直接持股。

### 二、合伙企业持股架构

由于员工数量较多，有一定的流动性，而且员工也不愿意承担风险，所以可以采用合伙企业作为员工持股平台。

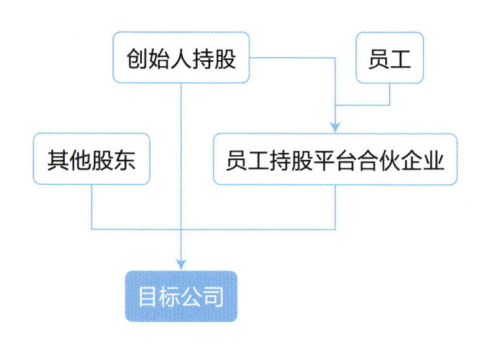

```
           ┌──────────────┐         ┌──────┐
           │  创始人持股   │◄────────│ 员工 │
           └──────┬───────┘         └───┬──┘
                  │                     │
┌──────────┐      │    ┌────────────────▼────┐
│ 其他股东 │      │    │ 员工持股平台合伙企业 │
└────┬─────┘      │    └─────────┬───────────┘
     │            │              │
     └────────────▼──────────────┘
              ┌──────────┐
              │ 目标公司 │
              └──────────┘
```

通过合伙企业持股有两个优点：

一是卖股权不用交25%的企业所得税。

二是更方便实现对目标公司的控制，但想控制合伙企业仍需要通过合伙协议的设计实现，这部分内容在第8章已介绍过。

比如绿地控股集团股份有限公司（以下简称"绿地控股"）就采用了合伙企业持股架构，上市时管理层通过搭建多层嵌套的合伙企业架构实现对公司的控制。

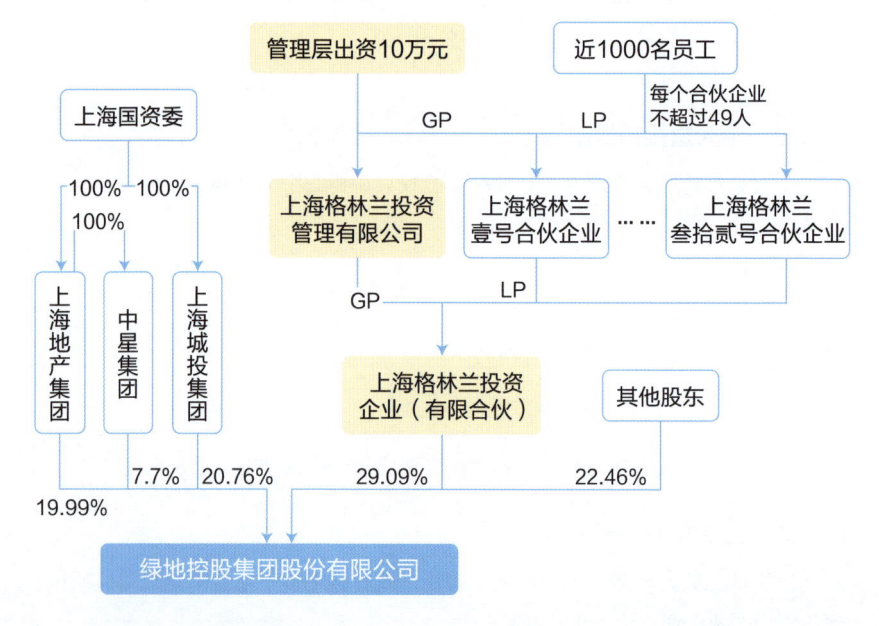

[绿地控股股权架构图：上海国资委100%持股上海地产集团、中星集团、上海城投集团，分别持有绿地控股19.99%、7.7%、20.76%；管理层出资10万元作为GP成立上海格林兰投资管理有限公司；近1000名员工（每个合伙企业不超过49人）作为LP组成上海格林兰壹号合伙企业至上海格林兰叁拾贰号合伙企业；上海格林兰投资管理有限公司作为GP、32家合伙企业作为LP共同组成上海格林兰投资企业（有限合伙），持有绿地控股29.09%；其他股东持有22.46%]

绿地控股的管理层与员工成立了壹号至叁拾贰号共32家合伙企业，将近

1000名员工持股装入32家合伙企业，再将32家合伙企业装入上海格林兰投资企业（有限合伙），用上海格林兰投资企业（有限合伙）作为绿地控股的股东，管理层出资10万元成立上海格林兰投资管理有限公司用以控制两层共33家合伙企业。

蚂蚁金服也采用两层嵌套的合伙企业持股架构，因为员工持股比例超过50%，比例足够高，创始人只需要控制员工持股就能控制公司了，蚂蚁金服2020年8月的股权架构如下图所示。

```
                    创始人
                      │100%
                      ▼
            杭州云铂投资咨询有限公司
              ┌───LP──┤    ├──GP──┐
              ▼       ▼           │
        高管持股   第二层两个       │
        不足40人   合伙企业         │
                      │           │
                      └───LP──────┘
                              ▼
   29家机构投资人   两个合伙企业持股平台   阿里巴巴
          16.84%           50.51%           32.65%
                              ▼
                  蚂蚁金服2020年8月股权架构
```

蚂蚁金服在2020年申请上市前做了调整，将控制蚂蚁金服的杭州云铂投资咨询有限公司由创始人100%持股改为4人共同持股。2023年又做了进一步调整，将两个员工持股平台分别由两个不同的企业控制。

绿地控股和蚂蚁金服都采用了两层嵌套的合伙企业持股架构，绿地控股的模式出名之后，有初创企业一来就说要用绿地控股的多层嵌套架构，可是绿地控股搭建多层嵌套架构的目的是装入近1000人的员工持股，而初创企业采用这种多层嵌套架构的目又是什么呢？

上海国资委的间接持股高达48.45%，如果上海国资委有意图掌控绿地控股，管理层就算采用了多层嵌套的合伙企业持股架构也只能控制 29.09% 的股份，与上海国资委的持股比例相差甚远，管理层将无法掌控绿地控股。

**绿地控股的管理层能通过多层嵌套架构实现对公司的控制，关键是因为持股接近 50% 的上海国资委表示不谋求公司控制权。而创始人能通过合伙企业持股架构控制蚂蚁金服，关键是因为员工持股平台持股超过 50%，并不只是因为用了多层嵌套的合伙企业持股架构。**

```
                        GP
        ┌───────────────┬──────────────┐
        │               ↓              ↓
  ┌──────────┐    ┌──────────┐    ┌──────────┐
  │上海格林兰投资│    │上海格林兰  │ …… │上海格林兰  │
  │管理有限公司 │    │壹号合伙企业│    │叁拾贰号合伙企业│
  └──────────┘    └──────────┘    └──────────┘
       GP              LP
        ↓               ↓
  ┌──────────┐    ┌──────────────┐    ┌──────────┐
  │上海国资委 │    │上海格林兰投资 │    │ 其他股东  │
  │          │    │企业（有限合伙）│    │          │
  └──────────┘    └──────────────┘    └──────────┘
      48.45%           29.09%              22.46%
        └────────────────┼──────────────────┘
                         ↓
              ┌─────────────────────┐
              │ 绿地控股集团股份有限公司 │
              └─────────────────────┘
```

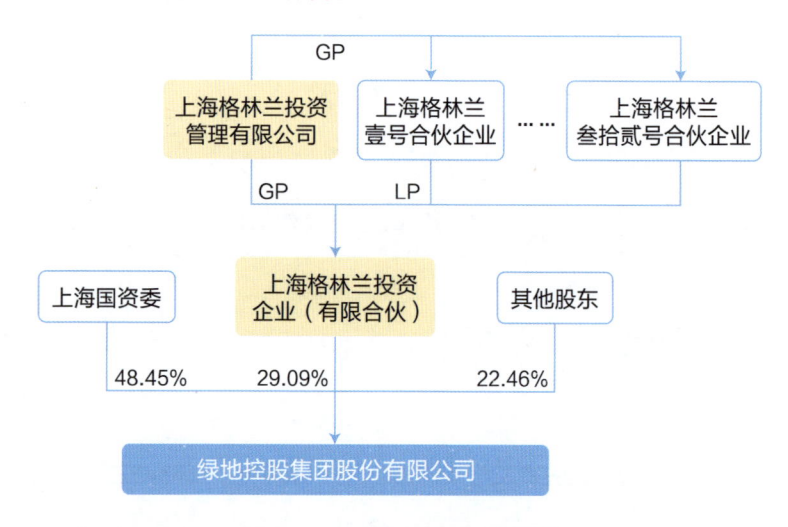

还有人提出 10 万元控制 800 亿元企业的万能股权架构等。

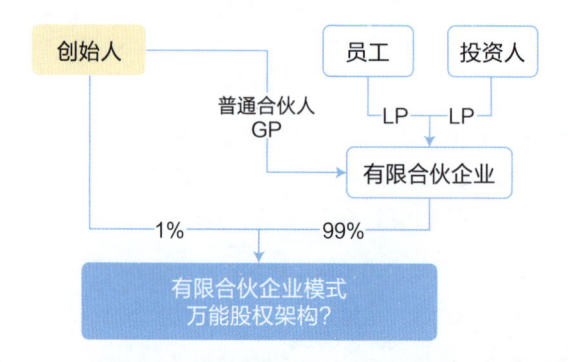

```
  ┌──────┐          ┌──────┐   ┌──────┐
  │创始人 │          │ 员工 │   │投资人│
  └──────┘          └──────┘   └──────┘
      │   普通合伙人      LP    LP
      │      GP           ↓     ↓
      │              ┌──────────┐
      └─────────────→│有限合伙企业│
           1%         └──────────┘  99%
            └──────────┬─────────────┘
                       ↓
              ┌─────────────────┐
              │ 有限合伙企业模式   │
              │ 万能股权架构？    │
              └─────────────────┘
```

可是，以蚂蚁金服的实力都没能将投资人装入合伙企业由创始人控制，而多数企业实力不如蚂蚁金服，投资人能同意被装入合伙企业由创始人控制吗？

**股权架构并不是能画出来就可以，更重要的是考虑现实的可能性，能被股东所接受。**

合伙企业架构可以作为增加控制权的辅助手段，但并不是万能的。

### 三、公司持股架构

用公司作为股东间接持股。

```
            创始人
              │
              ▼
其他股东    控股公司
    │          │
    └────┬─────┘
         ▼
      目标公司
```

虽然用公司作为股东卖股权需要先交 25% 的企业所得税，分到个人还需再交 20% 的个人所得税，但也有两个优势：

（1）符合条件的居民企业之间的分红不用交企业所得税，如果股权投资只拿分红而不卖股权，而且拿到分红后又投资下一家也是只拿分红不卖股权的公司，则用公司持股可以省税。

但公司之间的分红并不是必然免交企业所得税的，《企业所得税法》第六条规定，股息、红利等权益性投资收益属于企业所得税的征税范围；为了鼓励企业再投资，《企业所得税法》第四章税收优惠的条款规定，符合条件的居民企业之间股息、红利等权益性投资收益为免税收入，但持有上市公司股票不足一年的分红需要交企业所得税。

符合条件的居民企业之间的分红不用交企业所得税，这一税收优惠政策的目的在于鼓励股东把赚到的钱继续投入用于企业再生产，而不是分给个人用于消费。

如果打算长期持股拿分红而不出售股权，创始人可以自己单独成立控股公司，而不是把团队的持股都合并在一起成立所谓的防火墙公司。因为将持股合并到一起后，如果有合伙人想卖股权需要多交一层税，而且将团队的股权利益长期绑定不做分配,既不好管理也容易发生矛盾。

(2)用公司作为股东间接持股上市公司还有另一个好处,可以方便减持。

比如在A股上市的北京金一文化发展股份有限公司(以下简称"金一文化")。

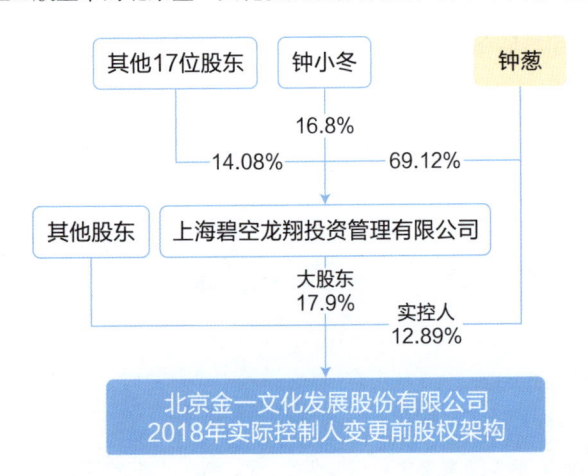

```
其他17位股东        钟小冬              钟葱
                   16.8%
       14.08%              69.12%

其他股东       上海碧空龙翔投资管理有限公司
              大股东
              17.9%         实控人
                            12.89%

        北京金一文化发展股份有限公司
        2018年实际控制人变更前股权架构
```

2018年之前,钟葱是公司的实际控制人,钟葱直接持股12.89%,并控制上海碧空龙翔投资管理有限公司(以下简称"碧空龙翔")持有的金一文化17.9%的股权。

2018年,钟葱、钟小冬兄弟把部分股权以1元价格卖给北京市海淀区的国资公司,交易方案为:钟葱转让碧空龙翔全部股权共为69.12%,钟小冬转让碧空龙翔4.2%的股权,兄弟两人共转让碧空龙翔73.32%的股权,相当于上市公司金一文化约13%(17.9%×73.32%)的股权,按照当时的股价计算,价值约为10亿元,但转让价格只有1元,和免费送差不多。

交易所问询价1元的原因及合理性,以及是否违背在法定期限内不减持上市公司股份的承诺。

(1)为何价值10亿元的股权只卖1元?

因为当时碧空龙翔负债30亿元,花1元买股权得到30亿元债务,股权价值与负债相抵后还差20亿元,1元价格都贵了。

可是买方为何还愿意购买呢?

因为钟葱承诺将碧空龙翔的其他应付款(21亿元)剥离给自己,剩下的9

亿元借款与碧空龙翔公司所持金一文化的股票价值相当。

可国资公司为何愿意与另外17位股东共同通过碧空龙翔间接持股上市公司呢？

```
其他17位股东    钟小冬    北京海淀区国资公司    钟葱
         14.08%  12.6%  73.32%

其他股东    上海碧空龙翔投资管理有限公司
              大股东
              17.9%         创始人
                           12.89%

       北京金一文化发展股份有限公司
       2018年实际控制人变更后股权架构
```

因为他们已经想好了下一步的分离方案，碧空龙翔因欠款没有归还，所持金一文化的股票被拍卖，由国资公司北京海鑫资产管理有限公司竞得，所花成本也接近10亿元，2020年碧空龙翔对金一文化的持股已变为0。

```
       北京海淀区国资公司         钟小冬    其他17位股东
              73.32%              12.6%      14.08%
              100%
钟葱   北京海鑫资产管理有限公司   上海碧空龙翔投资管理有限公司
              19.47%       通过拍卖所得
       创始人               被拍卖后降为0
       约10%

       北京金一文化发展股份有限公司
       2020年股票被拍卖后股权架构
```

而北京海鑫资产管理有限公司通过定向增发进一步增持金一文化的股票，

成为持股 29.98% 的大股东。

（2）股权转让是否违背在法定期限内不减持上市公司股份的承诺？

他们回复是，根据

> 《上市公司董事、监事和高级管理人员所持本公司股份及其变动规则》第三条的规定：上市公司董事、监事和高级管理人员所持本公司股份，是指**登记在其名下的所有本公司股份**。

钟葱承诺在法定期限内不减持其持有的公司股份，应当以登记在其名下的股份为准，不包括间接持有或其他控制方式的股份。

钟葱转让碧空龙翔的股权（间接减持上市公司的股权），不是转让登记在其名下的上市公司股份，不违反其作出关于不减持公司股份的承诺。

所以，**对于上市公司的股东而言，间接持股的好处是可以灵活减持。**

因为这种交易的本质是上市公司股东背后的股东发生变化，并没有直接减持上市公司股份，所以不受限售期的限制。但这种减持不适用于公开市场交易，只适用有下一任接盘方想成为上市公司控股股东的定向交易，这样的交易机会可遇而不可求。

## 四、混合持股架构

个人直接持股、合伙企业持股、公司持股各有优劣，可以结合自己的实际情况和持股目的选择使用，而不是盲目套用别人的做法。

也可以融合三种股东架构进行组合使用，比如第 1 章介绍的农夫山泉的股东、公牛集团的股东、金一文化的创始人，也都采用了混合持股架构，实际控制人的持股分为个人直接持股和公司持股两部分；而周鸿祎在三六零公司的持股分为三部分。

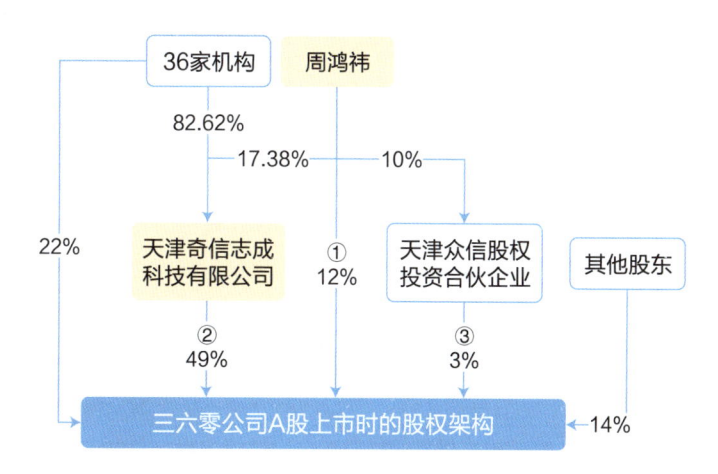

```
       36家机构          周鸿祎
              82.62%
                17.38%       10%
    22%                  ①
                              12%
            天津奇信志成          天津众信股权      其他股东
            科技有限公司          投资合伙企业
                ②              ③
                49%             3%
            三六零公司A股上市时的股权架构       14%
```

当时三六零公司从美股回 A 股时，A 股上市还不能采用 AB 股，周鸿祎通过上图中的股权架构可以做到持股 23.5% 而控制 64% 的投票权，从而实现对三六零公司的控制。

第一部分，直接持股 12%。

第二部分，通过天津奇信志成科技有限公司（以下简称"奇信志成"）间接持股 8.5%，而奇信志成在三六零公司是持股 49% 的绝对大股东，周鸿祎想控制三六零公司就需要控制奇信志成。

奇信志成的作用类似于江湖传说的防火墙公司，但周鸿祎在奇信志成只持股 17.38%，仅靠股权是无法实现控制权的。

三六零公司作为上市公司不能采用 AB 股，但其股东奇信志成的设计不受上市公司的约束，他们通过公司章程和股东协议做了特殊约定，让周鸿祎做到只持股 17.38% 就能控制奇信志成在三六零公司持股 49% 的全部投票权。

所以周鸿祎对奇信志成的控制并不是靠持股 51% 实现的，而是靠奇信志成的公司章程和股东协议的约定实现的。

第三部分，通过合伙企业持股 3%。

但在这样的股权架构之下，当奇信志成卖出三六零公司的股票套现时，需要先交 25% 的企业所得税，分到周鸿祎手上还要再交 20% 的个人所得税。而如果周鸿祎卖掉个人直接持股的 12% 股票则只需要交 20% 的个人所得税，不需要交 25% 的企业所得税。

通过奇信志成间接持股卖股权需要多交一层税,三六零公司的投资人为何还愿意将 40.5% 股份装入奇信志成由周鸿祎控制?连阿里巴巴和蚂蚁金服都没能将投资人做成间接股东。

周鸿祎对公司控制权有很强的意识,他曾说,在雅虎的收获就是领悟到对于公司控制权的把握,尤其在互联网领域里,大家都是围剿式发展,绝对的话语权至关重要。当年三六零公司从美股回 A 股时很火,很多投资人抢份额,这也是当时周鸿祎与投资人谈判的筹码?

36 家机构的投资人共持股 62.5%,分成两部分,一部分 22% 为直接持股,另一部分 40.5% 装入奇信志成做成间接股东由周鸿祎控制,卖股权可以只卖直接持股的 22%,通过奇信志成间接持股的部分如果只拿分红而不卖股权则不用交企业所得税。

在 2023 年周鸿祎离婚时,其前妻分走的是直接持股的股票,而不是间接股的部分。而金一文化的创始人减持了通过公司间接持股的部分,保留了个人直接持股的部分,因为两人减持的原因和目的各不相同,操作也就不同。

## 10.4 设立多层股东架构，大股东一个失控、一个出局

设立多层架构之后，需要考虑控制权的处理问题。曾经的万科之争轰动全国，但"战争"的主角宝能后来却反被前海人寿将军了，下面介绍具体案例。

### 一、搭建多层股东架构后失控了

在 2015 年至 2016 年间，宝能通过前海人寿保险股份有限公司（以下简称"前海人寿"）筹集大量资金后，通过二级市场增持而控制了多家上市公司，与万科之争同期发生控制权之争的还有南玻 A。前海人寿成为南玻 A 的大股东后，南玻 A 创始团队已经全数出走，曾是行业龙头的南玻 A 进入前海人寿时代。

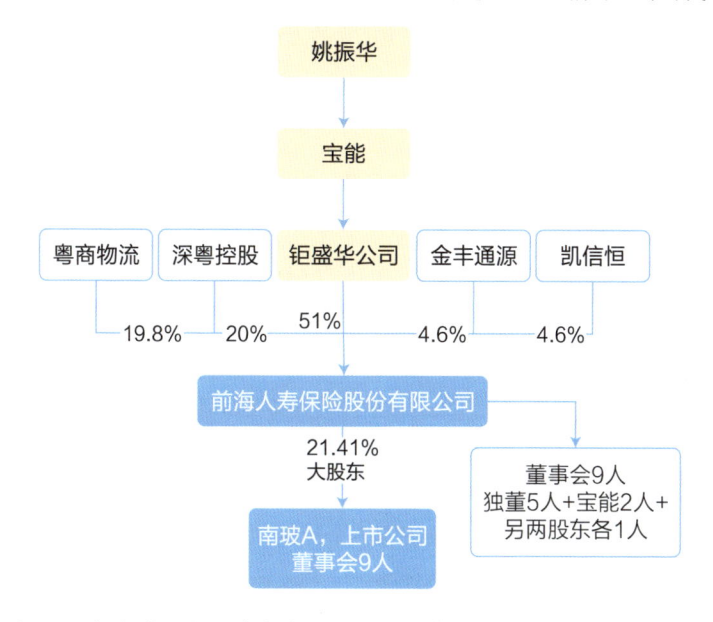

```
                    姚振华
                      ↓
                    宝能
                      ↓
粤商物流   深粤控股   钜盛华公司   金丰通源   凯信恒
   19.8%     20%       51%         4.6%      4.6%
                      ↓
           前海人寿保险股份有限公司
                21.41%
                 大股东               董事会9人
                                    独董5人+宝能2人+
           南玻A，上市公司            另两股东各1人
           董事会9人
```

在 2022 年南玻 A 的股东大会上，宝能方代表要求前海人寿投反对票，但前海人寿自己投了同意票，宝能和前海人寿的分歧公开化。前海人寿作为南玻 A 的大股东已经不再受控于宝能，而姚振华作为实际控制人已经无法指挥前海人寿了，他们为此打官司，但打官司之路是漫漫长路。

前海人寿是南玻 A 上市公司的第一大股东，想控制上市公司南玻 A 就要控

制前海人寿，前海人寿的情况分析如下：

（1）在股东层面，宝能旗下的钜盛华是前海人寿的控股股东，持股51%，看似占优势，而姚振华也是前海人寿的实际控制人。

（2）在股东会层面，前海人寿是股份有限公司，还从事受特殊监管的保险行业，《银行保险机构公司治理准则》规定，股东及其控股股东、实际控制人不得干预董事会、高级管理层根据公司章程享有的决策权和管理权，不得越过董事会、高级管理层直接干预银行保险机构经营管理。

（3）在董事会、董事长、法定代表人层面，独立董事占5/9，宝能系的董事只占2/9，宝能系无法控制董事会。

《银行保险机构公司治理准则》规定，罢免独立董事需要2/3以上票数通过，而宝能系持股51%，少于2/3，光凭宝能系的力量无法更换独立董事。

（4）在CEO层面，聘任或解聘高级管理人员经董事会2/3以上董事表决通过，而宝能系在董事会占2/9席位，靠自己的力量已经无法更换CEO。

《银行保险机构大股东行为监管办法（试行）》规定，大股东应当审慎行使董事的提名权，确保提名人选符合相关监管规定，大股东及其所在企业集团的工作人员，原则上不得兼任银行保险机构的高级管理人员。

虽然宝能通过钜盛华对前海人寿持股51%，但既控制不了董事会，也无法更换CEO，也就无法通过前海人寿控制南玻A。

**所以，如果采用多层股东架构，不只需要关注目标公司层的设计，还需要关注中间股东层的设计**，而且并不是成为大股东就一定能控制公司，在《公司控制权》一书里介绍过，掌握公司控制权的六个层面包括股权、股东会、董事会、董事长、CEO、法定代表人，股权只是六个层面中的一层

还有大股东被彻底踢出局的，比如下面的案例。

## 二、江湖传说的最优股权结构

二家地产公司的股权架构汇集了江湖传说中的最优股权结构等多种操作。

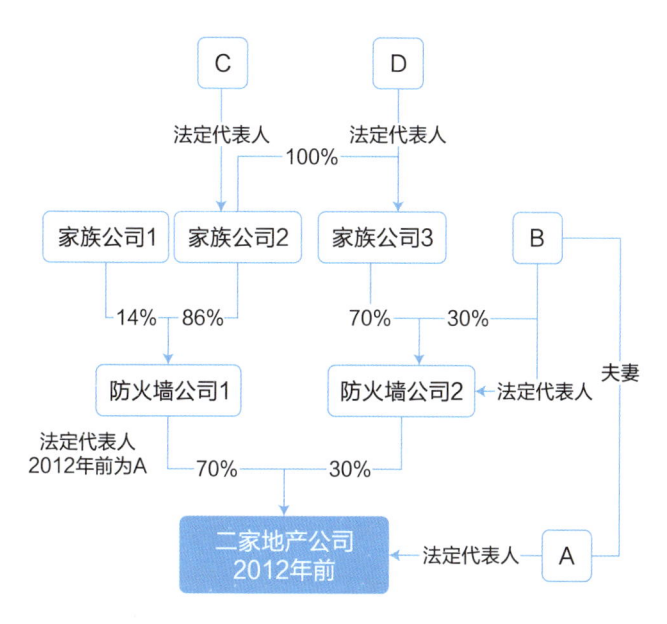

```
         C              D
         │              │
    法定代表人       法定代表人
         │    100%      │
         ▼──────────┐   ▼
  ┌─────────┐ ┌─────────┐ ┌─────────┐  ┌───┐
  │家族公司1 │ │家族公司2 │ │家族公司3 │  │ B │
  └────┬────┘ └────┬────┘ └────┬────┘  └─┬─┘
       │14%       │86%        │70%   30%│    夫妻
       └────┬─────┘           └────┬────┤
            ▼                      ▼    │
       ┌─────────┐            ┌─────────┐│
       │防火墙公司1│           │防火墙公司2│◄── 法定代表人
       └────┬────┘            └────┬────┘│
   法定代表人  │70%              30%│     │
   2012年前为A└──────┬──────────────┘     │
                    ▼                    │
              ┌──────────┐               │
              │二家地产公司│◄── 法定代表人 ── A
              │ 2012年前 │
              └──────────┘
```

### 1. 搭建防火墙公司和家族公司

就如江湖传说不要用身份证注册公司，二家地产公司的股东在 10 多年前就搭建了防火墙公司和家族公司，而且还是双防火墙架构，用两家防火墙公司作为二家地产公司的股东，在防火墙公司之上再搭设家族公司架构。

### 2. 采用双最优股权结构

在二家地产公司层面采用 7∶3 股权结构，防火墙公司 1 持股 70%，防火墙公司 2 持股 30%；在防火墙公司 2 也采用了 7∶3 股权结构。

### 3. 让小股东做法定代表人

江湖传说"法人"就是被"绳之以法"的人，所以 C、D 两位大老板只做家族公司的法定代表人，让小股东 A、B 夫妻做目标公司二家地产公司和两家防火墙公司的法定代表人。

### 4. 还用了江湖传说的高招

二家地产公司注册资本 1000 万元，找中介提供过桥贷款完成验资手续后就转出。

二家地产公司集江湖传说的高招于一身，但最后 C、D 两位大老板却被小股东彻底踢出局，价值不菲的地产公司也与两位大老板无缘了。

小股东是怎么做到的？下面具体介绍。

### 三、小股东把大股东踢出局

公司成立 10 年后合伙人闹翻，C、D 与 A、B 展开了一系列战斗。

#### 第一局，更换大股东的法定代表人

公司成立 10 年后，大老板终于意识到法定代表人的重要作用，开始抢夺法定代表人之位。

第一步，先更换二家地产公司的大股东（防火墙公司 1）的法定代表人。

由于防火墙公司 1 的两个股东都是 C、D 的家族公司，更换防火墙公司 1 的法定代表人并不需要小股东同意，所以第一步很容易就完成了，把防火墙公司 1 的法定代表人由 A 换成了 D。

#### 第二局，抢夺目标公司法定代表人之位

又过了一年后的 2013 年 2 月，二家地产公司通过股东决议，把法定代表人由 A 换成了 D。

由于防火墙公司 1 持股 70%，而且防火墙公司 1 的法定代表人已经由 A 换成了 D，在公司章程没有特殊规定的情况下，只需要 D 同意就能表决通过。

#### 第三局，抢夺小股东公司清算负责人之位

此时小股东防火墙公司 2 的法定代表人仍为 B，他们又开始抢夺防火墙公司 2 的控制权。

而 2013 年时，防火墙公司 2 已经被吊销营业执照，并进入清算程序，他们开始抢夺清算负责人的位置。

## 第 10 章 股权架构设计与运用

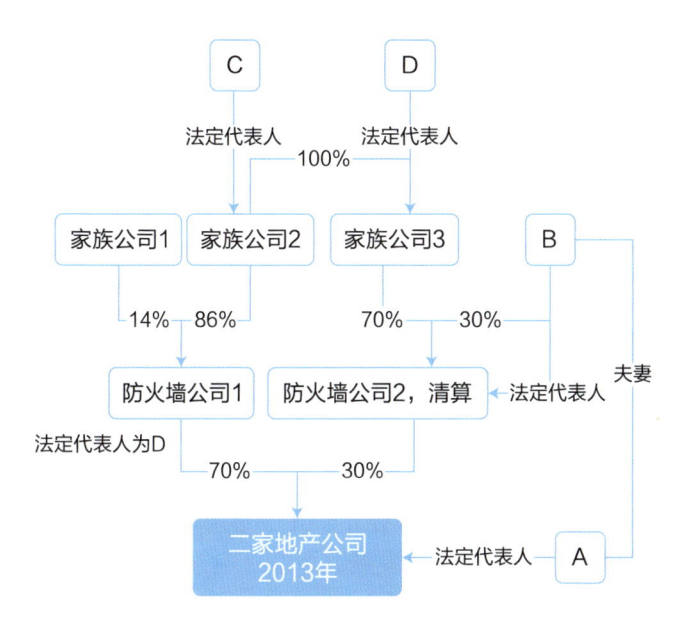

```
        C              D
        │              │
   法定代表人       法定代表人
        │    100%      │
        ▼     ───      ▼
  ┌──────┐ ┌──────┐ ┌──────┐       ┌───┐
  │家族  │ │家族  │ │家族  │       │ B │
  │公司1 │ │公司2 │ │公司3 │       └───┘
  └──────┘ └──────┘ └──────┘         │
      14%    86%      70%   30%      │
       ▼     ▼         ▼     ▼       │夫妻
  ┌──────────┐ ┌──────────────┐      │
  │防火墙公司1│ │防火墙公司2,清算│◄─法定代表人
  └──────────┘ └──────────────┘      │
  法定代表人为D                        │
           70%      30%               │
            ▼        ▼                │
        ┌──────────────┐              │
        │ 二家地产公司  │◄─法定代表人─┤A│
        │    2013年    │              └─┘
        └──────────────┘
```

防火墙公司 2 在 2013 年 5 月通过股东决议成立清算组，由大股东背后的 C 担任组长。

但 B 作为防火墙公司 2 的小股东和法定代表人，在 2013 年 7 月向工商局申请备案，由 B 作为清算组负责人，清算组成员包括 A、J、I、K 四人。

你可以思考：为何会出现股东决议的清算组组长和工商局登记的清算组负责人不一样的情况？防火墙公司 2 都要清算了，为何还要抢这一位置？

**第四局，踢掉大股东**

2013 年 8 月至 9 月间，二家地产公司和小股东防火墙公司 2 发函催促大股东防火墙公司 1 支付 700 万元注册资金和 425 万元违约金。大公司没有在规定期限内补缴出资，二家地产公司在 2013 年 11 月通过股东决议：解除大公司防火墙公司 1 的股东资格，并注明，防火墙公司 1 对此没有表决权。

你可以思考：这样能把大股东踢出局吗？可以回看第 6 章介绍的退出机制。

在踢掉大股东的股东会上，大股东没有表决权，谁能代表小股东防火墙公司 2 投票呢？这就是他们要抢夺小股东的清算组负责人之位的原因。

通过股东决议后却无法办理工商变更登记手续，为此各方先后发起多起官司。

**第五局，打官司争夺控制权**

（1）争夺小股东的代表权

防火墙公司 2 作为股东，起诉要求撤销把大股东防火墙公司 1 踢出局的股东决议。

你可以思考：防火墙公司 2 不是在股东会上投了赞成票吗？为何又起诉要求撤销股东决议呢？

这起官司二审被发回重审，但重审还没判决，防火墙公司 2 就在 2014 年 1 月撤诉了。

（2）大股东抗争

2013 年 12 月，大股东防火墙公司 1 起诉，要求撤销把大股东踢出局的股东决议。

（3）小股东再次起诉

由 B 担任法定代表人的小股东防火墙公司 2 再次去法院起诉，要求确认把大股东防火墙公司 1 踢出局的股东决议有效。

你可以思考：前面小股东曾起诉要求撤销股东决议，后来自己撤诉了；后来大股东起诉要求撤销股东决议，而小股东再次起诉要求确认股东决议有效。前后反复是同一个人的意思吗？到底是谁在代表小股东起诉或撤诉？在股东会上投票的人又代表哪一方？

## 四、法院判决确认大股东出局

大股东起诉要求撤销股东决议，小股东则起诉要求确认股东决议有效，由于大股东起诉更早，所以大股东起诉的官司先判决。

### 1. 谁能代表小股东参加二家地产公司的股东会会议

大股东提出，防火墙公司 2 已经通过股东决议由 C 担任清算组组长，应由 C 代表防火墙公司 2 参加二家地产公司的股东会会议并表决，原法定代表人 B 已无权代表防火墙公司 2。

小股东 A 方提出，防火墙公司 2 选举 C 为清算组组长的股东决议正处于诉讼阶段，而且以 C 为组长的清算组并没有实际开展清算工作；而防火墙公司 2 的股东会已于 2013 年 7 月成立以 B 为组长的清算组，而且以 B 为组长的清算组已经实际开展清算工作，并在工商局进行了备案登记，是有效的清算组，所以应由 B 代表防火墙公司 2。

法院审理认为，防火墙公司 2 存在两个清算组，以 B 为组长的清算组已经在工商局备案登记，而公司解散、清算程序不仅涉及股东利益，还涉及债权人的利益，因此备案登记具有公示效力，由经工商局备案的清算组代表防火墙公司 2 进行表决不违反法律规定，亦不损害其他股东的合法权益。

### 2. 大股东在把自己踢出局的股东会上是否有表决权

股东会表决解除大股东的股东资格，大股东作为持股 70% 的控股股东如果自己参与表决，这种表决就形同虚设。

虽然《公司法》中没有关于有限责任公司股东表决的回避制度，但《公司法》关于上市公司组织机构的特别规定提到，上市公司董事与董事会会议决议事项所涉及的企业有关联关系的，不得对该项决议行使表决权，也不得代理其他董事行使表决权。

所以，股东会要求大股东就把大股东踢出局的表决事项进行回避不违反法律和公司章程规定。

### 3. 能否把大股东踢出局

大股东抽逃出资，经多次催告仍没有及时补足出资，公司通过股东决议的方式解除大股东的股东资格符合《公司法解释（三）》的规定。所以法院判决驳回了大股东的起诉。

就这样，正在申请注销的小股东防火墙公司 2 成功把持股 70% 的大股东防火墙公司 1 踢出局并办理了减资手续，两个月后再由 A 增资 700 万元成为二家地产公司持股 70% 的大股东。而防火墙公司 2 直到 2023 年也没有注销，但防火墙公司 2 对二家地产公司 30% 股权已经转到他人名下，二家地产公司彻底与 C、D 等大股东无缘了，而他们为二家地产公司的土地问题直到 2023 年还在打官司。

### 4. 案例启示

二家地产公司之上设立了防火墙公司和家族公司，还采用了双防火墙架构、双所谓的 7 ∶ 3 最优股权结构，集江湖传说的高招于一身，但大股东却被彻底踢出局。

我在《公司控制权》一书里介绍过，掌握公司控制权的六个层面包括股权、股东会、董事会、董事长、CEO、法定代表人，而所谓的 7 ∶ 3 最优股权结构只是六个层面中的一层，书里有持股 99% 的大股东、持股 90% 的大股东被判没有控制权的案例，也有持股 0.02% 的小股东能控制公司的案例。而本书前面也介绍过，有持股 80% 的大股东、持股 70% 的大股东被踢出局的案例。

如果连一层架构都没搞明白，还要设立防火墙公司、家族公司等多层架构，就如建房子，连一层的平房都没建好，东倒西歪的，还要学别人建十层八层的高楼，房子是会倒塌的。

## 10.5 业务架构设计不当，
##      一个被掏空、一个多交 1500 万元税

目标公司以下是业务架构，**可以结合战略规划和业务管理需要、税务筹划、公司控制权三方面考虑。**

```
         股东层
           │
         股东架构
           ↓
         目标公司
           │
         业务架构
           ↓
          子公司
           │
           ↓
          孙公司
```

战略规划和业务管理是创始人的主业，这里就不多做介绍了。

### 一、业务架构与税务筹划

业务架构设计将影响企业税负，比如上市公司三高节能科技于 2020 年 12 月通过高新技术企业认定，可以享受 15% 的企业所得税优惠税率；但 2022 年卖股权所得 3 亿元，占当年总收入的较高比例，税务部门认为公司 2022 年的高新技术产品收入占同期总收入的比例未达到 60%，所以 2022 年对公司调整适用 25% 的企业所得税率，由此增加税金 1520 万元。

企业所交税中占比较高的是增值税和企业所得税，由于不同业务的税率不同，而且计算方法较为复杂，可以结合税务筹划、参考财税人员的意见进行业务架构的设计。

比如在华为的业务架构中，将华为云、海思芯片、软件等技术类业务装入

华为技术有限公司，将终端业务装入华为终端（深圳）有限公司（简称华为终端），将投资业务装入哈勃投资公司……不同的业务装在不同的子公司中。

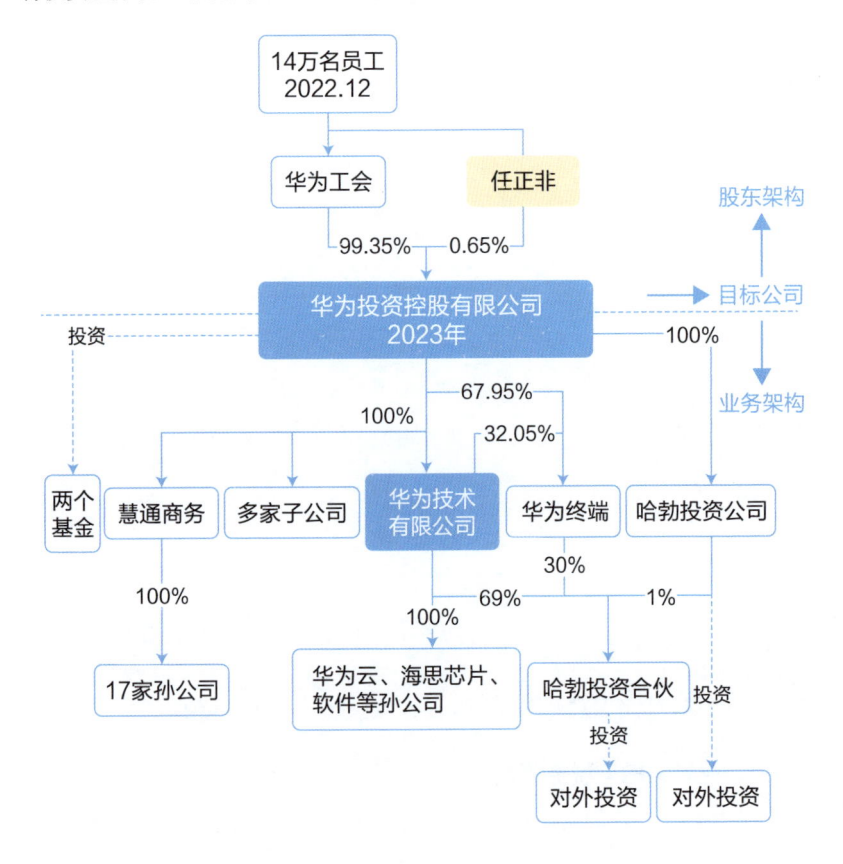

```
                    ┌─────────────┐
                    │ 14万名员工   │
                    │  2022.12    │
                    └──────┬──────┘
                           │
                    ┌──────┴──────┐
                    │             │
              ┌─────▼──┐    ┌────▼────┐
              │ 华为工会 │    │ 任正非  │         →股东架构
              └────┬───┘    └────┬────┘
                99.35%         0.65%
                    │             │
                    └──────┬──────┘
                           │
              ┌────────────▼────────────┐
              │   华为投资控股有限公司    │  →目标公司
              │        2023年           │
              └──┬──────┬────────┬──────┘  100%
   投资           │      │67.95% │              →业务架构
      ┌───────────┤100%  │32.05% │
      │    │      │      │      │
    ┌─▼┐ ┌─▼──┐ ┌▼───┐ ┌▼────┐ ┌▼───┐ ┌────┐
    │两│ │慧通│ │多家│ │华为 │ │华为│ │哈勃│
    │个│ │商务│ │子公│ │技术 │ │终端│ │投资│
    │基│ │    │ │司  │ │有限 │ │    │ │公司│
    │金│ │    │ │    │ │公司 │ │    │ │    │
    └──┘ └─┬──┘ └────┘ └──┬──┘ └─┬──┘ └─┬──┘
         100%           100%    30%    1%
                                69%
           ▼              ▼      ▼      ▼
        ┌─────┐      ┌──────┐  ┌──────────┐
        │17家 │      │华为云│  │哈勃投资合伙│
        │孙公 │      │海思芯│  └────┬─────┘投资
        │司   │      │片软件│       │
        └─────┘      │等孙公│     投资
                     │司    │   ┌───┴────┐
                     └──────┘   ▼        ▼
                             ┌────┐   ┌────┐
                             │对外│   │对外│
                             │投资│   │投资│
                             └────┘   └────┘
```

## 二、业务架构与公司控制权

**当在目标公司之下搭建多层业务架构时，各层的法定代表人将成为掌握公司控制权非常重要的职位。**

比如在香港上市的水山水泥就发生过法定代表人之位争夺战，而一特公司的两位创始人争夺公司控制权时，为了抢夺北京公司的法定代表人之位来回争夺了三局。

一特公司是全球行业排名第一的公司，曾占全球 3/4 的市场份额，年营收达到数百亿元人民币,两位创始人也都是财富榜上身家超过 100 亿元的富豪。但两位创始人却发生公司控制权争夺战。

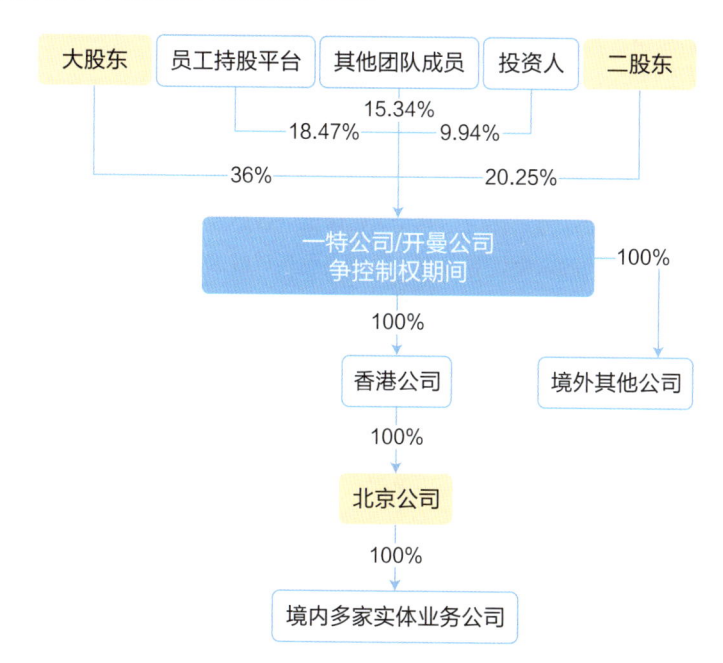

```
大股东    员工持股平台   其他团队成员   投资人    二股东
                          15.34%
              18.47%            9.94%
        36%                  20.25%
                  ↓
            一特公司/开曼公司
            争控制权期间               100%
                  ↓100%
              香港公司            境外其他公司
                  ↓100%
              北京公司
                  ↓100%
           境内多家实体业务公司
```

一特公司的股权架构主要有四层,最上面的第一层是开曼公司,就是目标公司,体现最终的股权结构,也是未来的上市主体,开曼公司往下是业务架构。

第二层是香港公司(子公司),主要用于持股内地公司;第三层是北京公司(孙公司),作为内地公司的总部;第四层是境内多家实体业务公司。

两位创始人争夺公司控制权时,第一层开曼公司(目标公司)和第三层北京公司(孙公司)成为争夺的重点,因为第一层目标公司决定最终结局,而第三层北京公司决定业务的控制权。

对第三层北京公司的争夺主要集中在抢夺法定代表人之位上,因为抢到法定代表人之位就能控制第四层及以下的实体业务公司,而他们为了抢夺北京公司的法定代表人之位开展了三局斗争。

**第一局**

二股东利用香港公司授权代表的身份,作为北京公司 100% 持股的股东把大股东踢下台，北京公司的法定代表人由大股东换成二股东。

第二局

大股东申请行政复议，要求撤销北京公司的工商变更登记，当时二股东方律师请了来自清华大学、北京大学、中国政法大学、中国人民大学等的多位专家出意见，但二股东还是输了行政复议，二股东上台被推翻，北京公司恢复为由大股东担任法定代表人。

有人觉得有特殊力量作用，但我从媒体报道资料发现，二股东用于办理工商变更登记手续的股东决议有瑕疵，推翻二股东可以不需要特殊力量。他们的员工曾找到我，但觉得收费贵就不了了之。

后来双方激烈斗争了大半年还没解决，上下游和相关方都比较着急，好几批人先后找到我，问我能不能帮他们快速解决问题。可就如有人得了重病请好多名医专家治了大半年还没治好，我只是看了媒体报道，没看过病人，连他得了什么病都还不知道，而且病情每天都在变化，我无法给他们肯定答案，只能告诉他们无法回答这样的问题，而且他们的员工也觉得收费贵。

他们说会直接与老板对接，但好几批人说过之后并没有下文；最后有人把我写的文章转给二股东就对接上了，而此时已经进行到第三局下半场。

第三局

我介入时，二股东已准备好资料，正准备再次办理北京公司法定代表人的工商变更登记手续。但导致上次被推翻的那份关键的股东决议还是有问题，幸好这时找到我，否则不知还会不会有第四局或者更多局？

打官司就如掉进坑里后双方在坑下搏斗，要拼力量和博弈技术；而我是弱女子，力量有限，不喜欢搏斗，我想的办法是找一条密道出去，兵法有云"不战而屈人之兵"嘛。

事情解决后好几个人跟我说，如果早点找到我结果会更好。我回他们：我可不敢这么说，毕竟事情并没有那样发生，谁也不知道会怎么样。他们却回：我就敢这么说。

**对于设立多层业务架构的公司，各层公司的法定代表人就是掌握公司控制权的重要职位。**还有因为忽略法定代表人之位、大股东掉进沟里的，比如下面的案例。

### 三、公司被掏空，大股东掉进沟里

四位创始人共同成立九凯投资公司（以下简称"九凯公司"），大股东持股 51%，二股东持股 34%，还有两位小股东共同持股 15%。他们用九凯公司作为投资平台，投资了凯 1、凯 2 两个房地产项目公司，九凯公司在凯 1 公司持股 95%，在凯 2 公司持股 49%。

```
小股东    二股东    大股东
          34%
    15%        51%
         ↓
   G   九凯投资公司   H
   
  51%  49%      95%  5%
   ↓    ↓        ↓    ↓
  凯2公司        凯1公司
```

三家公司都由二股东担任总经理和法定代表人，大股东担任监事，后来大股东掉进沟里了。

#### 1. 股东先后想撤退

2016 年大股东打算退出，当时九凯公司欠大股东借款本息共 8300 万元，股东决议同意用凯 1 公司价值 5000 万元的房产偿还，差额部分用凯 1 公司的第二块地和九凯公司在凯 2 公司的全部股权作为抵押。

你可以思考：

（1）九凯公司对凯 1 公司并非 100% 持股，凯 1 公司还有小股东 H 持股 5%，而九凯公司的股东决定用凯 1 公司的房产换大股东在九凯公司的股权，这样能行吗？H 的利益如何保障？

（2）大股东退出后，大股东在九凯公司 51% 的股权归谁所有？

后来大股东并没有成功退出，他们在 2017 年又通过股东决议，改为由大股东收购小股东 15% 的股权，还是用凯 1 公司的房产抵偿。但股东决议之后并没办理股权变更登记手续，后来小股东去法院打官司，要求确认自己不再是九凯公司的股东，还要求把股权变更登记到大股东名下。

你可以思考：

（1）大股东自己购买小股东的股权却用凯 1 公司的房产抵偿，而九凯公司还有持股 34% 的二股东，凯 1 公司还有持股 5% 的小股东，这些人的利益怎么保障？

（2）小股东为何要打官司要求确认自己不是九凯公司的股东？

### 2. 二股东进监狱

小股东退出的问题还没解决，大股东和二股东就发生矛盾了，大股东去公安局举报二股东职务侵占，公安局立案后要求凯 1 公司提供成立以来的财务资料，但因为凯 1 公司曾做过改账，二股东指使会计不提供改账资料，最后二股东和会计都因此被判犯隐匿会计凭证、会计账簿罪。

### 3. 二股东转移资产

二股东在被捕之前提前做了安排，2018 年 1 月通过使用假签名的股东决议把九凯公司在凯 2 公司 49% 的股权按照注册资本价格全部转让给了 G，并办理了股权变更登记手续，凯 2 公司变成 G 个人 100% 持股。凯 2 公司彻底脱离了九凯公司，与大股东无关了，大股东能同意吗？

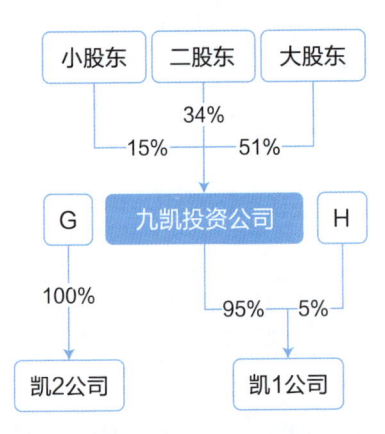

与此同时，二股东还把自己在九凯公司 34% 的股权和法定代表人的权利都

委托给他人，并签协议约定用凯1公司的房产抵偿二股东对九凯公司的借款，九凯公司持有凯1公司95%的股权全部归二股东所有。但两天后二股东就被刑事拘留了，所以没能及时办妥股权变更登记手续。

你可以思考：

（1）伪造股东决议上大股东的签名，把凯2公司的股权低价卖掉，这件事应该怎么算？

（2）二股东把法定代表人的权利授予别人，这样可以吗？

（3）二股东还想把凯1公司95%的股权变为自己所有，这是彻底把九凯公司掏空变成空壳公司？大股东知道吗？

（4）各股东都想要项目公司（凯1、凯2公司）的房产或土地，不想要九凯公司的股权，为什么？

（5）看到这个案例后，你对股权架构有什么新的理解吗？

### 4. 大股东多方维权

九凯公司本身没有业务，唯一的业务就是持有两家公司的股权，可是九凯公司在凯2公司49%的股权已经被低价转走，九凯公司的大股东损失最大，除了把二股东送进监狱，大股东还发起了多方维权。

（1）先起诉工商局要求撤销卖掉凯2公司49%股权的变更登记，但法院认为大股东是九凯公司的股东，而不是凯2公司的股东，法律没规定九凯公司把凯2公司的股权卖掉需要九凯公司的股东同意，所以在2019年判决驳回了大股东的起诉。

当时九凯公司的法定代表人是二股东，九凯公司卖掉所持有的凯2公司49%的股权，只需要二股东以法定代表人身份在股权转让协议上签字就可以了。

（2）经历如此教训后，大股东终于意识到法定代表人的重要作用。而这时二股东已经刑满释放，大股东换律师后，双方开始新一轮的交锋。

大股东组织通过股东决议，把九凯公司和凯1公司的法定代表人都换成自己的人。但凯2公司已经被剥离出去，无法操作了。

（3）大股东拿到法定代表人之位后，以公司名义起诉要求确认2018年1月使用假签名把凯2公司49%的股权卖给G的股东决议不成立，因为决议中大股东的签名是伪造的。

法院支持大股东的请求,确认股东决议不成立。但大股东打赢官司并没能要回凯2公司49%的股权,因为对外而言,九凯公司把凯1公司的股权卖掉并不需要九凯公司的股东决议,只需要有九凯公司的法定代表人签字就可以,所以这个官司赢了也是白搭。

### 5. 二股东开始新的战斗

二股东出狱后,2019年起诉要求解散九凯公司。

法院审理认为:

(1)公司解散关系公司的生死存亡,涉及公司股东、债权人及员工等多方利益主体,也关系到市场经济秩序的稳定、安宁,法院对公司解散应慎重处理。只有公司经营管理确实发生严重困难、严重损害股东利益,且穷尽其他途径不能解决的,才能判决解散公司。股东之间发生矛盾不是公司解散的法定事由,可以通过如股权转让等方式解决。

(2)股东会会议制度为股东提供了表达意见的机会,但不一定符合所有股东的意志。在成立公司和制定公司章程时,二股东就应当能预见大股东可以对公司的经营决策有绝对的影响力。

股东之间应当求同存异,妥善处理矛盾,在未穷尽其他各种救济手段的情况下,不宜通过解散公司的方式处理矛盾,法院在2021年判决驳回了二股东的申请。

二股东和大股东还分别起诉公司归还借款本息各7000万元。

## 四、案例启示

九凯公司的股东从2016年到2022年花6年时间打官司,二股东被判刑,刑满释放后继续战斗,诉讼费达300多万元,律师费等还没计算。截至本书写作时问题仍没解决,九凯公司的股东没有变更,凯2公司的股权也没有要回来。

(1)他们采用了平台公司持股项目公司的股权架构,发生争议后各股东都只想要项目公司的股权和财产,不想要平台公司的股权。

因为股权价值依赖于股权背后的公司拥有什么财产,凯1公司和凯2公司名下有房产和土地,他们都想要凯1、凯2公司的股权和财产;而九凯公司作为平台公司，名下唯一的财产就是凯 1、凯 2 公司的股权，如果切断九凯公司与凯 1 公司和凯 2 公司的关系，九凯公司的股权价值将变成负数，不仅没有价值还有巨额债务，所以股东们都不想要。

（2）切割平台公司与项目公司关系的关键在于谁担任法定代表人，在股东发生矛盾之前，三家公司都由二股东担任法定代表人，法定代表人签字就可以代表公司，二股东不经其他股东同意便签字把凯 2 公司的股权卖掉了，大股东维权多年也没能要回来，即便把二股东送进监狱也没能挽回。

大股东持股 51% 却踩了如此大的坑，打赢官司也要不回凯 2 公司的股权。

**如果自己不专业，建议不要设立多层股权架构。**

**关于股权架构，对于目标公司往上的股东层，可以从股权、股东会、董事会、董事长、CEO、法定代表人六个层面关注控制权问题；从目标公司往下的业务层，如果都是 100% 持股的子公司或孙公司等，可以重点关注法定代表人之位。**

# 第11章

# 股权设计总图

通过股权设计地图可以了解全貌。
用股权设计路线图可以指引方向。

## 11.1　股权设计路线图，走错路线可能致命

有地图可以总览全貌，把握方向，比如不至于在从上海去广州时却照抄别人从上海去北京的路线。

注：本书最后有写获取原图的方法。

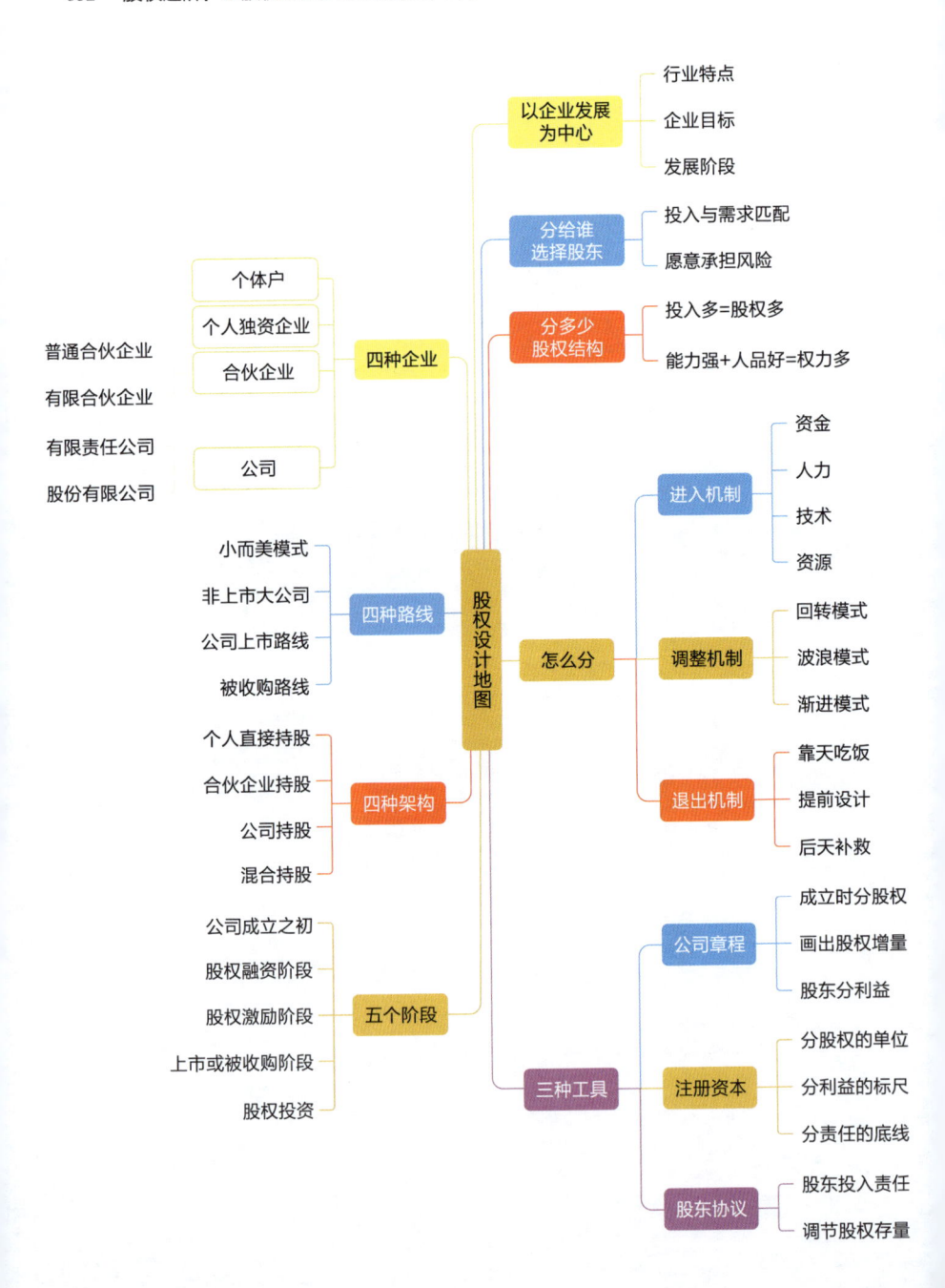

# 股权设计地图

## 以企业发展为中心
- 行业特点
- 企业目标
- 发展阶段

## 分给谁 选择股东
- 投入与需求匹配
- 愿意承担风险

## 分多少 股权结构
- 投入多=股权多
- 能力强+人品好=权力多

## 四种企业
- 个体户
- 个人独资企业
- 合伙企业
  - 普通合伙企业
  - 有限合伙企业
- 公司
  - 有限责任公司
  - 股份有限公司

## 四种路线
- 小而美模式
- 非上市大公司
- 公司上市路线
- 被收购路线

## 四种架构
- 个人直接持股
- 合伙企业持股
- 公司持股
- 混合持股

## 五个阶段
- 公司成立之初
- 股权融资阶段
- 股权激励阶段
- 上市或被收购阶段
- 股权投资

## 怎么分

### 进入机制
- 资金
- 人力
- 技术
- 资源

### 调整机制
- 回转模式
- 波浪模式
- 渐进模式

### 退出机制
- 靠天吃饭
- 提前设计
- 后天补救

## 三种工具

### 公司章程
- 成立时分股权
- 画出股权增量
- 股东分利益

### 注册资本
- 分股权的单位
- 分利益的标尺
- 分责任的底线

### 股东协议
- 股东投入责任
- 调节股权存量

在企业发展的不同阶段，股权设计有所不同。

## 一、公司成立初期的股权设计

**公司成立之初的股权设计是必须的**，由于合伙人的重要性，合伙人之间的股权分配需要个性化定制方案，把股权给谁、给多少、怎么给等都是需要慎重考虑的。

但很多公司在创业初期没有经验，资金有限也难以找到专业的人协助，在公司成立之初草草处理，由于股权问题伴随终身，前面介绍多个案例在公司值钱后闹翻天。

如果不请专业的人处理，就需要创始人自己加强学习，通过慎重选择合伙人降低风险，采用专业的股东协议和公司章程模板解决早期的操作问题。

## 二、股权融资阶段

**股权融资不是必须的**，上一代企业大多靠老板的自有资金和贷款发展起来，较少做股权融资，比如成为首富的钟睒睒，农夫山泉上市前他持股高达 87%，没有对外融资；而新一代的创业者很多都拿投资人的融资，拿融资可以加快发展，但处理不好也可能向相反方向加速恶化，比如雷士照明、俏江南、ofo 等。

股权融资该如何选择？可以从找谁（选择投资人）、多少（融资估值）、怎么做（融资条款）三个维度考虑。

```
                    ┌─ 找谁 ── 选择投资人
股权融资三个维度 ───┼─ 多少 ── 融资估值
                    └─ 怎么做 ── 融资条款
```

### 1. 选择投资人

投资人把企业当猪养，追求短期利益；而创始人把企业当儿子养，追求长远发展。双方的目标不同容易发生矛盾，比如否决权杀死 ofo。戴威用一票否决权否决与摩拜的合并，被投资人指责缺乏"CEO 的格局和胸怀"，将自己的权益凌驾于投资人的权益之上；也有创业者批评投资人狠心，不把创业者的感受和梦想当回事，在下注时看中创业者的创造力、勇气和梦想，想套现走人时勇气和梦想却成了固执、自私、不识抬举。

**如何选择投资人？可以结合企业发展目标考虑，优先选择与企业发展目标相匹配的投资人。**

比如有的投资人对被投资企业更多的是赋能、给流量，而有的投资人对被投资企业更多的是吸收合并，希望独立发展的企业适合选择前者，而希望创业成功快速套现实现财富自由的创业者更适合选择后者。

2. 融资估值

有人说不要在乎估值，这就如买家说你卖房子不要在乎价格是一样的道理。

**找财务投资人的主要目的是用股权换钱，估值越高就越能出让更少股权换到更多钱。**而融资估值就如产品定价，理论上估值与企业本身的价值有关，就如产品价格与产品质量的关系；但现实并不完全如此，产品价格可能与市场竞争、营销定位、稀缺性等有关。

**股权投资的本质就是投资公司的未来，股东持有股权就享有公司的终身价值，**所以公司估值不是只看公司眼前能赚多少钱，更重要的是看公司未来能赚多少钱，有多少想象空间，比如按照10倍、20倍等市盈率计算估值，本质上就是计算持有股权的终身价值，所以一些不赚钱的公司还能估值几十亿元、数百亿元，甚至上千亿元。

不同行业的业务特点不同，其底层逻辑也不一样。传统企业的估值通常与其业务发展水平相当；互联网公司前期估值大幅高于业绩水平，发展到一定阶段后估值与业绩水平相当，也意味着公司进入稳定阶段，增长空间有限；科技公司前期估值通常也高于业绩水平，在做出技术优势后有较强的壁垒，可以持续更长时间。

第 11 章 股权设计总图

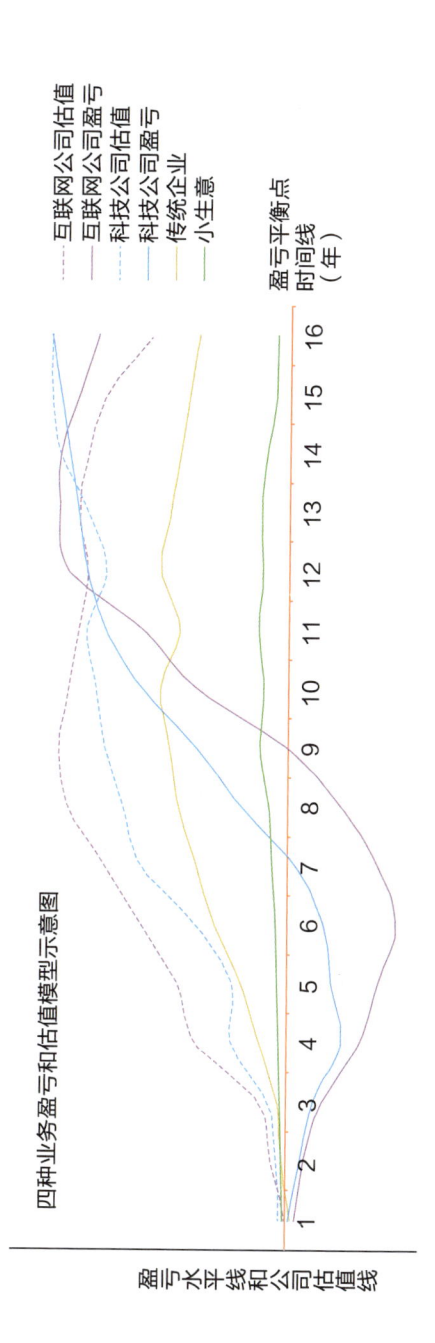

四种业务盈亏和估值模型示意图

图例：
- 互联网公司估值
- 互联网公司盈亏
- 科技公司估值
- 科技公司盈亏
- 传统企业
- 小生意
- 盈亏平衡点
- 时间线（年）

纵轴：盈亏水平线和公司估值线
横轴：1–16（年）

对于有数据的企业，估值可以参考市盈率（PE利润比）、市销率（PS营收比）、市净率（PB净资产比）等，并结合同行业同时期的数据考虑；没有数据的企业可参考同行业同时期数据，并结合企业未来发展空间考虑。

3. 融资条款

有的创业者以为拿到融资就万事大吉了，并不重视融资条款。比如ofo的戴威说，开始融资时条款都不砍，觉得投资人都投钱了，已然很感谢，还谈什么条款？可是股权融资的本质是股权与钱的等价交换，投资人花钱投资不是为了做慈善，而是为了在未来赚取十倍、百倍，甚至更高的回报。

ofo成立三年，估值从0涨到200亿元，在2017年达到顶峰，被众多投资人追捧；但2018年就快速跌落，资本避之，用户抛弃，从天堂跌落地狱前后仅相隔数月，被传否决权杀死ofo。

创始人想独立发展，财务投资人想让ofo与摩拜合并，战略投资人则想将ofo纳入自己的版图，各路人马各有各的算盘，20多岁的戴威面对一群经验成熟、手段老道的资本高手怎能摆平？一个向东、一个向西、一个向南、一个向北，不同股东的不同诉求在ofo身上难以统一，最终走向决裂。

多数创始人与投资人的目标很难长期保持一致，像腾讯遇到南非MIH、海康威视遇到龚虹嘉那样的概率很低，**当双方目标不同时由谁说了算？这时融资条款就会起关键作用。**

先创立了赶集网，被合并后再创立瓜子二手车的杨浩涌说，对公司的控制和未来发展的一些权力（很多条款）是至关重要的，这类故事不断上演，融资时很多创始人往往会看中对方的品牌，在一些条款上妥协，但这些条款带来的影响比当时估值涨了5%、10%带来的影响更大。他再次创业时，公司一开始就设立了同股不同权规则。

2020年在科创板上市的盟升电子，2015年对外融资价格为38.18元/股，实施员工股权激励的价格为4元/股，并按照公允价值为15.56元/股计算股份支付，公允价值只有融资价格的41%。回复问询的主要理由为，投资人的价格包含了业绩对赌、优先清算权、股权转让限制、反稀释权等特殊权利，这些特殊权利的安排具有特殊的商业价值，从而使融资价格高于公允价值。相当于这些特殊条款的价值将近60%，而不只是杨浩涌说的5%或10%。

2021年在科创板上市的海泰新光，2017年对外融资价格为15.20元/股，实施员工股权激励的价格为5元/股，按照公允价值9.85元/股计算股份支付，公允价值为融资价格的65%。回复问询的主要理由为，投资人的融资协议中含有以特定价格回购的特殊条款等。相当于这些特殊条款的价值为35%。

2021年在创业板上市的孩子王，对外融资价格为10.5元/股，实施员工股权激励的价格为1元/股，并按照3.8元/股、4元/股作为公允价值计算股份支付，公允价值只有融资价格的38%。回复问询的主要理由为，投资人的融资协议有优先购买权、反稀释权、赎回权等特殊权利条款，而且融资时公司已经启动新三板挂牌申请，估值存在较高溢价。相当于这些特殊条款的价值约为60%。

**估值是显性价格，融资条款是隐性价格**，拿融资后需要承担什么责任由融资条款决定，差一句话都可能让企业走向死路，让创始人倾家荡产。比如王思聪给投资人赔偿20亿元，相当于条款价值就是20亿元，有这些条款就赔20亿元，没这些条款则一分钱不用赔；比如俏江南已经易主；比如杀死ofo的否决权条款，价值可能是上百亿元；比如有的创始人被踢出局后还被投资人要求支付3800万元回购股权，房子都要被拍卖……如果没有这些条款，则这样的赔偿就不存在。

**4. 股权融资的取舍**

投资人是专业做投资的，他们有专门的律师团队，设计融资条款是为了保护投资人的利益；而创业者不是专业做融资的，既没有经验，融资时还不舍得花钱请专业的人。投资人经验老到还装备精良，如果创始人第一次上场还赤手空拳，双方力量对比悬殊，加上信息不对称，就特别容易踩坑。

**融资的特殊条款主要涉及钱和权两方面：**

（1）关于钱

风险投资人追求几十倍、上百倍的高收益，相应地也应承担血本无归的风险；但现实中的很多投资人要求创始人签对赌协议、回购条款、反稀释条款（类似于股价下跌要求CEO补偿股票）、优先清算条款（类似于投资人拿双份）等，就如炒股要求CEO保证稳赚不赔。连理财产品都不承诺保本保收益，炒股却要求保本保收益，不符合高收益与高风险相匹配的原则，但很多企业融资时处于劣势就被迫接受了。

（2）关于权

有创始人说，因为投资人使用一票否决权导致公司无法顺利拆除 VIE 架构回归国内资本市场，一而再再而三地失去了国内资本市场的红利；有创始人说，年轻时不懂，融资 1000 万美元多给投资人一个董事会席位，后来创始人失去公司控制权；还有创始人说，不给投资人一票否决权就拿不到融资。

很多投资人既要求财产方面的特权，还要求一票否决权等，而一票否决权是超越股权比例的特权，有人使用一票否决权，其他人的投票权就无法发挥作用了，在《公司控制权》一书里介绍过持股 99% 的大股东被判没有控制权的案例。

阿里巴巴获得雅虎融资时，雅虎作为持股 40% 的第一大股东，不仅没有控制权，连否决权也少，还要把 5% 的投票权与创始团队保持一致。但雅虎从阿里巴巴身上赚取了丰厚的回报，如果雅虎像现在的很多投资人一样有许多特权，阿里巴巴还能取得后来的成功吗？雅虎和软银还能从阿里巴巴身上赚到这么多钱吗？

对于投资人而言，如果选的项目不行，要求再强势的条款也会血本无归，比如否决权杀死 ofo。而优质项目的创始人多是非常有主见、有想法的，不会轻易接受投资人的强势条款。投资人如果不把精力放到选择好项目上，而把精力放到要求强势的不平等条款上，其实是不成熟、不专业的表现。强势条款不仅不能帮助赚钱，反而会把好项目过滤掉，比如理想汽车上市前曾经融资艰难，见了 100 多家机构也没能拿到融资，有知名企业要求强势条款而李想不接受，知名企业改投理想的同行，最后赚了条款却亏了钱。

现实中大部分企业融资时都处于劣势，缺少谈判的主动权，面对投资人的强势条款应该如何取舍？

希望独立发展的企业可以重点关注控制权条款（主要是否决权）；而希望快速套现实现财务自由的创始人则无须过多关注控制权，更应关注自己能否承受对赌条款等责任。

**股权融资的主要目的就是用股权换钱，应重点看估值和条款，不要被投后等小恩小惠所迷惑。**

滴滴的程维说，每一次谈判、每一个条款都可能决定公司的生死。不要心疼钱，要找到好的中介，这是值得的。

有的创始人以为融资有FA(财务顾问)就够了,可是FA是撮合成交的中介,FA按照融资金额拿提成,赚取信息差的中介费;但如果融资律师也遵循成交后拿提成的模式,他们可以什么也不做,所有条款都同意而不修改,这样既简单省事又成交最快,可以快速拿到钱。可是成交之后呢?融资时投资人与创始人处于蜜月期,通常不会发生问题,很多问题都是融资多年后才发生的,发生矛盾时融资条款可能成为救命稻草,也可能成为压死骆驼的最后一根稻草。

融资条款涉及非常专业的问题,差一句话、几个字都可能是一个大坑。

### 三、股权激励阶段

**对员工的股权激励不是必须的,是否实施股权激励需要结合企业发展目标考虑**,比如海底捞上市前并没有对员工实施股权激励。

#### 1. 何时实施股权激励

员工通常只追求收益而不愿意承担风险,因此在公司早期风险很高时不适合对员工实施股权激励,就算把股权给员工,他们也没有价值感。

**不融资的企业建议在盈利之后再开始实施股权激励,需要融资的企业在融资之后再开始,实施早了员工不认可其价值,给了股权也是浪费,起不到激励的作用。**

#### 2. 股权激励做什么

实施股权激励需要考虑把股权给谁(定范围)、给股权的条件或收回的规则、给股权的价格、股权的来源(转让或增资)、股权的形式(实股、虚拟股、期权等)、股权架构(直接或间接持股)等。

由于员工人数较多、流动性较高,可以设计标准化制度处理员工的股权激励问题。

员工不愿意承担风险,也不关心控制权,可以采用合伙企业作为员工持股平台。但第8章介绍过,合伙企业的法律规定与公司不同,并不是做GP就一定能控制合伙企业,需要注意合伙协议的设计。

#### 3. 他人踩坑的案例

三诺公司创始人曾说,自己创业阶段性成功后成为业界名人,客户应接不暇,公司被众多投资人追捧；但外部环境变化后卖掉4套房创业还是失败了，员工罢工、客户辱骂、投资人起诉、股权被冻结，还曝出与前合伙人、投资人等的股权纷争。

疑似前合伙人曝出自己曾以"联合创始人"身份加入，创始人承诺给30%股权，但在拿到融资后不兑现承诺，还用卑劣手段让自己出局。而创始人则说他是做FA融资中介，应该按照融资额拿2%~3%的报酬，当时自己不懂才签了给30%股权的合同，后来经过协商已按照融资额的5%支付中介费。

创始人还说，请顾问公司设计的股权激励方案漏洞百出，因为一个合伙人不同意增员而导致股权激励陷入僵局，后来听律师建议打假官司，起诉后发现打官司也解决不了，于是又换了另一种方式，引发了与合伙人的一系列官司。

创始人反思说，创业是一件有门槛的事，不仅需要专业知识，还需要团队管理、财务、法律等各方面的知识，刚开始时业务能力很重要，但到后面法律知识和财务能力更重要，要找到志同道合、能够独当一面的人作为合伙人，而不是把员工培养起来给股权激励，员工很难与自己成为战友、伙伴，遇到麻烦只能自己一个人往前冲，非常孤独。

创始人还说，前三轮融资都没有请律师，签了对自己比较不利的回购协议，创业失败还被投资人起诉。

## 四、上市或被收购阶段

**上市或被收购不是必须的，**企业发展到准备上市或被收购的阶段已经具有一定实力，可以请得起专业的顾问，CEO主要定方向和做选择。

申请上市必须请中介机构提供服务，而中介机构在企业申请上市的过程中扮演两种不同的角色。

角色一类似于高考辅导老师，中介机构与申请上市的企业之间是盟友关系，专业的中介机构可以帮助企业完善以前不够完善的地方以推动企业顺利上市。但对于高考辅导老师而言，帮助90分的人考到95分，与帮助60分的人考到80分需要的能力和方法有所不同。

角色二类似于监考老师，有关规则对中介机构的定位是"资本市场守门人"。

理解好这两个角色的意义，就知道如何选择中介机构了。高考辅导老师可以帮助考到更高分，但高考成功不等于事业成功，而事业成功与否也不是高考辅导老师的服务范畴。

## 五、股权投资阶段

企业发展到一定阶段后，可以通过投资并购等扩大规模，**但股权投资也不是必须的。**

到投资并购阶段时，企业已具有较强的实力，可以请得起专业的顾问，CEO 主要负责定方向和做选择。

投资并购涉及较为复杂的问题，如前面介绍过，有企业花 1 元购买价值 10 亿元的股权，卖方为何愿意卖？因为表面看似价值 10 亿元的股权背后有 30 亿元的债务。

这部分内容不是本书的重点，此处不再赘述，以后有机会再另外分享。

# 股权设计路线图

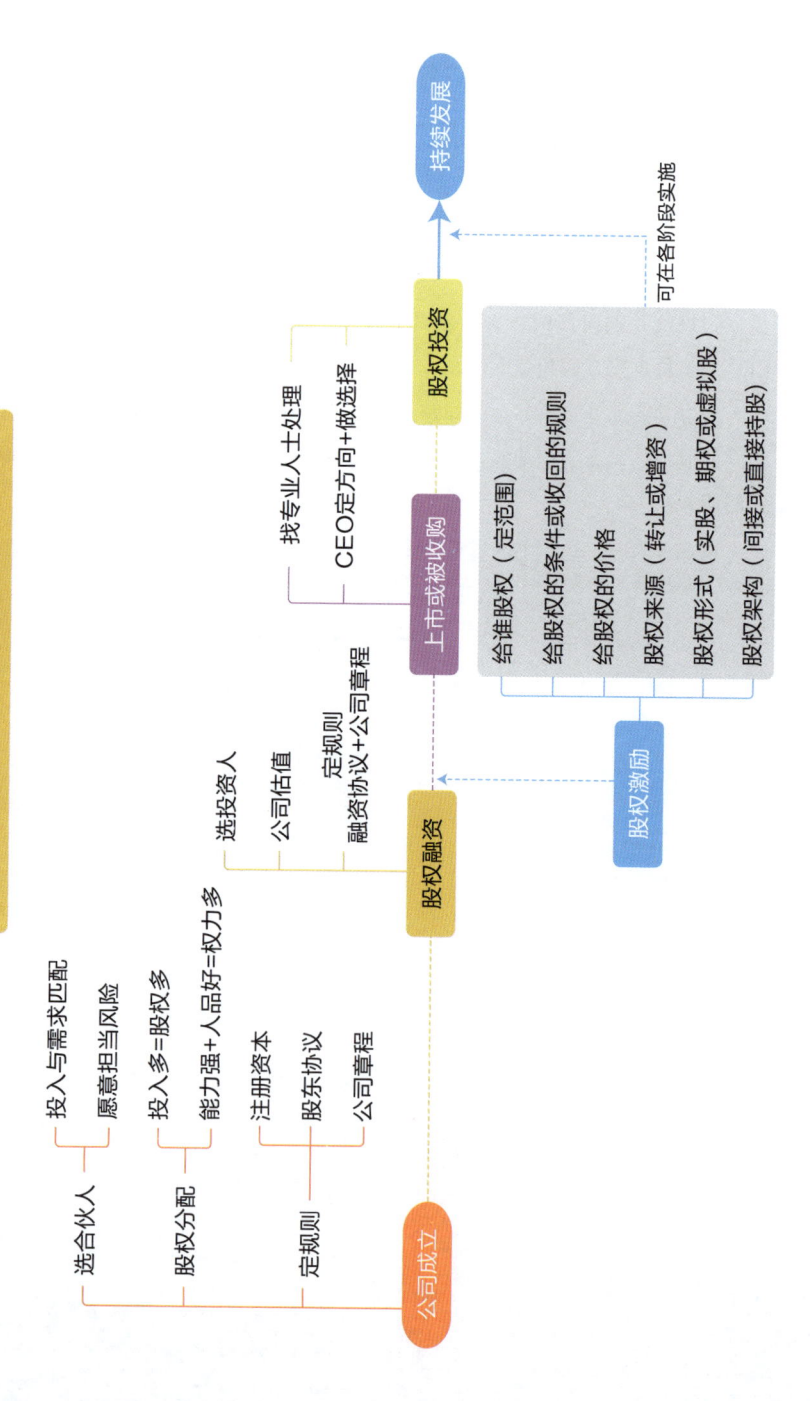

**公司成立**
- 选合伙人
  - 投入与需求匹配
  - 愿意担当风险
- 股权分配
  - 投入多=股权多
  - 能力强+人品好=权力多
- 定规则
  - 注册资本
  - 股东协议
  - 公司章程

**股权融资**
- 选投资人
- 公司估值
- 定规则
  - 融资协议+公司章程

**上市或被收购**
- 找专业人士处理
- CEO定方向+做选择

**股权投资** → 持续发展

**股权激励**（可在各阶段实施）
- 给谁股权（定范围）
- 给股权的条件或收回的规则
- 给股权的价格
- 股权来源（转让或增资）
- 股权形式（实股、期权或虚拟股）
- 股权架构（间接或直接持股）

## 11.2 三阶股权设计，选择适合自己的

业务特点不同、企业目标不同、所处发展阶段不同，适合的股权设计也不同，就如无法套用万能公式创造出成功企业的道理一样，股权设计也没有标准公式。

### 一、负阶股权设计

江湖传说聪明的老板都让司机做法定代表人，让员工代持股权。但第 2 章和第 10 章介绍过法院判决的案例，有老板找人做挂名法定代表人后还是进监狱了；有公司被法定代表人掏空后背上 20 亿元债务，直接导致公司破产，签协议限制法定代表人的权力也没用；有公司让小股东担任法定代表人，大股东被踢出局了；有人让他人代持股权后要不回股权或者被拿去抵债。

### 二、初阶股权设计

对于小而美的企业或者想做大公司的早期，如果股东都以现金入股，同股同价，而且资金一次性到位，按照资金投入计算股权，这种情况的股权设计相对简单。

选对合伙人，遵循投入多就多拿股权的原则分股权，可以不签股东协议。股东协议不是必须的，没有质量的股东协议还不如不签，前面已介绍过多个案例，虽然协议约定了动态股权、退出机制等，但不仅没起到应有的作用，反而引发了其他问题。

如果股东对控制权没有特殊要求，可以直接套用工商局版本的公司章程。不要觉得工商局版本的公司章程很"LOW"，如果缺少专业人士的指导，用工商局版本的公司章程就是最安全的，但要确保是工商局版本且没有被修改过。《公司控制权》一书里介绍过法院判决的案例，只需要在公司章程里修改一句话，就能让持股 99% 的大股东失去控制权。如果创始人不是大股东还想控制公司，可以用 AB 股公司章程模板等解决公司控制权的问题。

### 三、进阶股权设计

如果股东并不都以现金入股，或者虽然以现金入股但同股不同价，或者有人通过出力、出技术、出资源等方式入股，这种情况下的股权设计需要进行专

业处理。比如非现金入股怎么计算股权、怎么保证股东投入到位等，还涉及交易方案的设计，这些都需要通过股东协议去落实，处理不好容易发生问题。比如第 4 章介绍了股权进入机制的多个案例，连市值超过 200 亿元的上市公司也踩坑了。

小项目请专业人士起草协议不划算，可以用专业人士提供的模板。大项目还是建议请专业人士起草协议，不要为了省小钱而弄丢价值不菲的股权。

如果不在乎控制权或者未来打算把股权卖掉退出，可以直接套用工商局版本的公司章程。创始人持股比例不高还想控制公司的，可以采用 AB 股或超级 AB 股公司章程模板。但如果想做大公司且有特殊要求的，还是请专人士起草公司章程比较好。

### 四、高阶股权设计

对于有长远追求、希望公司做大做强的企业，可以比进阶股权更进一步，不只可以用股权换钱、换资源，还可以用股权换取用钱吸引不来的人或资源等，通过机制设计吸引稀缺资源加入并激发其动力，助力企业发展壮大。

有限的股权可以无限分配，让投入多的人获得更多股权；还要实现分股权而不失控制权，让能力强和人品好的人掌握公司的控制权，引领公司发展壮大，这种情况需要考虑的因素较多，设计也更有难度，可以请专业人士参与。

### 五、股权设计标准

股权设计可以分五步：

第一步，分析行业特点。

第二步，考虑企业发展目标。

第三步，分析股东情况。

第四步，考虑股东的分钱机制。

第五步，考虑股东的分权机制。

如果不做前三步直接做第四、第五步，就如建房子不打地基，前十层草草处理，从第十一层开始建，这样能建好房子吗？

好的股权设计应遵循以下原则：

**（1）让投入多的人得到更多股权，激励各方投入更多以推动企业发展。**
**（2）让能力强和人品好的人拥有更多权力，引领公司发展壮大。**
**（3）让得到多的人承担更多责任，遵循责权利对等原则。**

世上没有万能的股权结构，但有万能的底层逻辑，掌握底层逻辑才能以不变应万变。

# 第12章

# 创始人与股权规划

股权分配的本质就是分公司的未来。
怎么分配股权,影响公司能否发展壮大。
而股权的分配,也决定公司做大后属于谁。

股权问题影响重大，股权规划是一把手工程，创始人应该作为股权规划的总设计师，而不是将股权规划随便扔给别人处理。但大学没有股权专业，也很少有股权课程，在企业日常经营过程中也并不经常接触到股权，没学过、接触少、不了解，就容易发生问题。很多人在创业之初并没有这方面的意识，先干再说，后患无穷，有创始人与合伙人闹翻后说，创业要先上股权课。

前面介绍了几十家企业付出超过 50 亿元学费换来的教训，多数人在自己踩坑后才醒悟，但你可以用他人交的学费提升自己的智慧，少踩他人踩过的坑。

## 一、学习股权的五个层次

我把对股权的学习分为五个层次。

### 第一层

入门级，知道 7∶3 的股权结构，持股 67% 有绝对控制权，持股 51% 有相对控制权等，就如读小学要学会做加减法。

### 第二层

上升一层，看过《公司控制权》就知道，并不是持股 67% 就一定有绝对控制权，可以通过公司章程设计出无限可能；看过本书也知道，股权可以无限分配。就如读中学后又知道了微积分等算法。

### 第三层

上升到第三层，将知识与实践结合，结合企业情况和股东特点进行股权设计，而不是盲目套用所谓的最优股权结构。就如从中学升入大学，学会把以前学的加减乘除、微积分等算法与应用学科相结合，不只是为了做题目而做题目，而是要把知识与应用相结合。

### 第四层

上升到第四层，用企业发展目标指引股权设计的方向，用股权设计为企业发展目标服务。比如想做小而美企业与想做大公司，股权设计不同；打算上市的企业与不打算上市的企业，股权设计也不同。

就如大学毕业后参加工作，会遇到很多书本上没有答案的问题需要去解决，需要结合事业规划去考虑学什么、怎么学，才能有的放矢，提高效率。

### 第五层

上升到第五层，可以用股权去吸引那些用钱换不来的人或资源等，融合更多的力量推动企业发展壮大，就如传说的无招胜有招。比如有人读大学不只是为了找一份好工作，而是希望做出成功企业。

| 序号 | 学习股权的五个层次 | | |
|---|---|---|---|
| 5 | | | 无招胜有招 / 有的放矢 |
| 4 | | 股权设计为企业目标服务 / 与实际结合 | |
| 3 | | 结合企业+股东情况考虑股权设计 / 《公司控制权》与《股权进阶》 | |
| 2 | 小股东也可控制公司 / 股权可无限分配 / 对《公司法》一知半解 | | |
| 1 | 7:3 最优股权结构 / 持股67%有绝对控制权 | | |

从知道到会做，再到做得好、做得更好，需要不断学习与提升。有人可以自己看书学习，比如有人不读大学也能有大学的水平；但多数人并不能仅靠自己买书回去就学会，还是要通过上学听课的方式学习，我们也会提供股权方面的课程，可以通过"股权道"公众号了解更多。

## 二、股权设计的分工

创始人作为股权规划的总设计师，主业是把企业经营好，而不是把自己变成股权专业人士，并不是所有事情都需要自己做，有些事情由创始人自己做，有些事情可以交给别人做。

### 1. 选择股东，就是股权分给谁的问题

把股权分给谁，需要结合行业特点、企业发展目标、股东特点考虑。

**选择股东和合伙人的问题，只能由创始人自己决定，别人无法替代。**

只有创始人自己才知道想做成什么样的企业，并结合创业目标选择能为企业发展助力的人成为合伙人或股东，而不是按照别人的标准去选择。

### 2. 股权结构，就是股权分多少的问题

股权分多少？主要是分钱与分权机制问题。

**分钱的原则是，让投入多的人得到更多股权；分权的原则是，让能力强、人品好的人拥有更多权力，需要创始人自己做出决定，而不是盲目套用所谓的最优股权结构。**

如果按此原则分配股权后没能保住公司的控制权，可以通过公司章程、股权架构等的设计加以解决；如果自己解决不了，可以请专业人士协助。

### 3. 方案落地，就是股权怎么分的问题

股权分多少与管理有关，而把股权分配方案落实下去与法律高度相关，涉及股权的进入机制、调整机制、退出机制等，需要通过公司章程、注册资本、股东协议等工具去落实，比如应该签什么文件、走什么程序，文件怎么签、程序怎么走，需要开哪些会、会议怎么开，需要办什么手续等，这些具体的落地问题建议交给专业人士处理，俗话说"术业有专攻"，专业的人做专业的事。

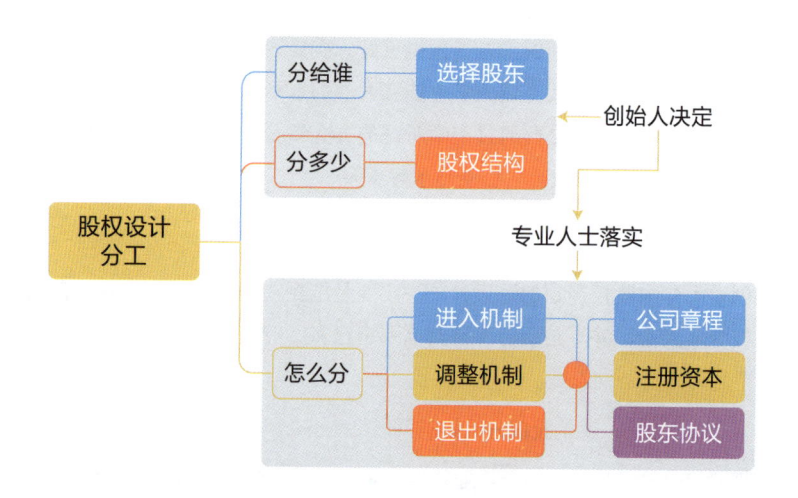

```
股权设计分工
├── 分给谁 → 选择股东     ┐
├── 分多少 → 股权结构     ├─ 创始人决定
└── 怎么分               ┘
     ├── 进入机制 ─┐       专业人士落实
     ├── 调整机制 ─┼─── 公司章程
     └── 退出机制 ─┤     注册资本
                  └─── 股东协议
```

## 三、如何选择顾问

在否决权杀死 ofo 时，有人说国内的律师不专业，可到底是国内的律师都不专业，还是自己没有找到专业的人？判断专业与否也需要有一定的分辨能力。

### 1. 用事实去验证

顾问业务需要量身定做，服务质量高度依赖个人水平，质量与规模并不成正相关关系。比如知名大餐饮公司的菜未必就比不知名私房菜好吃，因为中餐口味很难标准化，做得好不好吃与厨师个人水平有关，标准化大餐馆的厨师未必比私房菜小餐馆的厨师做得好，顾问服务的道理也如此。

知名度与广告有关，未必与质量有关。比如某村民家的土鸡很好吃，但根本不知名，因为没做过广告，只有周边的村民知道；而且讲得好也不等于做得好，说与做是两个不同的能力。

伟人说"实践是检验真理的唯一标准"，可以用真实的案例去验证。本书介绍了 100 多个案例，《公司控制权》一书里也有 80 多个案例，可以结合案例去判断。

不专业的操作，付了钱还可能被带进坑里。

比如有甲、乙两个医生，有 X、Y 两个病人。X 头痛看甲医生，甲医生给开了 A 药，因为 A 药是 M 国进口的，很难买到，X 觉得甲医生很专业，这么难买的药都能搞到。

后来 Y 脚痛看甲医生，甲医生还是开 A 药；而 Y 比较有主见，不相信这种什么病都开同一种万能药的医生，于是又去问乙医生，乙医生说你要来看过我才知道开什么药。

甲医生不用看病就能直接开药，不管你有多疑难的问题他都能轻松解答，总是给人明确的答案，只需要听话照做就可以。就如 7 ∶ 3 是最优股权结构，总是直接给你明确的答案，是不是很专业？

而乙医生总是让你过去看病才给开药，而且面对不同的症状他会给你开不同的药，让 X 这种人无所适从，X 可能觉得乙医生根本不专业，总是不肯给明确答案，你觉得呢？

甲医生就如药店卖药的，目的是把药卖出去，至于你的病好不好不是他关心的，而乙医生需要根据病情去开药。

2. 为专业留出预算

找专业的人也需要付出专业的代价，比如很多人想学阿里合伙人制度，但阿里巴巴花了三年时间试运行才正式推出这个制度，为了坚持阿里合伙人制度宁愿放弃香港上市，为此付出了多少成本？

**对于未来不打算上市、不接受外部融资的企业，公司成立之初的股权设计更为重要。**

比如第 2 章介绍的直升机公司采用 7 ∶ 3 的股权结构，但花 8 年时间打官司后，大股东还是彻底出局了；大股东被踢出局的案例还不止一个，第 6 章介绍的四金公司，持股 80% 的大股东被踢出局；第 10 章介绍的二家地产公司也采用 7 ∶ 3 股权结构，持股 70% 的大股东也被踢出局，过亿元的财产与大股东无缘。第 4 章介绍的三港公司，被自己创办的公司踢出局，好不容易才拿到的特殊资质拱手让人了；第 10 章介绍的保理公司，股东闹翻被合伙人送进监狱……

这些悲剧原本都是可以提前避免的，但因为不专业的操作给自己挖了坑，多个案例的相关方花再多钱请律师打官司也无法挽回。

如果投资超过 1000 万元的项目，可以留出投资额 1%~5% 的预算用于股权设计相关事宜，不要为了省小钱而弄丢价格不菲的股权。

**对于未来打算上市的公司或者打算做大的企业，股权如何分配影响公司能**

不能做大；而选错合伙人、股权分配不当等都可能导致合伙人闹翻而创业失败，有的创始人被踢出局，有的公司因此影响上市，也有人因此进监狱等。

比如第 2 章介绍的自动驾驶公司，一年融资 10 亿元，但合伙人之间很快闹翻，公司黄了，一起官司就花了 2000 万元，但花了钱打官司并没解决问题，创始人还背上了 7 亿元的债务；第 2 章介绍的明星传媒公司，第 8 章介绍的八灵药业、八德公司等都因为股权问题处理不当而影响公司上市。股权问题伴随企业终身，有的公司在 20 多年后还在为先前的股权问题打官司，有股东被踢出局 10 多年后还反转；第 7 章介绍的红枣公司、第 9 章介绍的三鹏公司，上市不成反把公司搞黄了，还无端背上大额债务；第 4 章介绍的九橡集团公司，上市公司与他人合作也踩坑，花 630 万元打官司也于事无补。上市公司踩坑的案例也不止一个。

对于打算上市或想做大的公司，上市前可以留出估值 0.5%~2% 的预算（类似于 0.5%~2% 的股权）用于处理股权事宜。这些钱并不是一次花完的，而是在公司成立之初股权分配、股权融资、股权变动、对员工实施股权激励、召开股东会或董事会会议等，涉及专业的操作时都需要用到。

特别容易忽略的是开会操作，比如第 6 章介绍的四金公司可以把持股 80% 的大股东踢出局，但情况类似的三凯公司却四轮操作踢股东都不成功，就是因为开会操作不当。第 10 章介绍的一特公司，两位创始人为争夺法定代表人之位斗了三局，起关键作用的就是一个不足百字的股东决议。

所以上市公司召开股东大会都要请律师出具法律意见，有律师出具法律意见并不是就有保护伞，而是可以在律师的指导下把事情做得更专业。

# 后 记

为了写这本书,我先大海捞针般地找到 200 个案例,经筛选和整理形成第一版完整稿,共 130 多个案例、25 万余字,经过三轮修改后终于减到 100 多个案例、21 万余字。

由于篇幅有限,无法把所有内容都写进书里,可以在"股权道"公众号了解更多。

在"股权道"公众号中回复"935",可以获取股权设计地图的原图;回复"966"可加入读者交流群;回复"108"+你看书的收获,可获取 108 元的课程优惠券。

想进一步学习或需要股权设计服务的朋友,也可以在"股权道"公众号联系我。

如果你看了本书有所收获,欢迎将本书推荐给你的朋友,帮助他们少踩坑;也欢迎在购买平台写评论,为其他朋友提供参考。

感谢王让均为本书的命名提供意见,王总是"弹射者"品牌、北人体育的创始人,还是国家田径一级裁判,其创立的"弹射者"主要经营体育训练鞋服装备,在公司成立短短一年时间内就实现营收额达 3 亿元,是其细分领域的"黑马"企业。

感谢理道财税首席顾问曾建斌的支持,曾老师是多家高校的客座教授,曾为大量企业家、财务人员讲授税务筹划方面的课程。我对税务方面不专业,有需要的朋友可以请教曾老师。

# 反侵权盗版声明

电子工业出版社依法对本作品享有专有出版权。任何未经权利人书面许可，复制、销售或通过信息网络传播本作品的行为；歪曲、篡改、剽窃本作品的行为，均违反《中华人民共和国著作权法》，其行为人应承担相应的民事责任和行政责任，构成犯罪的，将被依法追究刑事责任。

为了维护市场秩序，保护权利人的合法权益，我社将依法查处和打击侵权盗版的单位和个人。欢迎社会各界人士积极举报侵权盗版行为，本社将奖励举报有功人员，并保证举报人的信息不被泄露。

举报电话：（010）88254396；（010）88258888

传　　真：（010）88254397

E-mail：dbqq@phei.com.cn

通信地址：北京市万寿路173信箱　电子工业出版社总编办公室

邮　　编：100036